DROEMER

IRINA SCHERBAKOWA

Der Schlüssel würde noch passen

Moskauer Erinnerungen

Aus dem Russischen von
Jennie Seitz und Ruth Altenhofer

DROEMER

Die Zitate aus Briefen oder Protokollen beruhen auf zeitgenössischen Berichten, zum Beispiel über Haftkorrespondenz in sowjetischen Lagern, sowie auf den Memorial über die Jahre zur Verfügung gestellten Unterlagen privater Personen und sind ausschließlich den Archivunterlagen und Sammlungen von Memorial entnommen.

Besuchen Sie uns im Internet:
www.droemer-knaur.de

MIX
Papier | Fördert gute Waldnutzung
FSC® C014496

Deutsche Erstausgabe November 2025

Ein Imprint der Verlagsgruppe Droemer Knaur GmbH & Co. KG
Landsberger Straße 346, 80687 München

Lektorat: Heike Gronemeier
Covergestaltung: Verlagsgruppe Droemer Knaur
Coverabbildung: A. Tis
Alle Abbildungen im Innenteil aus dem Archiv von Irina Scherbakowa außer Bild 10 von Darja Krotowa und
Bild 16 von picture alliance / dpa / Bodo Schackow
Satz und Layout: Adobe InDesign im Verlag
Druck und Bindung: GGP Media GmbH, Pößneck
ISBN 978-3-426-44666-9

Kontaktadresse nach EU-Produktsicherheitsverordnung:
produktsicherheit@droemer-knaur.de

2 4 5 3

In Erinnerung an meine Eltern

INHALT

Prolog

DINGE, DIE NIEMAND MEHR BRAUCHT

Wenn mich jemand fragt, ob ich Sehnsucht nach Moskau hätte, reagiere ich allein auf das Wort allergisch. Das Gefühl, das mich beim Gedanken an diese Stadt befällt, die so lange meine Heimat und die meiner Familie war, ist nur schwer zu greifen. Vielleicht ist es eher eine Mischung aus Trauer und Verdrängung. Ich ertappe mich oft dabei, dass ich eine Scheu vor Fotos aus meinem früheren Leben habe, zumindest, wenn ich selbst darauf zu sehen bin. Und wenn mich Facebook an ein Ereignis vor fünf oder zehn Jahren erinnert, habe ich – im Gegensatz zu manch anderen – kein Bedürfnis, es zu teilen.

Viele von denen, die ihre Heimat verlassen haben, um sich im Westen oder in Israel niederzulassen, haben mitgenommen, was sie konnten. Unser altes Leben ist dagegen in Moskau geblieben. Man kann es weder wiederbeleben noch imitieren, indem man sich mit vertrauten Gegenständen umgibt. Die Spuren einer fast hundertjährigen Moskauer Familiengeschichte, zumal gleich zweier Familien, lassen sich nicht in zwei Koffern verstauen. Und selbst wenn es die Möglichkeit gäbe, einige Sachen aus unserem Zuhause einfach hierherzuzaubern, nach Berlin oder Israel, wo unser Alltag auf wackeligen Beinen steht, ich wüsste nicht, wofür ich mich entscheiden, nach welchen Kriterien ich etwas auswählen sollte. In Moskau hatte alles seinen Platz, alles war aufgeladen mit einer Bedeutung, hatte einen Bezug zu den Menschen, die diese Dinge einst besessen hatten, und die nach ihrem Tod zu mir gelangt waren. Andere waren unmittelbar mit mir, meinem Mann, meinen Kindern und Enkelkindern verknüpft.

Manchmal fragen mich Freunde, ob sie mir etwas aus unserer Wohnung in Moskau mitbringen sollen, ein paar Bücher vielleicht oder ein ganz bestimmtes Buch. Als ließe sich damit jenes Gefühl des Friedens wiederherstellen, das mich in Moskau beim Anblick der vertrauten Ledereinbände immer erfasst hat. In unserer Wohnung gab es nie genug Platz für all die Bücher, die ich von meinen Eltern übernommen hatte und die ich selbst kaufte oder geschenkt bekam, ganz egal, wie viele Regale ich aufstellte und wie oft ich aussortierte. Jetzt entdecke ich manchmal in Antiquariaten einige dieser vertrauten Bücher, Ausgaben deutscher Werke aus dem 19. Jahrhundert, wie sie bei uns in der Moskauer Wohnung in den obersten Regalreihen standen. Als ich kürzlich in einem Antiquariat einen Erzählband von Jean Paul sah, musste ich daran denken, auf welchem Weg mein Exemplar zu mir gefunden hatte.

Im Herbst 1971 begleitete ich den Schriftsteller Franz Fühmann anlässlich des 150. Geburtstags von Dostojewski als Dolmetscherin. Wie damals üblich, hatte der sowjetische Schriftstellerverband eine Gruppe von Literaten aus den »sozialistischen Bruderländern« zu den Festivitäten nach Moskau und Leningrad eingeladen. Persönlich war ich Fühmann bis dahin nicht begegnet, aber die Texte seines Erzählbands »Das Judenauto« hatten mich sehr beeindruckt. Fasziniert las ich, wie ganz normale Schüler zu überzeugten Nazis wurden. So wie Fühmann selbst. Später übersetzte ich einige seiner Erzählungen ins Russische.

Fühmann passte nicht so recht in die offizielle Delegation, er wirkte wie ein Sonderling. Er erzählte zum Beispiel immer, wovon er geträumt hatte, und führte sogar ein Traumtagebuch. Ich habe viele deutsche Schriftsteller als Dolmetscherin begleitet, sowohl aus dem Westen als auch aus dem Osten, aber bei keinem habe ich je so eine starke Reaktion auf alles beobachtet, was das Gedenken an den Krieg betraf. Ich wusste, dass er bei Stalingrad gekämpft hatte und in sowjetischer Gefangenschaft gewesen war. Ich werde nie vergessen, wie ich ihn überredet habe, mit der gesamten Delegation den Piskarjowskoje-Friedhof im damaligen Leningrad zu besuchen, auf dem fast 500 000 Opfer der Leningrader Blockade liegen. Er blieb vor dem Tor im Bus sitzen, weil er nicht genug Kraft hatte, diese Gedenkstätte zu betreten, so sehr spürte er die deutsche Verantwortung als seine eigene. Das war lange bevor die Tragödie von Leningrad überhaupt in das kollektive Bewusstsein der Deutschen rückte, was recht spät geschah.

Während der Fahrt nach Leningrad hatten wir viel über Literatur geredet. Fühmann war ein leidenschaftlicher Leser, und ich hatte gerade an der Moskauer Lomonossow-Universität mein Diplom zur politischen Satire bei Kurt Tucholsky verteidigt. Ich begeisterte mich damals für die deutsche Romantik, und Fühmann motivierte mich zu einer eingehenderen Beschäftigung damit. Wieder in Berlin, schickte er mir zwei Kisten mit alten Ausgaben deutscher Klassiker: Jean Paul, Kleist, Chamisso, E. T. A. Hoffmann. Wann immer ich die hellbraunen Ledereinbände mit den goldenen deutschen Titeln in meinem Bücherregal stehen sah, hatte ich an Fühmann denken müssen.

Hätte ich dieses eine Buch von Jean Paul mitnehmen sollen? Sollte ich es mir jetzt mitbringen oder schicken lassen? Was würde das ändern? Selbst wenn unsere ganze riesige Familienbibliothek mit den Tausenden von Bänden hierhergezaubert würde, wäre ihre Bedeutung eine andere, weil unser Leben ein anderes ist. In Moskau nahmen allein die Werke, die mein Vater geschenkt bekommen hatte, eine ganze Regalwand ein. Er war Literaturkritiker, und seine Freunde – Schriftsteller und Dichter, die man später als die »Sechziger« bezeichnen würde – hatten ihm stets ihre neuesten Werke mitgebracht, signiert, versteht sich. In diesem großen Regal standen Werke von Konstantin Simonov, Daniil Granin, Wasil Bykov, Bulat Okudschawa, Ales Adamowitsch und vielen anderen, die über den Krieg geschrieben haben. Nur einen Band habe ich mir tatsächlich zuschicken lassen: Wassili Grossmans »Stalingrad« (»Sa prawoje delo«) von 1950, mit einer Widmung für meinen Vater. Als er Anfang der 1960er-Jahre für die *Literaturnaja Gaseta* arbeitete, wollte er ein Kapitel aus dem zweiten Teil »Leben und Schicksal« (»Schisn i sudba«) darin abdrucken lassen. Daraufhin schenkte ihm Grossman sein Erstlingswerk. Doch aus den Veröffentlichungsplänen wurde nichts: Das Manuskript wurde 1961 bei einer Hausdurchsuchung durch den KGB konfisziert und konnte erst 1987 publiziert werden. Dieser Roman gehört zu den wichtigsten Büchern in meinem Leben, er lag in den schwersten Minuten auf meinem Nachttisch.

Die paar Dutzend Bücher, die ich in Berlin besitze, erinnerten zumindest am Anfang an jene zufälligen Lektüresammlungen, die Krankenhauspatienten nach ihrer Genesung zurücklassen: russische Klassik, die Freunde in Deutschland aus ihrem Bestand aussortiert hatten, Bücher über Russland, die mir ihre deutschen und russischen Verfasser schenkten, diverse Krimis, eine russische Ausgabe von Freuds »Einführung in die Psychoanalyse«, die ich mal im Vorbeigehen auf der Straße gefunden und mitgenommen habe, und Nadeschda Mandelstams Memoiren »Das Jahrhundert der Wölfe«, mit einem sehr vertrauten Porträt von ihr auf dem Buchcover. Ich habe diese deutsche Ausgabe aus dem Jahr 1975 einmal bei ihr zu Hause gesehen, irgendjemand musste sie ihr aus Deutschland mitgebracht haben. Wenn ich das Buch in die Hand nahm, war es wie ein Wiedersehen, fast so, als hätte sie mir persönlich einen Gruß geschickt.

Und abgesehen von den Büchern? Welche Möbel sollte ich mir herbeiwünschen, welche Gegenstände, die über hundert Jahre den Mitgliedern unserer großen Familie gedient hatten und bei mir gelandet waren, als diese Menschen von uns gingen? So wie der riesige Schreibtisch aus dem frühen 20. Jahrhundert – eine Anschaffung der ältesten Schwester meiner Großmutter, als sie sich mit ihrem Mann 1916 in Moskau niederließ. Der Kindertisch meiner Schwiegermutter oder die große Kommode mit dem Spiegel, ebenfalls aus der Zeit der Jahrhundertwende, die wir vor vierzig Jahren aus der Gemeinschaftswohnung, einer sogenannten Kommunalka, in der Soljanka-Straße geholt haben. Dort lebten seit den 1920er-Jahren die Urgroßmutter meines Mannes und ihre unverheiratete Tochter, Tante Nadja, die ihr Leben lang als Leiterin der Katalog-Abteilung der Staatlichen Historischen Bibliothek gearbeitet und vermutlich nie auch nur einen Zettel weggeworfen hat. Dem Parteiarchiv hat sie allerdings nur die Korrespondenz zwischen Lenin und ihrem ältesten Bruder Lew Krizman übergeben.

Lew Krizman, der noch vor der Revolution an der Universität Zürich in Chemie promoviert hatte, wurde Bolschewik und freundete sich mit Leo Trotzki an, der ihn im Wiener Exil besuchte. Er war ein Vordenker der sowjetischen Planwirtschaft und Politik des sogenannten Kriegskommunismus, der die totale Abschaffung des Geldes und die Konfiskation der Lebensmittel von den Bauern vorsah. Diese Pläne mündeten in die Bauernaufstände von 1920, die um ein Haar den Fall des bolschewistischen Regimes herbeigeführt hätten. Ein Jahr später entschied sich Lenin gegen den Kriegskommunismus, und Onkel Ljonja, wie man ihn in der Familie meines Mannes nannte, wurde zum stellvertretenden Vorsitzenden der Staatlichen Planungskommission »Gosplan«. Er wohnte im berühmten Haus an der Uferstraße in Moskau, das viele Regierungsmitglieder und hochrangige sowjetische Funktionäre beherbergte. Die meisten von ihnen wurden später verhaftet. Onkel Ljonja starb 1938 eines natürlichen Todes, ganz anders als sein Bruder Wiktor, der während des Bürgerkriegs ein sogenannter Roter Kommissar war und später einen hohen Posten in der Flugindustrie besetzte. 1938 wurde er verhaftet, der Spionage angeklagt, gefoltert und durch Erschießung hingerichtet. Damals kein ungewöhnliches Ende für linksradikale Irrwege. Und doch erstaunte mich, wie der ältere Bruder, der zehn Jahre in der Emigration verbracht hatte, zum führenden Kopf einer Wirtschaftspolitik werden konnte, die jede Idee von Markt und Geldaustausch radikal ablehnte, und der jüngere, ein ausgebildeter Ingenieur, als Roter Kommissar in Diensten von Grigori Kotowski Angst und

Terror verbreiten konnte.* Keiner der Brüder hat Nachkommen hinterlassen, und alles, was von ihnen geblieben ist, bewahrte ich in meiner Wohnung in Moskau auf.

Was soll man ferner mit einer zweihundert Jahre alten Schreibkommode tun, in deren Geheimfach ich eines Tages einen goldenen Ehering fand? Sie hatte einst einer berühmten russischen Schauspielerin gehört. Und was mit den Bildern? Manche sind sehr groß, wie zum Beispiel zwei Porträts, die Boris Birger Anfang der 1970er-Jahre von meinen Eltern sowie von mir und meiner Schwester gemalt hat. Birger gehörte zu den Künstlern, die als Nonkonformisten bezeichnet wurden, weil ihre Werke nicht dem Kanon der offiziellen Kunstdoktrin des »Sozialistischen Realismus« entsprachen. Nachdem Birger gegen die Verhaftung regimekritischer Intellektueller protestiert hatte, wurde er aus dem Künstlerverband ausgeschlossen, seine Gemälde durften nicht mehr ausgestellt werden. Zwischen den 1960er- und 1980er-Jahren schuf er eine ganze Reihe von Dissidenten-Porträts – Andrej Sacharow, Warlam Schalamow, Nadeschda Mandelstam. Meine Eltern waren mit ihm befreundet, und so wurden auch wir Teil dieses dissidentischen Kosmos. Hätte ich die Bilder mitnehmen sollen? In meine kleine Mietwohnung im Prenzlauer Berg, in der kaum ein paar Möbel Platz finden und von der ich nicht weiß, wie lange ich dort überhaupt bleibe?

Die Moskauer Wohnung mitten im Zentrum, mit Blick auf die Kreml-Türme, in der meine Familie seit 1944 gelebt hatte und in

* Grigori Kotowski (1881–1925) war eine typische Erscheinung im Bürgerkrieg, ein Typ mit allen möglichen Schattierungen, auch kriminellen, der sich dann an die Seite der Bolschewiki stellte. Diese schickten wiederum ihre Leute als Kommissare, um den eigenen Einfluss zu wahren. Kotowski selbst saß wegen verschiedener Delikte vor der Revolution im Gefängnis und bezeichnete sich als Anarchist, der sich gegen Reiche und für die Armen einsetzte. Die Revolution und der Bürgerkrieg gaben solchen Menschen eine Chance für den Aufstieg – in dem Glauben, sie kämpften für eine bessere, kommunistische Zukunft. Kotowski wurde 1925 in einem Streit wegen einer Frau getötet. Und später zum Helden in der Sowjetunion stilisiert, die Straßen und Orte nach ihm benannte und Filme über diesen vermeintlichen »Robin Hood« drehte.

der ich geboren wurde, steht zum Verkauf. Innerlich habe ich mich von ihr verabschiedet. Und doch lässt mich ein Gefühl nicht los, als würde jemand oder etwas den Verkauf verhindern wollen. Sämtliche Verhandlungen mit potenziellen Käufern platzen bislang aus diesem oder jenem Grund. Unsere eigene Wohnung am Oktjabrskoje Pole, dem »Oktober-Feld«, in der wir seit 1973 lebten und in der unsere Kinder aufgewachsen sind, hatte ich allen Sticheleien meines Mannes wegen dieses unsinnigen Unterfangens zum Trotz im Herbst 2021, drei Monate vor unserer Emigration, renovieren lassen. Genau wie unser Sommerhaus in Schyschaky in der ukrainischen Oblast Poltawa, in der Hoffnung, nach zwei Jahren Pandemie endlich wieder dort Urlaub machen zu können, so wie wir es siebzehn Jahre lang getan hatten. Jetzt wohnt dort eine Familie aus einem Dorf bei Charkiw, das von russischen Bomben zerstört wurde.

In jenem Herbst 2021 kämpfte ich mit der Renovierung auch gegen eine innere Unruhe an, die seit der Pandemie von mir Besitz ergriffen hatte. Ich habe viel über die spanische Grippe gelesen, die Anfang der 1920er-Jahre Millionen von Menschen das Leben kostete. Über Typhus, der in Russland während des Bürgerkriegs wütete und an dem meine Ururgroßmutter starb. Doch das war alles so ewig her, dass ich mir unmöglich vorstellen konnte, dass wir heute genauso machtlos gegen ein Virus sein könnten wie vor hundert Jahren. Aber es war wie in einem grausamen Märchen: Erst kam die Pest, dann der Krieg. Mein Mann, der schon immer gesagt hatte, man dürfe in Russland nichts besitzen, von dem man sich nicht jederzeit trennen könnte, sollte recht behalten. Dennoch war unsere Abreise für ihn noch schwerer als für mich. Wenig später erfuhren wir von Freunden, dass in unserer verlassenen Wohnung wie aus dem Nichts ein Brand ausgebrochen war, gefolgt von einem Rohrbruch. Wie durch ein Wunder seien fast alle Bücher und Bilder unversehrt geblieben. Nur meine Hoffnung, dass wir irgendwann dorthin zurückkehren, schwindet immer mehr.

Meine Freunde in Russland möchten mir von Herzen etwas Gutes tun, indem sie mir wenigstens Fragmente meines alten Lebens schicken. Wenn diese aus ihrem Kontext gerissenen Gegenstände dann in Israel oder Berlin ankommen – Schmuckschatullen, Silberlöffel, eingewickelt in alte Spitzendeckchen, die meine Großmutter gehäkelt hat –, wirken sie wie deplatzierte Bruchstücke unserer langen Moskauer Familiengeschichte. Einmal schickte mir jemand zu Silvester zwei uralte Väterchen-Frost-Puppen, wie man sie sowjetischen Kindern unter den Tannenbaum zu stellen pflegte, und eine Kiste mit altem Baumschmuck, der noch aus der Kinderzeit meiner Mutter im Hotel Lux stammte. Dieses Gebäude in der Twerskaja-Straße war ab 1921 das Gästehaus der Kommunistischen Internationalen; bis zum Ende des Krieges und der Auflösung der Komintern wohnten hier vor allem politische Emigranten und Parteifunktionäre. Vergangenes Jahr habe ich also mit dem Schmuck anstatt einer Tanne wie in Moskau die Palme vor unserem Haus in Israel geschmückt, wo ich seither den Jahreswechsel verbringe. Es war ein reichlich absurder Anblick. Genauso fremd und sinnlos wie Christbaumschmuck an einer Palme wirken diese zufälligen Dinge, von denen meine Freunde sich erhoffen, dass sie mich an Zuhause erinnern mögen.

Das Einzige, was halbwegs Sinn ergibt, sind unsere Familienarchive, die nach und nach eintreffen. Vielleicht werde ich irgendwann die Zeit finden, Ordnung hineinzubringen, damit unsere Enkel etwas damit anfangen können. Auch wenn sie die Briefe, die ihre Vorfahren vor 120 Jahren geschrieben haben, wahrscheinlich nicht mehr lesen können werden. Seit dem Wohnungsbrand ist alles durcheinander, und jetzt finde ich in den Päckchen und Paketen, die mir gebracht werden, die absonderlichsten Mischungen: ein Album mit Fotos, die der Großvater meines Mannes, ein Militärarzt namens Alexander Susmanowitsch, 1916 an der Front bei Smorgon, dem »russischen Verdun«, gemacht hat. Es sind sehr hochwertige Aufnahmen, auf denen man jedes Detail erkennen kann, selbst die Inschrift »Kameradengrab für die Opfer des Gasangriffs 1916«. Die Leica, mit der sie gemacht wurden, liegt zusammen mit seinen Medizininstrumenten irgendwo in den Tiefen der zusammengeschobenen Schränke in Moskau.

Zwischen Briefen, die mein Großvater 1937 an meine Großmutter ins Hotel Lux schrieb, während links und rechts Freunde und Nachbarn verhaftet wurden, taucht plötzlich die blaue Mütze eines Kämpfers der spanischen Republikanischen Volksarmee auf: 1937 war mein Großvater als Kommissar in eine neue Militärschule in den Kaukasus geschickt worden, wo man spanische Kampfpiloten ausbildete. Meine Großmutter war immer der Meinung, das habe ihm das Leben gerettet, weil er ausgerechnet zur Zeit des Großen Terrors und der Massenverhaftungen in der Komintern nicht in Moskau war. Oder die unangebrochene Schachtel Papirossy – eine Sonderedition speziell für die Teilnehmer des XVII. Parteitags 1934 – zwischen den immergleichen Briefen, adressiert an die Gorkistraße 33 in Moskau, Hotel Lux. Mein Großvater war passionierter Raucher, aber diese Schachtel hat er aufbewahrt. Ich vermute, es ist das einzige erhaltene Exemplar, denn über die Hälfte der Delegierten dieses Parteitags wurde später auf Stalins Befehl erschossen. Es tauchten auch Dokumente auf, die lange als verschollen galten, zum Beispiel die Geburtsurkunde meiner Urgroßmutter, sodass ich jetzt weiß, wie ihre Eltern geheißen haben.

Aber selbst wenn ich all diese Dokumente und Fotos eines Tages fein säuberlich sortiert, akkurat beschriftet und in kleine Schubfächer gepackt habe – welche Bedeutung haben sie, wenn die Menschen, mit denen sie verbunden sind, nicht mehr leben? Welchen Sinn haben sie, wenn niemand mehr ohne lange Erklärungen weiß, was eine unangebrochene Zigarettenschachtel aus dem Jahr 1934 bedeutet? Oder der Brief an Wiktor Krizman, in dem seine Mutter ihn wegen seines Leichtsinns und der vielen gebrochenen Herzen tadelt, den sie aber nie abgeschickt hat, weil ihr Sohn in jenen Tagen verhaftet wurde. Seine Frau, die er zu diesem Zeitpunkt bereits verlassen hatte, sollte später trotzdem als Ehefrau eines Volksfeindes im Lager landen. Mein Schreibtisch bei Memorial stand viele Jahre lang neben einem Regal, in dem Kisten mit den kopierten FSB-Ermittlungsakten der Hinrichtungsopfer in Moskau standen und wo unter dem Buchstaben »K« auch Krizmans Karteikarte mit dem Erschießungsdatum zu finden war.

Es sind nicht Bücher, Bilder oder Möbelstücke, die mir heute fehlen. Was mir fehlt, ist etwas, das ich so viele Jahre bei Memorial erleben durfte: das unausgesprochene gemeinsame Verständnis für die Bedeutung von Dingen, dafür, welche Geschichte mit einem Schreibtisch aus dem Hotel Lux verbunden war, mit einem Brief, mit einer Schachtel Zigaretten.

Wir haben uns bei Memorial unzählige Jahre damit befasst, die Geschichte der Menschen hinter solchen Gegenständen ans Licht zu holen, sie dem Vergessen zu entreißen. All die Jahre hatten wir in dem festen Glauben gelebt, dass die Menschen erschüttert sein würden, wenn sie endlich die Wahrheit erfahren würden – über die Millionen Opfer und ihr entsetzliches, tragisches Schicksal, das diese in Gefängnissen und Lagern erwartete. Wir glaubten, dass sie sich danach nie wieder würden vorstellen können, jemals zu einer Diktatur zurückzukehren oder sich gar danach zu sehnen.

Seit dem 24. Februar 2022, als der große Krieg begann und ich Russland verlassen musste, habe ich mich oft gefragt: Waren wir naiv, daran zu glauben? Hätten wir als Historiker nicht erkennen müssen, welche Konsequenzen es haben kann, wenn man nur vorübergehend Lehren aus der Vergangenheit zieht, wenn sie nicht fest verankert sind, sondern nur allzu leicht revidiert werden können, zugunsten eines revisionistischen Imperialismus, eines neu erstarkten aggressiven Nationalismus? Ja, wir haben versucht, die Katastrophe mit der Schreibmaschine aufzuhalten,[1] wie Erich Kästner über Kurt Tucholsky schrieb, der 1934 im Exil Selbstmord beging. Aber unsere Warnungen verklangen wie die Prophezeiungen der Kassandra, dazu verdammt, ungehört zu bleiben. Der Friedensnobelpreis, den Memorial International im Dezember

2022 nach seiner Liquidierung erhielt, sorgte weltweit für Aufsehen. Für Putin und sein Regime war es nur ein weiteres Zeichen dafür, dass wir vermeintlich vom Ausland gesteuert wurden; dass wir mit unserem Erinnern an die dunkle Vergangenheit das glorreiche große Russland beschmutzen würden.

Wenn ich heute daran denke, mit welchen Hoffnungen Memorial 1989 gestartet war, welche Hoffnungen die Menschen in Ost wie West zu dieser Zeit gehegt haben, frage ich mich immer wieder: Wie konnte es bloß dazu kommen, dass aus diesen großen Hoffnungen verlorene Illusionen wurden?

Kapitel 1

VERBRECHEN OHNE STRAFE

Die Erinnerung an die 1990er-Jahre spaltet die russische Bevölkerung in zwei Lager. Für die einen war es eine Zeit, die von Zerstörung, Chaos, Arbeitslosigkeit, Armut und um sich greifender Kriminalität geprägt war, während sie für die anderen Freiheit und sich plötzlich eröffnende, nie zuvor gekannte Möglichkeiten bedeutete.

Als Gorbatschow 1985 Generalsekretär des Zentralkomitees der KPdSU wurde, begann in den folgenden Jahren mit Glasnost (»Offenheit«) und Perestroika (»Umbau«) eine neue Zeit. Gorbatschow bekannte sich zu den Fehlern der Partei seit Stalin, zu den Verbrechen während des Zweiten Weltkriegs wie dem Massaker von Katyn; der Regimekritiker Andrej Sacharow wurde aus der Verbannung nach Moskau zurückgeholt, und der marxistische Wirtschaftstheoretiker Nikolai Bucharin*, der im Zuge der stalinschen Säuberungen erschossen worden war, wurde rehabilitiert, und im Dezember 1988 erklärte Gorbatschow in einer Rede vor der UN-Generalversammlung in New York den Kalten Krieg für beendet. Ein Jahr später fiel die Berliner Mauer.

Auch mein Leben veränderte sich schlagartig. Endlich konnte ich mit meiner Arbeit zu den stalinistischen Repressionen und zum Gulag-System an die Öffentlichkeit treten. Nur wenige Jahre zuvor hätte ich mir nicht träumen lassen, dass ich Vorträge an

* Nikolai Iwanowitsch Bucharin (1888–1938), ein sowjetischer Parteifunktionär, Weggefährte Lenins und von 1924 bis 1929 Mitglied des Politbüros, war eine der Hauptfiguren in den Moskauer Schauprozessen der Jahre 1936 bis 1938. Er wurde zum Tode verurteilt und 1938 erschossen.

Universitäten halten, ins Ausland reisen und Bücher veröffentlichen würde, und schon gar nicht, dass ich in Geheimarchiven würde recherchieren können, die nun endlich zugänglich gemacht wurden.

All diese neuen Möglichkeiten ließen für mich damals die kleinen und großen Beschwerlichkeiten dieser turbulenten Zeit in den Hintergrund treten. Die wirtschaftlichen Probleme, die selbst in unserem vergleichsweise gut situierten Bezirk in Moskau das Hintergrundrauschen bildeten, das Aufkommen von Organisierter Kriminalität und Gewalt und die im Rückblick vielen Anzeichen, dass es im Land Kräfte gab, die gegen die Öffnung agitierten. Da war die Gewalt, mit der man im Januar 1991 im litauischen Vilnius versuchte, die Unabhängigkeit der baltischen Staaten zu verhindern. Der Augustputsch in Moskau im selben Jahr, als Gorbatschow und seine Frau Raissa drei Tage lang auf der Krim unter Hausarrest standen, während Teile des Militärs und der kommunistischen Partei versuchten, Gorbatschow abzusetzen und das Land unter ihre Kontrolle zu bringen. Später dann, im Herbst 1993, die Verfassungskrise, als der Konflikt zwischen Jelzin und dem Obersten Sowjet mit Schüssen auf das Weiße Haus endete. Hier, im Sitz des russischen Parlaments, hatten sich die Reformgegner verschanzt und offen zum Putsch aufgerufen. Wenige Wochen später die Niederlage der Demokraten bei den Parlamentswahlen und der Sieg der ultranationalistischen LDPR (»Liberal-Demokratische Partei Russlands«), der Partei des Rechtspopulisten Wladimir Schirinowski, der seinen Wählern vom Fernsehbildschirm aus das Blaue vom Himmel versprach: den Männern gesicherte Arbeitsplätze, der russischen Armee Unbesiegbarkeit und jeder einsamen Hausfrau das ersehnte Eheglück. Es war eine Farce; ich konnte nicht glauben, dass jemand dieses populistische Geschwafel ernst nehmen konnte. Aber ich täuschte mich gewaltig: Schirinowski sollte bis zu seinem Tod 2022, als vieles andere längst in Vergessenheit geraten war, eine äußerst aktive und sehr laute Stimme in der russischen Politik bleiben.

Kaum ein Jahr später, im Dezember 1994, brach der erste Tschetschenienkrieg aus, den viele für die letzten Zuckungen des auseinanderbrechenden Sowjetimperiums hielten. Aber dieser Krieg, der in zwei Teilen geführt wurde und insgesamt beinahe zehn Jahre lang andauerte, trug massiv zum Erstarken von Putins Macht bei und machte Russland in vielem zu dem, was es heute ist.

Trotz dieser vielen alarmierenden Zeichen war mein Glas, wenn ich mich an jene Zeit erinnere, eher halb voll als halb leer.

Mit den Wirtschaftsreformen, die 1992 endlich ins Rollen gebracht wurden, kamen die Privatwirtschaft und das Kleinunternehmertum. Wie die Pilze schossen Banken aus dem Boden; einstiges Staatseigentum, von dem nicht ganz klar war, wem es gehörte, wurde aufgeteilt; man spekulierte mit sogenannten Vouchern, einer Form von Wertpapieren. In Moskau trieben Banden ihr Unwesen, benannt nach den Bezirken, in denen sie aktiv waren: Orechowskaja, Solnzewskaja, Ismajlowskaja … In ihren Reihen fanden sich nicht nur Kriminelle, die von Moskau damals magisch angezogen wurden, sondern auch Militärangehörige, die aus der schrumpfenden Armee entlassen wurden, und »Afghanen« – Rückkehrer aus dem Afghanistankrieg, diesem sinnlosen, blutigen Gemetzel, das 1989 nach zehn Jahren mit dem Abzug der sowjetischen Truppen geendet hatte. Verroht und traumatisiert, in Afghanistan auf den Geschmack von Drogen gekommen, bildeten diese Männer häufig den harten Kern der kriminellen Gruppierungen. In den Zeitungen und im Fernsehen wimmelte es von Berichten über die »organisierte Kriminalität«.

Vertretern dieser Schattenwelt konnte man in den Neunzigern auch im Ausland begegnen. So zum Beispiel in Berlin, wo ich 1995 einige Monate im Rahmen eines Forschungsstipendiums verbringen durfte. Eines Abends saß ich mit meinem Mann und unserer jüngsten Tochter in einem chinesischen Restaurant am Kurfürstendamm, als sich am Nachbartisch fünf seltsame Gestalten niederließen, die aussahen, als seien sie einem Gangsterfilm entsprungen. Allesamt trugen sie himbeerrote Sakkos, damals die »Uniform« der russischen Unterweltbosse. Die Jackentaschen standen seltsam ab, es hätte mich nicht gewundert, wenn aus einer der Griff einer Pistole hervorgelugt hätte. Die Männer diskutierten ungeniert laut mit jemandem per Satellitentelefon. Es ging um Schutzgelderpressung. Schließlich unterbrach einer von ihnen – offenbar der Anführer – das Geschäftstelefonat und kommandierte: »Hol mal das Schlitzauge her! Ich will Pelmeni!« Dann wandte er sich wieder dem Telefonat zu und setzte zu einem dermaßen derben Gefluche an, dass ich beinahe aufgestanden wäre, um ihn zur Räson zu bringen. Aber mein normalerweise so unerschrockener Mann hielt mich zurück und sagte leise: »Lass uns schnell essen und verschwinden. Mit solchen Typen sollte man sich nicht anlegen, auch nicht in Berlin ...«

Unsere zweite Begegnung mit einer »Rotjacke« hatten wir in Moskau; es war eine beängstigende Situation mit einem überraschenden Ausgang. Wir waren mit unserem alten Schiguli spätabends auf dem Heimweg von der Datscha und hielten an einer Tankstelle. Wir konnten uns höchstens eine halbe Tankfüllung leisten; das Geld, wenn wir überhaupt welches hatten, war stets knapp bemessen. Als mein Mann ausgestiegen war, um nachzusehen, ob das Tankwarthäuschen, in dem man bezahlen musste, überhaupt besetzt war, klopfte jemand grob an das Fenster auf der Beifahrerseite. Ich schreckte hoch und erblickte einen Mann in einem himbeerroten Sakko, sichtlich angetrunken.

»Wo is'n dein Alter?«, fragte er ruppig durch das Fenster, das ich zögerlich ein wenig nach unten gekurbelt hatte. Es war stockdunkel, keine Menschenseele weit und breit.

»Ich brauch 'n Kabel«, lallte er heiser. »Mir ist die Batterie abgeschmiert.« Er deutete auf einen schwarzen Mercedes, der mir bis dahin noch gar nicht aufgefallen war.

Zum Glück kam mein Mann gerade wieder zurück zu unserem Auto; schon auf dem Weg dorthin rief er mir zu, dass die Tankstelle leider geschlossen habe. Erst dann sah er den Kerl am Beifahrerfenster stehen. Und wieder hatten wir Glück. Mein Mann konnte ihm helfen und die Batterie überbrücken. Als er erleichtert einsteigen wollte, griff der Typ in seine Tasche und holte einen Packen Hundertrubelscheine heraus. Mein Mann weigerte sich entschieden, das Geld anzunehmen. Nach einigem Hin und Her stieg der Typ in seinen Mercedes, kurbelte im Losfahren das Fenster herunter und warf mir das Geldbündel geschickt durch das Beifahrerfenster in den Schoß. »Vielleicht hast du's ja nicht nötig, aber deine Alte bestimmt!«, rief er noch und raste davon.

So weit war es mit uns schon gekommen, dass wir uns von so einer schmierigen Gestalt mit Geld bewerfen lassen mussten. Eigentlich ziemlich erniedrigend. Doch die ganze Szene war dermaßen absurd, dass wir laut loslachten, die nächste Tankstelle ansteuerten und die folgenden Tage fröhlich auf seine Kosten lebten.

In jenen wirren Zeiten waren Raubüberfälle, Mord und Erpressung praktisch an der Tagesordnung. Aber ich war trotz allem guter Dinge; die neuen Möglichkeiten und Arbeitsperspektiven lenkten mich vom harten Alltag ab. Dabei war Moskau, das in den 2000er-Jahren zu Glanz und Glamour aufsteigen würde, damals grau und trist, mit schlecht beleuchteten Straßen und heruntergekommenen Treppenhäusern, in denen nie das Licht anging, weil die Bewohner die Glühbirnen für den Eigengebrauch entwendeten. Denn wie alles andere waren auch banale Dinge wie Glühbirnen damals Mangelware. Das änderte sich erst langsam, als Anfang 1992 die Reformen kamen und mit ihnen die Waren. Einmal entdeckte ich auf dem Markt zwischen allerlei Krempel durchgebrannte Glühbirnen und fragte den grimmigen, unrasierten Verkäufer, wer die denn bitte schön kaufen würde. Er sah mich an, als wäre ich schwer von Begriff, holte dann aber zu einer Erklärung aus: Die ganz besonders Anständigen würden die funktionierenden Glühbirnen, die sie in der Arbeit mitgehen ließen oder im Treppenhaus aus den Fassungen schraubten, durch kaputte ersetzen. Das leuchtete mir ein.

Ich kannte damals niemanden, der nicht überfallen, Opfer eines Einbruchs oder eines Autodiebstahls geworden wäre, wenn nicht persönlich, dann zumindest im Familienkreis. Täglich wurden in Moskau im Schnitt hundert Autos gestohlen. Meine Freundin erwischte es sogar zweimal hintereinander, direkt vor ihrer Haustür. Mit Kleinigkeiten wie einem am helllichten Tag von der Schulter gerissenen Rucksack (so bei meiner ältesten Tochter) oder gestohlenen Portemonnaies und persönlichen Gegenständen im Nachtzug von Moskau nach Sankt Petersburg (bei Freunden von uns) konnte man niemanden schockieren. Höchstens damit, dass die Opfer in diesem Fall überzeugt waren, man habe ihnen etwas in den Tee getan, woraufhin sie in einen komatösen Schlaf sanken und nicht mitbekamen, wie jemand die von innen verriegelte Abteiltür aufbrach. Wir hatten uns dermaßen an diese Zustände gewöhnt, dass eine meiner Kolleginnen von Memorial sich einmal in der Metro bei einem Taschendieb entschuldigte, der sich an der scharfkantigen Verpackung ihrer Herztabletten den Finger aufgeschlitzt und laut aufgeschrien hatte. Und mein Schwager hinterließ auf unserer Datscha immer eine Notiz für ungebetene Gäste, dass sie doch bitte keine Kerzen anzünden und das Licht ausmachen sollten, wenn sie wieder gingen.

Aber es passierten auch weniger harmlose Dinge. Einmal besuchte ich meine Freundin in einem für die damaligen Verhältnisse respektablen Haus, aber weiter als in den Eingangsbereich kam ich nicht: Auf der Türschwelle lag eine blutüberströmte Leiche. Die Szene kam mir absurderweise so alltäglich vor, dass mir automatisch das Wort »Schussverletzung« in den Sinn kam – man hörte es schließlich ständig in den Nachrichten. Die Miliz, wie die Polizei damals noch hieß, ließ mich nach einer kurzen Befragung bald wieder gehen und wollte zum Glück nie wieder etwas von mir. Der Mord wurde nie aufgeklärt, genau wie viele andere solcher Fälle.

Die Gewalt machte auch vor unserer Haustür nicht halt. In dem Gebäude wohnten die Mitarbeiter des Kurtschatow-Instituts, des wichtigsten Atomforschungszentrums des Landes, das nur wenige Gehminuten entfernt lag. Weil mein Mann dort in einem Labor gearbeitet hatte, das zur Kernfusion forschte, lebten wir seit den 1970er-Jahren in diesem Haus. Die Institutsleitung war auf der gegenüberliegenden Straßenseite untergebracht, in Häusern, die deutsche Kriegsgefangene in den Nachkriegsjahren gebaut hatten, während am Institut parallel an der Entwicklung der Atombombe gearbeitet wurde. Aus unseren Fenstern im dritten Stock war nur der Park hinter der Institutsmauer zu sehen, und man konnte sich kaum vorstellen, dass sich dort mehrere Atomversuchsreaktoren befanden.

Die allgemeine Krise war auch am Kurtschatow-Institut zu spüren. Die Gehälter blieben aus, die Forschung wurde auf Eis gelegt. Unser Haus verarmte mitsamt seinen Bewohnern. Doch das bewahrte auch sie nicht vor Einbrüchen und Überfällen. Im Stockwerk über uns wohnte eine immer freundliche und gut gelaunte Chemiedozentin an der Moskauer Staatlichen Universität; sie wurde im Aufzug erstochen, ohne ersichtlichen Grund – zu holen war bei ihr nichts. Unsere Tochter Mascha, die genau in diesem Moment mit dem Hund die Wohnung verlassen wollte, dann aber einen Moment innegehalten hatte, um sich den Schnürsenkel zuzubinden, hatte unglaubliches Glück. Sie sah den Täter nur noch von hinten, wie er die Treppe hinabeilte. Mehr, als dass er schwarz gekleidet war, konnte sie der Miliz nicht mitteilen.

Ein ehrenwertes Haus

Ein beliebter Witz jener Zeit ging so: »Stehen zwei Killer im Hausflur und warten auf ihr Opfer. Eine Stunde vergeht, zwei. Da sagt der eine zum anderen: ›Wo bleibt der denn nur? Ihm wird doch hoffentlich nichts zugestoßen sein?‹«

Eine ähnlich schwarzhumorige Geschichte ereignete sich im Haus meines besten Freundes aus Kindertagen. Er lebte im Zentrum von Moskau an der Kreuzung Neuer Arbat und Gartenring.

In der Nachbarwohnung, die vor der Perestroika noch ruhige Zeitgenossen bewohnt hatten, ging es plötzlich heiß her. Wenn wir zu Besuch kamen, teilten wir uns den Aufzug oft mit seriös wirkenden Männern zwischen dreißig und fünfzig, die wie Banker oder Abgeordnete der Staatsduma aussahen. Wir hatten keinen Zweifel, dass es sich um ein illegales Bordell für hochrangige Kundschaft handelte. Laut Gesetz waren Zuhälterei und der Betrieb von Bordellen verboten.

Auch das Treppenhaus wurde bald an Etablissement und Klientel angepasst: Die Wände erhielten einen Anstrich in Dunkelgrün und Gold, die Fensterbank zierte eine hässliche pseudoantike Vase. Mein Freund grämte sich angesichts dieser Nachbarschaft nicht allzu sehr, er meinte völlig zu Recht, dass die Security-Leute, die das Etablissement bewachten, seine Wohnung gleich mit im Auge behalten würden. Gewöhnliche Diebe würden sich jedenfalls nicht mehr hierher verirren.

Aber eines Tages fanden wir die Tür zu dieser Nachbarwohnung polizeilich versiegelt vor. Mein Freund berichtete, was vorgefallen war: Er war mit einer Erkältung zu Hause, als er im Treppenhaus plötzlich Lärm hörte. Als er nachsehen wollte, was los war, klingelte es auch schon an seiner Tür. Er machte auf und sah, dass das ganze Treppenhaus voller bewaffneter Männer war – einfache Milizionäre und Leute von OMON, der Sondereinheit der russischen Nationalgarde, mit schusssicheren Westen und Maschinengewehren. Vor seiner Tür stand ein Mann in Zivil. Er zeigte meinem Freund seinen Dienstausweis, entschuldigte sich für die Störung und fragte, ob er sich irgendwo hinsetzen dürfe, um das Protokoll zu erstellen. Mein Freund führte ihn in die Küche, wo der Mann nicht nur seine Zusammenfassung schrieb, sondern auch freimütig erzählte, was vorgefallen war: Drei Milizionäre aus dem Moskauer Umland hatten von dem illegalen Bordell Wind bekommen und wollten eine Scheibe abhaben. Sie beschatteten das Haus, passten einen Moment ab, in dem die Wachleute kurz ihren Posten verließen, drangen in die Wohnung ein und verlangten Geld.

Empört, dass sich irgendwelche dahergelaufenen Bullen so dreist aufführten, riefen die Mädchen ihre »Kryscha« an, was so viel wie »Dach« bedeutet und Kriminelle meint, die gegen Geld Schutz bieten. Ohne deren Schutz hätte das Etablissement keinen Tag lang überlebt. In diesem Fall war die »Kryscha« niemand Geringerer als der Moskauer OMON, der sofort in voller Montur losstürmte. Sie hämmerten an die Tür und drohten damit, die erfolglosen Erpresser an Ort und Stelle zur Strecke zu bringen. Als diese den Ernst der Lage begriffen, wählten sie das geringere Übel und riefen die Miliz. Und so fand sich vor der »Freudenwohnung« ein gutes Dutzend Ordnungs- und Gesetzeshüter aller Couleur zusammen.

Der Ermittler staunte über die Dummheit der Provinz-Bullen, die so naiv in die Falle getappt waren. Zum krönenden Abschluss dieser possierlichen Geschichte bat er unseren Freund um eine Tüte für ein wichtiges Beweisstück – eine Polizeikelle, wie sie die Verkehrspolizei benutzte, um vorbeifahrende Autos anzuhalten. Polizeilicher »Autostopp« war damals eine weitverbreitete Methode, um sich ein kleines Zubrot zu verdienen. Irgendein an den Haaren herbeigezogenes Vergehen, von dem sich der beschuldigte Autofahrer gegen Bares sofort freikaufen konnte. Offenbar hatten die Provinzler, bevor sie im Bordell aufkreuzten, noch schnell die Gelegenheit genutzt, um sich mit dieser Kelle an einer der lukrativsten Kreuzungen Moskaus direkt vor dem Haus zu positionieren – an der Straße, die von den elitären Vorstadtsiedlungen zum Kreml führt.

Wie das Ganze für die Pechvögel ausging, verschweigt die Geschichte. Die Wohnung stand daraufhin jedenfalls lange Zeit leer, bevor sie mit neuen Bewohnern zur alten Respektabilität zurückkehrte.

Mord in Borowitschi

Wenn ich jetzt an diese Zeit zurückdenke, wird mir bewusst, dass ich die schrecklichste Geschichte, die wir erleben mussten, jahrelang verdrängt habe. Schrecklich nicht zuletzt ob ihrer Sinnlosigkeit, denn die Motive für diese Tragödie liegen völlig im Nebel.

Die Geschichte reicht weit zurück: 1943, noch zu Kriegszeiten, hatte meine Großmutter einen kleinen Jungen aus dem Waisenhaus bei sich aufgenommen. Sein Vater war an der Front gefallen, die Mutter verhungert, und das Kind mit seinen drei Jahren so schwach, dass es nicht laufen konnte. Meine Großmutter, eine sehr resolute Frau, war fest entschlossen, den Jungen aufzupäppeln, und das gelang ihr auch. Er wuchs heran, ging studieren, wurde Bauingenieur, heiratete und gründete eine Familie, mit der er in Duschanbe, Tadschikistan, lebte. Beruflich erfolgreich, privat glücklich, alles schien sich nach dem schwierigen Start ins Leben zum Besten zu wenden. Doch dann starb sein Sohn, der in den 1970er-Jahren geboren wurde, an einem Herzfehler. Die Eltern hatten ihn nach Moskau gebracht und diverse Krankenhäuser konsultiert, aber die Medizin war damals einfach noch nicht so weit, die Ärzte konnten nichts ausrichten. Ein wenig Lebensfreude schien wieder einzukehren, als zwei gesunde Töchter geboren wurden. Nastja, die jüngere, war ein liebes, argloses, fröhliches Mädchen. Doch dann geriet die Familie mitten hinein in die Krise, die mit dem Zerfall der UdSSR einsetzte.

Das fadenscheinige Konstrukt der sogenannten Völkerfreundschaft, das in Wirklichkeit nur in Form der vergoldeten Skulpturen im berühmten Springbrunnen auf dem WDNCh-Gelände* und im Text der sowjetischen Hymne existierte, bröckelte an allen Ecken und Enden. Eine dieser Ecken war Tadschikistan, eine

* Das WDNCh-Gelände ist ein Ausstellungsgelände, auf dem seit 1937 die »Errungenschaften der Volkswirtschaft« präsentiert werden, und eine nach dem Ausstellungsgelände benannte Metrostation.

der ärmsten Republiken Zentralasiens. Hinter der Fassade des scheinbaren Wohlstands am Rande des Sowjetimperiums verbargen sich eine korrupte Regierung, wachsende soziale Spannungen, Armut und Rückständigkeit der ländlichen Bevölkerung. Anfang der 1980er-Jahre häuften sich Meldungen über Selbstverbrennungen von Frauen. Viele von ihnen fristeten ein so entrechtetes und elendes Dasein, dass sie keinen anderen Ausweg mehr sahen als dieses unvorstellbar qualvolle Ende.

Im darauffolgenden Jahrzehnt entbrannte in Tadschikistan ein regelrechter Krieg zwischen verschiedenen Clans und kriminellen Gruppierungen; aus dem Untergrund kamen Islamisten dazu. Im Herbst 1992 wuchsen sich die Konflikte zu einem Bürgerkrieg aus. Der verheerende Krieg in Afghanistan diente als Katalysator: Er schwappte über die tadschikische Grenze. Der Bürgerkrieg in Tadschikistan, der bis 1997 andauerte, forderte Zehntausende Opfer, manche Schätzungen gehen von weit über 100 000 aus. Wie andernorts wurden auch die blutigen Auseinandersetzungen in der Hauptstadt Duschanbe von Pogromen gegen Russen und Armenier begleitet, die in ständiger Angst lebten. Viele dieser Armenier, oftmals Familien, waren 1990 vor den gewaltsamen Unruhen in Baku (damals die Hauptstadt der Aserbaidschanischen SSR) hierher geflüchtet, nun drohten ihnen auch hier Tod und Verfolgung. Die wenigen, die blieben, versuchten, ihre Identität zu verbergen. Auch ein Großteil der russischen Bevölkerung floh. Millionen von Menschen verließen aufgrund der Unruhen die ehemaligen Sowjetrepubliken in Zentralasien und im Südkaukasus und suchten in Russland Zuflucht. Doch obwohl sie ethnische Russen waren, empfing sie niemand mit offenen Armen, im Gegenteil, sie waren Fremde, und dazu noch – angesichts der grassierenden Arbeitslosigkeit – Konkurrenten. Für diese Menschen war es äußerst schwer, Wohnraum und Arbeit zu finden.

Mit jener Flüchtlingswelle kam auch die Familie des Pflegesohnes meiner Großmutter aus Duschanbe. Sie ließ sich in Borowitschi nieder, einer mittelgroßen Stadt mit 50 000 Einwohnern im

Nordwesten von Russland. Während des Zweiten Weltkriegs war hier die Front verlaufen, Menschen aus dem belagerten Leningrad waren hierher evakuiert worden, es gab Lazarette und Filtrationslager für Soldaten der Roten Armee, die sich aus deutscher Kriegsgefangenschaft befreien konnten, sowie das »Lager 270« für deutsche Kriegsgefangene.

Die Familie hatte sich für Borowitschi entschieden, weil dort ein entfernter Bekannter ein Baustoffwerk leitete, das selbst in jenen Krisenzeiten in Betrieb war. Er hatte ihnen eine Wohnung, ein kleines Stück Land und eine gute Anstellung versprochen. Die Frau fand Arbeit als Mathematiklehrerin an der Schule. Auch wenn sie nach dem warmen Süden Schwierigkeiten hatten, sich an das Leben im Norden zu gewöhnen, lebten sie sich mit der Zeit ein. Bis sie das einholte, vor dem sie aus Duschanbe geflohen waren.

Eines Tages erhielten wir einen Anruf aus Borowitschi. Nastja sei tot. Wir konnten es nicht fassen. Die Tat war so grausam wie sinnlos, der Hergang mysteriös. Nastja war auf die Schule gegangen, an der ihre Mutter unterrichtete. Sie besuchte zusammen mit anderen Dreizehn- und Vierzehnjährigen die siebte Klasse. Als sie am Tag ihres Todes nach dem Unterricht nach Hause gehen wollte, stellte sie fest, dass ihre Schuhe weg waren. Nach sowjetischem Brauch mussten in Schulen Hausschuhe getragen werden, damit man den Straßenschmutz nicht in die Klassenräume trug. Ständig gab es Scherereien mit diesen Wechselschuhen, ständig wurden sie vergessen oder gingen verloren. Einmal kam meine älteste Tochter mit einem Stiefel und einem Pantoffel an den Füßen von der Schule nach Hause.

Während Nastja nach ihren Schuhen suchte, erzählte ihr jemand, ein Mitschüler habe sie mitgenommen. In Hausschuhen tappte sie zu ihm nach Hause – und geradewegs hinein in eine Falle. Die Ermittlungen jedenfalls kamen zu dem Schluss, dass der Mitschüler sie auf diese Weise zu sich gelockt habe, um sie zu töten. Sie wurde stranguliert. Anzeichen für sexuelle Gewalt gab es keine, genauso wenig irgendein anderes Motiv. Aber wie konnte ein Gleichaltriger, der kaum größer war als sie, mitten am helllichten Tag eine solche Tat begehen? Wie hatte er es geschafft, ihre Leiche in einen Sack zu packen und auf einem Schlitten auf die Mülldeponie zu verfrachten? Es war unbegreiflich. Man wusste nur, dass die Mutter des mutmaßlichen Täters die Stadtapotheke leitete und in der Kleinstadt Einfluss hatte.

Zur Beerdigung kamen viele Menschen, der Fall sorgte selbst vor dem Hintergrund der »wilden Neunziger« für Aufsehen. Der mutmaßliche Täter, der zwei Wochen vor seinem vierzehnten Geburtstag stand und nicht strafmündig war, wurde in ein Heim für Schwererziehbare außerhalb der Stadt eingewiesen. Damit war der Fall erledigt. Echte Ermittlungen gab es keine, auch Nastjas Eltern konnten nichts erreichen. In der Stadt machten schaurige Gerüchte die Runde, dass der wahre Mörder einer nationalistischen Gruppierung entstamme, die die Tat verübt habe, um sich an den Zugezogenen zu rächen, die den Einheimischen angeblich die Arbeit wegnahmen.

Keine Fernsehserie, kein Krimi über Mordfälle in der russischen Provinz, die es später massenhaft gab, konnte je die erdrückende Atmosphäre in Borowitschi wiedergeben. Als meine Mutter und ich im Winter 1999 nach einer langen Zugfahrt frierend ankamen, um an Nastjas Beerdigung teilzunehmen, war Trostlosigkeit das vorherrschende Gefühl. Borowitschi war arm und heruntergekommen wie die meisten postsowjetischen Kleinstädte. Während Moskau sich in dieser Zeit langsam erholte, spiegelten hier die ganze Atmosphäre, die bröckelnden Fassaden, die kaputten, mit grauem Schneematsch bedeckten Straßen all die Schrecken des Zerfalls. Die zwei Tage, die wir dort verbrachten, waren wir wie erstarrt vor Grauen. Dieser Mord schien im schlimmsten Sinn symbolisch: Die Familie war vor der Gewalt in Tadschikistan nach Russland geflohen, nur um hier von der Gewalt in ihrer brutalsten Form eingeholt zu werden – an einem Ort, an dem sie Schutz gesucht hatten.

Der Labrador und die Einbrecher

Ein paar Jahre später sollte auch meine Familie Opfer der alltäglichen Gewalt werden, wenn auch mit weniger tragischem Ausgang. Das Datum dieser Geschichte, die später zu einer skurrilen Begegnung führte, hat sich mir ins Gedächtnis gebrannt: Es war im Oktober 2002, an dem Tag, als eine Gruppe tschetschenischer Terroristen während einer Vorstellung des Musicals »Nordost« Hunderte Geiseln nahm.

An jenem nasskalten Herbstabend lief ich spät nach einer Veranstaltung nach Hause. Ich war schon fast da, als mein Handy klingelte. Meine sechzehnjährige Tochter Lisa brachte nur einen Satz heraus: »Mama, wir wurden ausgeraubt.« Ich erinnere mich nur bruchstückhaft daran, wie ich das letzte Stück des Weges bewältigte und die Treppen in den dritten Stock hinaufflog. Die Tür zur Wohnung stand offen, drinnen herrschte Chaos. Der Inhalt sämtlicher Schränke war auf dem Fußboden verstreut. Die Tür war nicht aufgebrochen worden; Lisa hatte sie den Einbrechern eigenhändig geöffnet. Als es klingelte und sie fragte, wer da sei, hörte sie: »Die Maler, wir waren nur kurz Müll wegbringen.« Die Täter wussten ganz offenbar, dass in diesen Tagen Handwerker bei uns ein und aus gingen, weil wir die Wohnung gerade renovieren ließen. Sie waren zu dritt, alle in schwarzen Jacken und schwarzen Strickmützen, die sie sich tief in die Stirn gezogen hatten.

Trotz des Schocks hatte Lisa einen klaren Kopf bewahrt und so vielleicht Schlimmeres verhindert. Sie händigte ihnen das ganze Geld aus, das wir in der Wohnung hatten; genau aus diesem Grund wusste sie immer, wo es lag. Kreditkarten besaßen wir damals noch keine. Es waren Euroscheine, offenbar etwas ganz Neues für die Diebe, die die Banknoten erstaunt begutachteten. Die einzigen anderen Gegenstände von Wert in der Wohnung waren Gemälde und Bücher, aber von denen hatten sie glücklicherweise keine Ahnung. Sie begnügten sich mit meinem Schmuck und ein paar anderen Kleinigkeiten, die ihnen wertvoll erschienen, und verschwanden.

Wir hatten pures Glück, dass sie »nur« Einbrecher und keine Mörder waren. Sie hatten Lisa zwar gefesselt und bedroht, nachdem sie ihnen das Geld ausgehändigt hatte, aber offenbar nicht mit der Absicht, ihr Schlimmeres anzutun. Vielleicht wollten sie auch einfach nur schnell wieder verschwinden. Unser Labrador Trim hatte sich genau richtig verhalten. Als die Einbrecher sich daranmachten, meine Tochter zu fesseln, hielt er das in seiner gutmütigen Naivität für ein Spiel und brachte den Verbrechern umgehend seinen Ball. Wer weiß, was passiert wäre, hätte er gebellt und die Zähne gefletscht, womöglich hätten sie ihn umgebracht, und Lisa wäre noch schwerer traumatisiert worden.

Ich rief sofort die Polizei, und bald drängten sich Einsatzkräfte und Ermittler in unserer verwüsteten Wohnung; offenbar waren die Sicherheitskräfte aufgrund der Geiselnahme in erhöhter Alarmbereitschaft. Sie traten sich ziemlich unbeholfen gegenseitig auf die Füße und verwischten so vermutlich die paar Spuren, die die Einbrecher hinterlassen hatten. Die Befragung wirkte wie ein schlechter Witz; Lisa hielt sich kühl und distanziert, als wäre das alles nicht mit ihr passiert. Auf die Frage, womit ihr die Diebe gedroht hätten, erwiderte sie nur: »Was meinen Sie wohl, womit Banditen jungen Frauen drohen? Ich habe außerdem morgen früh eine Prüfung, ich muss ins Bett.«

Nach einer Weile gingen sie, allerdings nicht ohne uns eine schriftliche Erklärung abzunehmen, dass wir am nächsten Tag zwecks Personenbeschreibung auf die Wache kommen würden. Es war das erste Mal, dass ich bei der Erstellung eines Phantombilds dabei war, diesmal am Computer. Lisa tat sich schwer, besondere Merkmale zu beschreiben, zumal alle Täter Mützen getragen hatten. Recht viel mehr, als dass sie vom Äußeren her einem damals vorherrschenden Klischee entsprachen, konnte sie nicht sagen: Sie waren vom Typ her »Kaukasier« – ein üblicher Sammelbegriff für sämtliche Migranten aus dem Süden. In den

Neunzigern strömten nicht nur Flüchtlinge, sondern auch Kriminelle aus den kaukasischen Republiken nach Moskau und schlossen sich je nach ethnischer Zugehörigkeit zu Banden zusammen, die verschiedene Lebensbereiche unter ihre Kontrolle brachten: Die einen nahmen sich der Märkte an, die anderen der Banken, die Dritten der Hotelbranche. Diese hier plünderten offenbar Wohnungen.

Noch lange Zeit später zuckte Lisa zusammen, wenn sie Männer mit »kaukasischem« Äußeren und schwarzer Kleidung sah. Vom Kopf her verstand sie natürlich, dass es falsch war, jemanden aufgrund von äußeren Merkmalen zu verdächtigen. Aber das Trauma, das sie erlebt hatte, ging viel tiefer, als wir uns das damals vorstellen konnten.

Die Fahndung lief natürlich ins Leere. Aber nach einer Weile rief die Miliz wieder bei uns an: Lisa solle bei einem Ermittler namens Saitschikow vorsprechen, weil sie minderjährig war, in Begleitung eines Erwachsenen. Ermittler Saitschikow – ein junger Mann um die dreißig im adretten Tweed-Anzug – empfing uns gut gelaunt. Die Einladung hatten wir seiner Beförderung zu verdanken, er wollte die »hängenden« Fälle abschließen. Er war vom Bezirksermittler zum stellvertretenden Bezirksstaatsanwalt aufgestiegen. Das alles ließ er uns wissen, kaum hatten wir einen Fuß über die Schwelle gesetzt. Die Wand über seinem Schreibtisch zierte ein großes Poster mit einem zähnefletschenden Wolf. Ich hätte beinahe laut losgelacht, denn Saitschikow heißt übersetzt etwa »Herr Hase«. Als er merkte, dass mein Blick auf dem Poster hängen geblieben war, erklärte er: »Ein Geschenk von meinem Schwiegervater, er ist ein hohes Tier bei der Staatsanwaltschaft.« Und offenbar gesegnet mit einem feinsinnigen Humor.

Um unseren »hängenden Fall« zu den Akten legen zu können, musste uns Saitschikow ein paar Fragen stellen. Die Antworten kommentierte er rege – ein gelinde gesagt unkonventionelles Vorgehen. Das ganze Gespräch war im Grunde ziemlich komisch. Als Lisa zum wiederholten Male die Tat in allen Einzelheiten beschrieb, empörte er sich über die Friedfertigkeit unseres Labradors: »Und das soll ein Hund sein? Wozu haben Sie den überhaupt? Also unserer hätte sicher niemanden ins Haus gelassen«, posaunte er und präsentierte stolz ein Foto auf seinem Computer. Das Bild zeigte eine hübsche Brünette, offensichtlich seine Angetraute, neben einem riesigen Mastino Napoletano.

Nicht nur unseren nichtsnutzigen Hund bedachte er mit einem ironischen Kommentar, auch die Diebe. Als Lisa auf die Frage, welche CD in ihrem gestohlenen Discman gewesen sei, mit »Schostakowitsch« antwortete, rief er amüsiert aus: »Na, die werden sich wundern!«

Nun kam ich an die Reihe. Einmal mehr sollte ich die gestohlenen Gegenstände aufzählen, auch wenn die Liste längst vorlag. »Bei mir muss alles seine Ordnung haben«, sagte Saitschikow. All das noch einmal durchzugehen, schmerzte, denn unter dem geklauten Schmuck waren auch Stücke meiner Großmutter, Ringe, die meiner verstorbenen Schwiegermutter gehört hatten … Mir war klar, dass ich die Sachen weder jemals wiedersehen noch dass überhaupt jemand nach ihnen suchen würde. Also erledigte ich diese Formalität so rasch wie möglich, damit wir endlich gehen konnten. Doch als ich schließlich erleichtert aufatmete, klickte Ermittler Saitschikow, der meine leidige Liste umständlich mit einem Finger in den Computer getippt hatte, aus Versehen auf »Löschen« anstatt auf »Speichern«, und die ganze Arbeit löste sich vor unseren fassungslosen Augen in Luft auf. Aber selbst das konnte seine Laune nicht trüben, ganz im Gegensatz zu mir, die ich um ein Haar in das Gefluche eingestimmt hätte, das aus dem Büro nebenan zu uns herüberdrang. Saitschikow hingegen zeigte sich von seiner wohlerzogenen Seite und entschuldigte sich für seine Kollegen: »Da arbeitet die Kripo«, sagte er. »Sie wissen ja, wie das ist.«

Ich zählte also zähneknirschend noch einmal alles auf, dann wünschten wir ihm viel Erfolg für seinen neuen Posten und wollten gerade gehen, als es an der Tür klopfte.

»Na, wenn man vom Teufel spricht«, sagte Saitschikow zu einem Mann, der weitaus weniger gestriegelt und lebensfroh wirkte. »Das ist mein geschätzter Kollege aus dem Nachbarbezirk. Die haben da gerade eine Bande geschnappt, auch so Kaukasier. Vielleicht erkennt Ihre Tochter einen davon wieder?«

Ich bereute augenblicklich, dass wir nicht längst verschwunden waren, aber es war zu spät. Der Kollege schlug ein Fotoalbum auf und hielt es Lisa unter die Nase: »Haben Sie einen von denen schon mal gesehen?« – »Wenn Sie die nicht so zugerichtet hätten, könnte ich das vielleicht beantworten«, bemerkte meine Tochter trocken. Und tatsächlich, die Gesichter auf den Fotos waren dermaßen grün und blau geschlagen, die Augen so zugeschwollen, dass die eigene Mutter sie nicht wiedererkannt hätte.

Saitschikow fasste den Tathergang kurz für den Kollegen zusammen, woraufhin der Lisa lobte, dass sie den Tätern das Geld ausgehändigt hatte. Er erzählte, dass in seinem Bezirk ein Mädchen gefoltert worden sei, weil sie nicht wusste, wo das Geld versteckt war. »Sie können also wirklich von Glück sprechen«, resümierte Saitschikow fröhlich. »Mein Rat: Schauen Sie jeden Tag in den ›Dienstabschnitt‹ [Kriminalchronik], vielleicht erkennen Sie ja jemanden wieder. Und klappern Sie die Pfandleihhäuser ab, wer weiß, vielleicht tauchen die Sachen dort auf.« Damit wandte er sich von uns ab und seinem Kollegen zu: »Hast du meinen neuen Schlitten schon gesehen?« – »Du meinst den VW, der draußen steht?«

Wir sahen den schicken Wagen, als wir aus dem Gebäude heraustraten. Auffallend viele Vertreter der »Staatsgewalt« fuhren damals glänzende Karossen aus dem Westen …

Schattenwirtschaft und »Spekulanten«

Im Januar 1992, als die Regierung Jelzin unter Federführung von Jegor Gaidar (er war zu dieser Zeit stellvertretender Vorsitzender der Regierung für Wirtschaftspolitik) die Preisregulierung aufhob, um die marktwirtschaftlichen Reformen weiter voranzutreiben, schien plötzlich jeder etwas zu verkaufen. Ich werde nie vergessen, wie die damals noch nicht in »Twerskaja« umbenannte Gorkistraße aussah, eine der größten Straßen im Zentrum von Moskau. Vom Kreml bis hoch zum Puschkin-Platz standen auf den Bürgersteigen Menschen, die alles feilboten, was sie besaßen: Bücher, Geschirr, Konserven, einfach alles. Viele Fabriken konnten damals kein Gehalt auszahlen und entlohnten ihre Angestellten in Naturalien – mit Dingen, die in den Betrieben hergestellt wurden und die sie nun auf der Straße zu verkaufen versuchten.

In der Sowjetunion hatte die Privatwirtschaft jahrzehntelang einen halblegalen Charakter. Faktisch nur Kolchosen durften, nachdem sie ihre Pflichtabgaben geleistet hatten, Überschüsse aus der landwirtschaftlichen Produktion ganz offiziell auf »Kolchos-Märkten« verkaufen. In anderen Bereichen griff der Staat mal entschlossener durch, mal ließ er etwas mehr Freiheit. Wir alle nahmen Dienste von Leuten in Anspruch, die der Staat als »Spekulanten« bezeichnete und mit mehr oder weniger drakonischen Mitteln bekämpfte. Dabei gehörten kleine Bestechungssummen oder »kostenpflichtige Dienstleistungen« zum Alltag. Schmiergeld für Beamte, ein paar Scheinchen für Ärzte, Geschenke für Lehrer … Eine gängige Praxis waren auch Zuwendungen in jeglicher Form an Doktorväter. Es waren vor allem Funktionäre, die mit einer Doktorarbeit ihren Status aufwerten wollten.

In meinen ersten Semesterferien – es war Sommer 1967 – fuhr ich mit meiner Schulfreundin nach Suchumi in Abchasien. Wir besuchten dort den stellvertretenden Gesundheitsminister. Die Mutter meiner Freundin, die einem Lehrstuhl an der medizinischen Hochschule in Moskau vorstand, hatte die Dissertation unseres äußerst spendablen Gastgebers betreut. Wir verbrachten eine tolle Zeit, wurden im Dienstwagen herumkutschiert und mit Sekt und schwarzem Kaviar verwöhnt. Und zwar schon zum Frühstück. Ein kleines Dankeschön, über dessen mutmaßliche Ursache wir uns im Klaren waren, uns das opulente Verwöhnprogramm aber dennoch ohne Gewissensbisse gefallen ließen. Und natürlich wurde auch der Minister selbst geschmiert, wovon wiederum seine zahlreichen Verwandten profitierten.

Im Kaukasus trieben sogenannte Zechowiki (abgeleitet von »Zech« für Zunft, Werkhalle) ihr Unwesen, Wirtschaftskriminelle, die Rohstoffe von Staatsunternehmen abzweigten und daraus in Eigenregie Waren produzierten. Manche nutzten dafür kleine Werkstätten, andere ganze Fabriken, illegal irgendwo errichtet, um dort ihrer Untergrundproduktion nachzugehen. Wieder andere nutzten dafür die offizielle staatliche Infrastruktur. Die illegalen Waren wurden dann über inoffizielle Schattenstrukturen verkauft.

Wie dieses Prinzip funktionierte, wussten wir auch aus Erzählungen. Die Nichte von Freunden von uns war mit dem Direktor einer großen Pelzfabrik in Baku verheiratet. Ein Karakulpelz, besser noch einer aus Feh, dem Winterfell des Eichhörnchens, war der Traum jeder sowjetischen Frau, die etwas auf sich hielt. Und ein Nerzmantel kostete genauso viel wie ein Schiguli. Mützen aus Bisamratten- oder Hirschkalbfell für Männer bekam man nur gegen Gutscheine, und das auch nur, wenn man eine Führungsposition hatte. Kein Wunder, dass in der Wohnung der Nichte im Zentrum von Baku alles funkelte, glitzerte und vor defizitären Waren aus allen Nähten platzte, darunter auch finnische Badarmaturen und jugoslawische Möbel. Ihr Mann, der Direktor von »Asmechschuba«, behandelte die aus dem Bildungsbürgertum stammende Familie seiner Frau wie seine eigene. Als die Cousine – eine Musikwissenschaftlerin und Dozentin am Konservatorium von Baku – nach Moskau reiste, fragte er sie, ob sie dort Hilfe brauche.

Ihre Antwort, sie würde gerne zum Tschaikowsky-Musikwettbewerb (dem wichtigsten Wettbewerb am Moskauer Konservatorium, für den man nur schwer Tickets bekam) gehen, brachte ihn dann aber doch etwas in Verlegenheit. Er sagte, er würde zusehen, was er tun könne. Was haben wir am Ende gelacht, als sich herausstellte, dass er dachte, er solle für sie die Teilnahme organisieren! Und wie er sich freute, dass es um eine solche Kleinigkeit wie Konzertkarten ging.

In unserem damaligen Leben waren alle Überlebenskünstler. Orchestermusiker und Theaterschauspieler, die zu Gastspielen ins Ausland fuhren, versuchten stets etwas mitzunehmen, das sie dort verkaufen oder eintauschen konnten: Uhren, Ferngläser, Fotoapparate oder Kaviar, um mit dem Geld Jeans, Kosmetik und andere Dinge zu besorgen, die bei uns Mangelware waren und die man gewinnbringend weiterverkaufen konnte. Menschen, die dem in der Sowjetunion verbotenen Schwarzhandel nachgingen, bei denen man defizitäre Importwaren sogar bestellen konnte und die den Ausländern im Gegenzug hauptsächlich Kunstgegenstände verkauften, nannte man umgangssprachlich »Farzowschtschiki«. In den Sowjetfilmen aus den 1970er-Jahren waren sie immer die Antihelden. Weil sie mit Ausländern verkehrten und Handel betrieben – vor allem auf dem Kunstmarkt –, hatte sie oft der KGB im Visier. Wir hielten uns von diesem Menschenschlag fern, abgesehen von einem guten Freund, einem talentierten Künstler, der jedoch klug genug war zu wissen, dass er von seiner Kunst allein nicht reich werden konnte. Weil er keine Lust hatte, wie die meisten seiner Zunft als arme Kirchenmaus zu leben, trieb er nebenbei Handel. Vor allem mit Kunstobjekten und Ikonen, aber nicht nur. Als ich ihn einmal besuchte, sah ich in einer Ecke einen ganzen Sack voll billiger japanischer Taschenuhren stehen. Er selbst nahm sein »Business« mit Humor.

Zwar alles andere als ein Dissident, verabscheute er die Sowjetmacht zutiefst. Selbst nachdem er ein paar Jahre wegen »Spekulation« im Gefängnis verbracht hatte, konnte er über jeden Kontakt mit dem Sowjetsystem nach wie vor nur lachen. Und er nutzte jede Gelegenheit, um es zu hintergehen – in welcher Form auch immer. Als ich einmal am Telefon sagte, mein Mann sei nicht zu Hause, weil man das ganze Laboratorium zum Gemüseverlesen geschickt habe, regte er sich furchtbar auf. Natürlich wusste er genau, dass die Stadtverwaltung Mitarbeiter sämtlicher wissenschaftlicher Einrichtungen bis hin zur Akademie der Wissenschaften regelmäßig in die Gemüselager scheuchte, aber dass wir, seine Freunde, dies einfach so mit uns machen ließen, wollte ihm nicht einleuchten.

Er starb 1989, mit vierzig, zerfressen vom Krebs, ohne je ein legales Geschäft aufgebaut zu haben. Ich frage mich oft, ob er unter den neuen Begebenheiten wohl seinen Platz gefunden hätte? Später, nach seinem Tod, sprach sich herum, mit welchen Leuten er durch den Schwarzhandel zu tun gehabt hatte. Als die Reformen losgingen, saßen diese Leute an der Quelle, viele kamen sehr schnell zu sehr viel Geld. Aber es gab auch Schattenseiten: Angeblich wurde der Sohn eines dieser Männer entführt und konnte nur gegen sehr viel Lösegeld freigekauft werden; ein weiterer seiner einstigen »Partner« kam unter nie geklärten Umständen ums Leben.

»Ich *bin* die Mafia!«

Nur die wenigsten unserer Freunde und Bekannten brachten es in dieser neuen Zeit richtig weit – gemessen an den Maßstäben, anhand derer man in den Neunzigern Erfolg beurteilte. Gefragt waren plötzlich vor allem kaufmännische Kenntnisse, Berufe, die früher als langweilig galten – wer brauchte in der Sowjetunion schon Finanzexperten? Nun gab es sogar einen populären Schlager, in dem die Sängerin »einem Buchhalter und sonst keinem« treue Liebe schwor. Die Cousine meiner Mutter, die jahrelang ein bescheidenes Dasein in der Buchhaltung einer Fabrik gefristet hatte und ihren Job wie so viele Anfang der 1990er verlor, weil die Fabrik schließen musste, kombinierte ihr Wissen mit den neuen Möglichkeiten: Sie machte sich zur Überraschung aller als Blumenhändlerin selbstständig, womit sie recht gut verdiente. Aber auf Schriftsteller, wissenschaftliche Angestellte, Lehrer und Dozenten kamen harte Zeiten zu. Ich verdiente meine Brötchen als Dolmetscherin; mein Mann, der das Kurtschatow-Institut verlassen hatte, verfasste Werbetexte und versuchte sich als Lektor und Journalist. Nichtsdestotrotz eröffnete der freie Markt auch uns zahlreiche neue Chancen: Es wurden Verlage, Zeitungen und Magazine gegründet, mein Mann gab gemeinsam mit Freunden eines für Ökologie heraus.

An jeder Ecke eröffneten Geschäfte, Friseursalons, kleine Läden, in denen alles Mögliche feilgeboten wurde. Jeder wollte sein kleines Stück von Freiheit und Wohlstand erhaschen, auch wenn es für viele der neuen Kleinunternehmer ein harter Kampf ums Überleben war: Kriminelle Banden hatten überall ihre Finger im Spiel, und es war keine Seltenheit, dass die Miliz mit ihnen gemeinsame Sache machte. Die alte Losung »Die Miliz, dein Freund und Helfer« gehörte längst der Vergangenheit an; so einem »Freund« wollte man lieber nicht in einer dunklen Gasse begegnen. Überhaupt hielt man sich besser von ihnen fern. Als meine älteste Tochter einmal spätabends kurz zum Kiosk an der Metrostation ging, geriet sie in eine Patrouille. Die Beamten wollten sie ins Auto zerren, aber zum Glück fand sie in der Jackentasche ihren Presseausweis, und da wurde ihnen die Sache zu brenzlig.

Drohungen, Einschüchterungen, Schutzgelderpressung und andere Dinge, mit denen Organisierte Kriminalität und manche Milizionäre den Kleinunternehmern zusetzten, waren besonders Erfolg versprechend, wenn jemand keine ganz blütenweiße Weste hatte.

Unser Nachbar auf der Datscha, ein Automechaniker, betrieb nebenbei einen »Videoverleih«: Er kaufte mehrere Rekorder und widmete sich offenbar sehr erfolgreich der Piraterie. Einmal nahm er mich mit seinem neuen Jeep mit in die Stadt zurück, und während der Fahrt diskutierte er völlig ungeniert mit jemandem am Telefon über seine Geschäfte und einen offenbar säumigen »Kunden«. Und dann fragte er unvermittelt, ob sie sich »selbst um den Kerl kümmern«, oder »die Miliz auf ihn ansetzen« sollten.

Für die Menschen im Land erleichterte die Legalisierung der Privatwirtschaft den Alltag immens. Geschäfte, die früher verödeten Krämerläden glichen, füllten sich mit Waren. Privat geführte Cafés und Restaurants machten auf, und vor dem ersten McDonald's am Puschkin-Platz bildeten sich Schlangen, die länger waren als die vor dem Lenin-Mausoleum. Wie schon zu Sowjetzeiten erfreute sich die kaukasische Küche großer Beliebtheit, und so gehörten georgische Restaurants zu den ersten, die überall ihre Pforten öffneten. In eines der beliebtesten ging ich eines Tages mit Freunden essen. Von innen sah das »Mama Zoya« eher aus wie ein Schnellimbiss, mit Plastikmöbeln und billiger pseudokaukasischer Deko. Aber es war gut besucht und das Essen köstlich. Zwischen den Tischen wuselte eine kleine, robuste Frau umher – wie man uns sagte, die Inhaberin Mama Zoya persönlich. Der Feinschmecker in unserer Runde, dem wir den Besuch des Lokals zu verdanken hatten, war schwer beeindruckt von dem, was Mama Zoya hier auf die Beine gestellt hatte. Beim Zahlen verwickelte er sie in einen längeren Plausch und fragte: »Wie schaffen Sie das mit Ihrem Restaurant? Haben Sie keine Angst vor der Mafia?« Sie schaute ihn an wie eine Erzieherin ein Kindergartenkind und erwiderte: »Mafia? Ich *bin* die Mafia.« Sie sagte es so fest und überzeugend, dass wir keinen Zweifel am Wahrheitsgehalt dieser Aussage hegten.

Später eröffnete Mama Zoya mehrere Filialen in der ganzen Stadt. Man munkelte, dass in den Hinterzimmern mit Drogen gehandelt würde und die Lokale ein beliebter Treffpunkt der Organisierten Kriminalität wären. Mama Zoyas Unternehmen existierte bis in die 2000er-Jahre, aber dann gab es einen Brand in der größten Filiale – einem Schiff an der Frunsenskaja-Uferstraße –, woraufhin die anderen nach und nach zumachten. Dann starb auch Mama Zoya, »die Mafia höchstselbst«.

Vor Kurzem stieß ich auf ein Interview mit ihr aus den späten 1990er-Jahren. Sagen wir so, unser Eindruck von damals hatte uns nicht getäuscht. Zu allem Überfluss hieß Mama Zoya mit bürgerlichem Namen Solotowa – »die Goldene«. Sofern das überhaupt ihr richtiger Name war, erschien er mir sehr zutreffend.

»Was müsste passieren, damit Sie einen Gast aus Ihrem Restaurant werfen?«, wollte der Reporter im Interview von ihr wissen.

»Diebstahl, zum Beispiel. Einmal habe ich beobachtet, wie ein Gast einem anderen eine Tasche klauen wollte. Ich rief: ›Holt eine Axt!‹, und hielt so lange seinen Finger auf den Tisch gedrückt. Volles Haus, alle gucken zu. Da schrie der Dieb: ›Mama Zoya! Ich klau hier nie wieder, ehrlich! Aber bitte lass meinen Finger dran!‹ Ich setzte ihn vor die Tür und sagte ihm, er solle sich bloß nie wieder blicken lassen. Und der Miliz erklärte ich, dass ich in meinem Restaurant die Urteile selbst spreche.«

Nach Aussage von Mama Zoya verursachte das Feuer einen Schaden von rund zwölf Millionen Dollar. Wenn man nicht »die Mafia« persönlich war, war es kaum möglich, solche Summen zu erwirtschaften und in ein exklusives Fine-Dining-Schiff auf der Moskwa zu investieren …

Es war ebenfalls Anfang der 1990er-Jahre, als mir nach jahrelangen unerfreulichen Erfahrungen mit sowjetischen Friseuren jemand Wassili empfahl. Dreißig Jahre lang blieb ich ihm treu, bis zu seinem Tod infolge einer Covid-Infektion. Wassili verkörperte die neue Zeit wie kein anderer und hatte nichts, aber auch gar nichts mit den Friseuren der UdSSR zu tun. Schon seine Biografie war außergewöhnlich: Sein Vater war Oberst, der als Spion Karriere gemacht hatte. Während des Krieges arbeitete er – als Chauffeur getarnt – für die sowjetische Botschaft in London. In den 1950er-Jahren wurde er Militärattaché in Kanada. Dort kam Wassili zur Welt. Sein Weg schien klar vorgezeichnet: Er wurde auf die

Suworow-Militärschule in Moskau geschickt, wo er mit anderen zukünftigen Generälen die Schulbank drückte. Aber Wassili, der seinen Dienst in Afghanistan leisten musste, kehrte mit einem Hass auf alles zurück, was mit der sowjetischen Armee und Krieg zu tun hatte. Als die Perestroika begann, konnte er endlich werden, wovon er schon immer geträumt hatte: Friseur. Er wurde der beste in ganz Moskau und gewann einen Wettbewerb nach dem anderen.

Allein die Scheren, die er bei erster Gelegenheit aus dem Ausland bestellte, waren eine Schau – kein Wunder, dass Wassili sie immer ganz verliebt betrachtete und alles tat, um sie vor frühzeitigem Verschleiß zu bewahren. Den Respekt, den er diesen Scheren entgegenbrachte, erwartete er auch von seinen Kunden in Bezug auf seine Dienste. Man durfte sich keine Minute verspäten. Einmal fragte ich ihn scherzhaft, ob er nicht zufällig deutsche Wurzeln habe, weil er das Klischee der deutschen Pünktlichkeit so über die Maßen erfüllte. Und siehe da – seine Großmutter mütterlicherseits, die Anfang der 1930er-Jahre verstorben war, stammte tatsächlich aus Deutschland.

Anfangs teilte sich Wassili mit jemandem einen Kellerraum. Aber sein großer Traum war es, einen eigenen Salon zu eröffnen. Er unternahm mehrere Versuche, aber weil er weder mit einer »Kryscha« noch mit Banditen oder der Miliz kooperieren wollte, liefen sie ins Leere. Stattdessen wurde er mit Durchsuchungen und Strafen drangsaliert. Als er sich auch dadurch nicht von seiner Haltung abbringen ließ, steckte man den Kellerraum in Brand. So blieb ihm nichts anderes übrig, als durch Moskau zu ziehen und sich in diversen Friseursalons einen Arbeitsplatz zu mieten. Seine Stammkundschaft, die ihm jahrelang die Treue hielt, folgte ihm, wohin auch immer. Es war eine absurd bunte Mischung: Topmanager von Gazprom; kriminelle Autoritäten, die ihre durchlöcherten Schädel keinem anderen als Wassili anvertrauten; der Verfasser der sowjetischen Hymne, der unter Putin daraus die Hymne der Russischen Föderation machte; oppositionelle Journalisten und weiß Gott, wer noch alles. Dazwischen ich, die ich mich gleich bei meinem ersten Besuch für mein dünnes Haar entschuldigte, mit dem er sicher seine Mühe haben würde – das hatte ich mein Leben lang von Friseuren gehört. Er hatte mich nur streng angeblickt und gesagt: »Es gibt kein schlechtes Haar, nur schlechte Friseure.«

An diesen Satz musste ich denken, als ich 2021 eine von unzähligen Trauergästen war, die zu seiner Beerdigung kamen. So viele, dass man hätte meinen können, er sei ein berühmter Chirurg oder ein Popstar gewesen. Manchmal haben wir über Politik geredet, während er mir die Haare machte. Gorbatschow hat seinen Traum ermöglicht. Jelzin konnte er Tschetschenien nicht verzeihen, vor allem nicht die vielen jungen, unerfahrenen Männer, die in die Hölle von Grosny geworfen wurden. Jelzins Nachfolger Putin verachtete er wegen dessen KGB-Vergangenheit zutiefst.

Seit Wassilis Tod sind vier Jahre vergangen. Nur wenige Monate später griff Putin die Ukraine an, und ich musste Moskau verlassen. Weder in Israel noch in Deutschland habe ich bislang einen Friseur gefunden, der ihm das Wasser reichen könnte.

Unvorstellbare Summen

Die Verlockung des Geldes, das plötzlich wie aus dem Nichts da war, machte viele blind. Immer mehr Menschen fielen Betrügern und Hochstaplern zum Opfer. Das berühmteste und wahrscheinlich in seinen Dimensionen beeindruckendste Beispiel war die Affäre um die MMM – eine nach dem Schneeballprinzip funktionierende Aktiengesellschaft, gegründet 1994 von Sergej Mawrodi, einem versierten Betrüger. Erstaunlicherweise fanden sich auch in unserem Umfeld Menschen, die darauf hereinfielen und allen Warnungen zum Trotz immer mehr Geld in die Finanzpyramide investierten. Mein Mann und ich hielten uns dezent zurück, zum einen, weil wir keine Ahnung von Aktien hatten, zum anderen, weil wir ohnehin nie Geld übrig hatten. Aber als die Pyramide erwartungsgemäß in sich zusammenstürzte und die Durchsuchung bei Mawrodi live im Fernsehen übertragen wurde, stellte sich heraus, dass Hunderttausende ihr Geld verloren hatten. In Moskau versuchten wütende Aktionäre, das berühmt-berüchtigte MMM-Büro zu stürmen. Einige nahmen sich aus Verzweiflung sogar das Leben.

Eine herausragende Rolle spielte in diesem Skandal das Marketing. Kommerzielle Reklame war ein neues Phänomen, das mit der Marktwirtschaft über uns kam. In der UdSSR hatte es zwar auch Werbung gegeben, aber sie diente eher der allgemeinen Belustigung, warf sie doch ein Licht auf die Alternativlosigkeit, in der die Sowjetbürger lebten. Die Aufrufe, »mit Aeroflot zu fliegen« und sein Geld »in der Sberkassa« – der sowjetischen Sparkasse – anzulegen, hatten eher den gegenteiligen Effekt, weil sie die Menschen unermüdlich daran erinnerten, dass sie niemals eine andere Wahl haben würden, als mit Aeroflot zu fliegen und ihr Geld zur Sberkassa zu bringen.

Jetzt, unter den neuen Bedingungen, sollte Werbung ganz anders funktionieren. Leider wussten wir noch nicht genau, wie. Viele der ersten Werbeclips, die im Fernsehen liefen, wurden von talentierten Regisseuren gemacht und blieben lange in Erinnerung, auch wenn das angepriesene Produkt längst verschwunden war. So zum Beispiel die Bank Imperial, die kurze Zeit in den Neunzigern existierte und so schnell vergessen war, wie sie auftauchte. Aber die Werbefilme der Bank mit historischen Figuren von Tamerlan bis Napoleon sehe ich immer noch vor mir. Aus heutiger Sicht sind die Narrative, mit denen sie spielten, allzu offensichtlich: Imperien und deren Herrscher wurden als zwar grausam, aber gerecht gepriesen. Und nur ihnen – und damit der Bank Imperial – sollte man sein Vertrauen schenken.

Die Werbung für das Schneeballsystem MMM war clever gemacht: Sie war aufgezogen wie eine Telenovela, die sich um einen gewissen Ljonja Golubkow und seine Frau Rita drehte – einfache, durch und durch sowjetische Leute, die nichts hatten, aber alles wollten, und das möglichst sofort. Das traf ins Schwarze. MMM versprach äußerst überzeugend, all ihre Wünsche zu erfüllen: modische Stiefel und Pelzmäntel, schicke Möbel und Ferien am Meer. Ljonjas Überzeugung vom schnellen Glück speiste sich aus mehreren Quellen: Zum einen war da der unbeirrbare sowjetische Glaube an Wunder, zum anderen der Glaube daran, dass man einer Sache vertrauen konnte, wenn sie schon im Fernsehen gezeigt wurde. Obwohl man noch vor Kurzem nichts von dem geglaubt hatte, was dort erzählt wurde. So wie man dem Staat nichts glaubte, wohl wissend, dass der Staat einen immer betrügen würde. Folglich konnte man auch umgekehrt den Staat bei jeder Gelegenheit guten Gewissens betrügen. Aber hier verhielt es sich anders: MMM und die späteren Betrugsmaschen nach demselben Muster schienen zunächst äußert vertrauenswürdig, bevor sie Tausende Kunden in den Ruin stürzten und deren Glauben an die Wirtschaftsreformen gleich mit ruinierten.

Heute sprechen Wirtschaftsexperten davon, dass die Krise von 1998, eine der schwersten in der Geschichte Russlands, das »Finanzfeld« gesäubert und am Ende eine positive Rolle gespielt habe. Doch wie viele Hoffnungen hat sie zerstört? Auslöser für diese Krise, die sich seit dem Vorjahr mit schweren Turbulenzen in Ost- und Südostasien anbahnte, war der starke Rückgang der Weltmarktpreise für Gas und Öl, Russlands wichtigste Exportgüter. Monatelang versuchte die Regierung gegenzusteuern, bis sie am 17. August faktisch den Staatsbankrott erklärte. Der Schuldendienst wurde vorübergehend ausgesetzt und der Rubel, der bislang an einen festen Kurs gebunden war, durch die Hintertür abgewertet. Drei Tage zuvor hatte Jelzin das noch ausgeschlossen, nun büßte der Rubel mehr als die Hälfte seines Werts ein. Unternehmen gingen pleite, das im Ausland verschuldete und zur Schuldenfinanzierung von den russischen Staatsanleihen abhängige Bankensystem brach fast vollständig zusammen, die Sparer wurden um ihre Einlagen gebracht. Die Rubel-Ersparnisse der Bevölkerung schmolzen dahin. Den Schiguli gerade erst gegen einen Mercedes eingetauscht, verloren sie nicht nur ihre materiellen Güter, sondern alles, manchmal sogar das Dach über dem Kopf. Ich erinnere mich an eine Begegnung im Supermarkt um die Ecke mit einem ehemaligen Kollegen meines Mannes, der gerade noch eine erfolgreiche Firma besessen hatte und sich jetzt kaum mehr einen Joghurt leisten konnte. Andere ließ die Krise auf unerwartete Weise verzweifeln.

Ein Stockwerk unter uns wohnte eine schon für sowjetische Verhältnisse wohlhabende Familie. Der Vater arbeitete im Kurtschatow-Institut als Werkstattleiter, ihre einzige Tochter war so alt wie unsere älteste. Sie heiratete glücklich, bekam ein Baby. Doch wenige Jahre später starb sie auf tragische Weise: An einer Bushaltestelle wurde sie von einem Auto erfasst und war auf der Stelle tot. Ihr Mann blieb allein mit dem kleinen Kind zurück. Er war am Boden zerstört; die Schwiegereltern kümmerten sich um den Enkel. Nachdem sie ihre Tochter verloren hatten, war der Junge das Einzige, was ihnen blieb. Zum Glück war das Verhältnis zu ihrem Schwiegersohn sehr herzlich. Er hatte ein Unternehmen; dem teuren Auto nach zu urteilen, lief es gut. Bis das Jahr 1998 kam.

Als ich in jenem Herbst unserem Nachbarn, dem Schwiegervater, einmal im Hausflur begegnete, erkannte ich ihn nicht wieder. Er schien über Nacht um Jahrzehnte gealtert. Es stellte sich heraus, dass Schwiegersohn und Enkel plötzlich verschwunden waren. Niemand wusste, was mit ihnen geschehen war. Einige Anzeichen sprachen dafür, dass sie sich ins Ausland abgesetzt hatten, doch die jahrelange Suche blieb erfolglos. Meinen Nachbarn brach es das Herz. Sie war ständig krank, er verfiel dem Alkohol. Doch die Geschichte nahm – im Gegensatz zu den meisten anderen in dieser Zeit – ein gutes Ende.

Nach zehn Jahren klingelte bei unseren Nachbarn plötzlich das Telefon. Ihr Enkelsohn war dran, er war jetzt siebzehn Jahre alt.

Er erzählte, dass sein Vater eines Abends ohne jede Erklärung eiligst die Sachen gepackt und ihn aus der Stadt gebracht hatte. Die Firma war im Zuge der Krise bankrottgegangen, das Geld für ihren Aufbau war offenbar nicht nur von der Bank oder den Schwiegereltern gekommen, sondern wohl auch von Kriminellen. Er musste fliehen, um sich und das Leben seines Sohnes zu retten. Ohne jemandem ein Wort zu sagen, brachte er ihn so weit weg wie möglich – nach Südafrika. Dass er keine Botschaft hinterlassen, über Jahre kein Lebenszeichen gesandt hatte, war ein brutaler Schritt, und ich fragte mich, ob es wirklich keine andere Möglichkeit gegeben hätte. Aber was wusste ich schon über seine Todesangst und die Furcht um seinen Sohn? Jetzt, viele Jahre später, war die Gefahr vorüber, und der Junge hatte den Kontakt zu seinen Großeltern, die er nie vergessen hatte, wieder aufgenommen. Er reiste nach Moskau und besuchte sie auch später regelmäßig. Die beiden kamen nun immer zu uns hoch, damit wir ihnen mit Skype und WhatsApp halfen.

Die 1990er-Jahre sind längst Geschichte, aber Denkmäler dieser Zeit findet man auf allen Moskauer Friedhöfen. Auf manchen kostete ein Platz schon damals ein Vermögen. Die Gräber der »Brüder«, wie man Bandenmitglieder damals nannte, erkennt man sofort: Meist sind die Todesopfer der kriminellen Auseinandersetzungen jener Jahre in Lebensgröße in schwarzen Marmor eingraviert, manchmal mit ihren Autos, in Lederjacken oder schwarze Mäntel gehüllt, mit einer Zigarette in der Hand, Siegelringen an den Fingern und großen Kreuzanhängern um den Hals. Die goldenen orthodoxen Kreuze wurden für viele zu obligatorischen Attributen.

Man könnte die Welt dieser »Brüder« als Skurrilität abtun, wäre sie nicht längst über den Rahmen ihrer Subkultur hinausgetreten, wären die Gesetze der »Zone« nicht längst über die Lagergrenzen geschwappt. Wir erlebten eine Legalisierung und sogar Romantisierung der Gewalt, der »Gefängnischanson« wurde damals zum Beispiel immer populärer. Fernsehserien und Filme taten ihr Übriges. Ihre Helden wurden zu Kultfiguren, sowohl die Bandenmitglieder, zusammengeschweißt durch ihre Bruderschaft, als auch der einsame Killer auf der Suche nach »seiner Wahrheit«. War es im amerikanischen Kino etwa anders, könnte man sich fragen? Feierten dort nicht Gangstersagen wie »Es war einmal in Amerika« riesige Erfolge, oder die vielen Blockbuster, in denen ein Vietnam-Veteran nach seiner Rückkehr für Gerechtigkeit kämpft, die nur durch Gewalt wiederhergestellt werden kann? Der große Unterschied besteht darin, dass der Kodex und die Moralvorstellungen der »Diebe im Gesetz« in Russland nach und nach zur Normalität wurden. Und dass auch diejenigen, die in den 2000er-Jahren die politische Macht übernahmen, ausschließlich nach diesen Gesetzen lebten und handelten.

Kapitel 2

KRIM – DIE BÜCHSE DER PANDORA

Schon lange vor 2014 hatte ich versucht zu verstehen, warum der Mythos Krim auf so viele eine so enorme Anziehungskraft ausübt. Warum ist das Märchen vom verlorenen Schwarzmeerparadies so wirkungsvoll? Die Krim war der Anfang vom Ende. Angefangen hatte es natürlich schon viel früher, aber die Annexion der Halbinsel war der endgültige Point of no Return. »Die Krim ist unser«, »Russlands Herz schlägt in Sewastopol« ... Wie wurde die Krim zum Kristallisationspunkt der Sowjetnostalgie? Wie ist das passiert?

Die eigentliche dramatische Geschichte der Krim spielte dabei kaum eine Schlüsselrolle. Und wenn, dann im Gewand eines kruden Folkloremixes. Etwas griechische Mythologie hier, Puschkins »Brunnen von Bachtschisaraj« und die Osmanen dort; Katharina die Große und die Angliederung der Krim an Russland, zu deren Feier Fürst Potjomkin den Beinamen Tawritscheski, »von Tauris«, erhielt. Aber die Krim – das sind auch die russisch-türkischen Kriege im 18. Jahrhundert und der Krimkrieg der Jahre 1853 bis 1856, der Russland in eine tiefe Krise stürzte und dessen Angedenken in Tolstois »Sewastopoler Erzählungen« fortlebt, die vom blutigen, alles andere als heldenhaften Alltag eines sinnlosen Gemetzels zeugen.

Oder man hat die Krim der Ferienhäuser des späten 19. Jahrhunderts vor Augen; die Strände im Süden; das Tschechow-Haus; die Sommerresidenz der Romanows, in der Alexander III. starb, einer der reaktionärsten russischen Monarchen. Doch wie kann man dabei vergessen, dass Tschechows Sommerparadies zu einem Ort des Terrors wurde, des Weißen, aber vor allem des Roten Terrors, der Zehntausende Opfer forderte, nachdem die zerschlagene Armee der Weißen, in der Monarchisten und Gegner der Bolschewiken kämpften, sich von der Krim abgesetzt hatte? Oder die schweren Fehler der stalinistischen Führung bei der Verteidigung Sewastopols 1941, die so vielen Menschen das Leben kosteten? Die Deportation der Krimtataren und anderer ethnischer Minderheiten?

Warum ist die Nostalgie der ehemaligen sowjetischen Urlauber vor diesem Hintergrund so stark? Ja, man wollte dem riesigen sowjetischen Reich mit seinen frostigen nordischen Weiten in den Süden entfliehen, sich am Strand in der Sonne rekeln. Aber die Krim, so wunderschön ihre Natur auch sein mochte, wurde zu einem unifizierten Urlaubsort für den unifizierten sowjetischen Urlauber. Ja, die Schönheit der Halbinsel schimmerte hier und dort durch, lugte hinter den Felsen und in den Schwarzmeerbuchten hervor, aber die Sowjetmacht und das sowjetische Leben hatten sie bis zur Unkenntlichkeit verschandelt.

Vor allem waren die Krim und der Kaukasus ab den 1990er-Jahren, als das Ausreisevisum aufgehoben wurde und jeder einen Reisepass erhielt, nicht mehr die einzige Möglichkeit, Meer und Sonne zu genießen. Die Türkei, Griechenland, Ägypten waren die neuen Reiseziele der postsowjetischen Bevölkerung. Auch meine Eltern, die das Meer liebten, fuhren in die Türkei oder nach Griechenland und sahen, genau wie viele andere russische Touristen, zum ersten Mal Komfort, gutes Essen und ein sauberes Meer. Der Vergleich fiel nicht zugunsten der Krim aus. Und doch hat die Idee der »Rückeroberung«, eine Art sowjetisches Goldenes Vlies, am Ende obsiegt. Spätestens im Februar 2022, als der groß angelegte Angriffskrieg gegen die Ukraine begann, war klar, dass der Preis für diesen annektierten Mythos, für die Wiedererweckung dieser sowjetischen Fata Morgana, sehr hoch sein würde.

Sommer 1957

Zum ersten Mal war ich im Sommer 1957 auf der Krim. Ich hatte gerade meinen achten Geburtstag gefeiert und es war meine erste große Reise. Ich flog zum ersten Mal mit dem Flugzeug, sah zum ersten Mal das Meer und die Berge. Wir verbrachten auf der Krim einen Monat, der mir wie eine ganze Ewigkeit vorkam. Die Bilder brannten sich mir so sehr ins Gedächtnis, dass ich bis heute das rot-weiße Sommerkleid meiner Mutter vor mir sehe. Vielleicht auch, weil uns deswegen der Zutritt zu einem schäbigen Café verwehrt wurde – das Kleid hatte einen tiefen Ausschnitt und war schulterfrei. Es waren pharisäische Zeiten, und anständige Sowjetbürger achteten streng auf Kleidung und Frisuren ihrer Mitbürger, damit sie sich nicht von der Menge abhoben oder der westlichen Mode nacheiferten. In den Großstädten, allen voran in Moskau, veränderte sich das langsam, aber hier war der Kampf gegen Shorts und leichte Kleidchen in vollem Gange, was angesichts der Hitze und der Strandkulisse besonders absurd wirkte. Vor allem kurze Hosen sorgten für Empörung und wurden nur bei Kindern akzeptiert. In einem der erhalten gebliebenen Briefe an meinen Vater und meine Oma beschrieb meine Mutter, wie wir mit einer ganzen Gruppe in Shorts und mit Rucksäcken zu einer Wanderung aufbrachen. Als wir abends in Aluschta ankamen und in einem Café etwas essen wollten, ließ man die Erwachsenen schlicht nicht rein. Und das nur zwei Jahre bevor die Filme mit Brigitte Bardot und Marina Vlady in die sowjetischen Kinos kamen und die Mode revolutionierten: flotte Frisuren, schwingende Röcke und enge kurze Hosen wurden salonfähig.

Meine Mutter war allein mit mir unterwegs, ich glaube, zum ersten und zum letzten Mal. In den folgenden Jahren fuhren wir immer zu viert in den Urlaub, mit meinem Vater und meiner jüngeren Schwester. In jenem Jahr jedoch hatte mein Vater, der damals bei der *Literaturnaja Gaseta* arbeitete, einer der größten sowjetischen Zeitungen, keinen Urlaub bekommen und meine Schwester war noch zu klein für die weite Reise. Ärzte hatten meiner Mutter einen Aufenthalt am Meer dringend nahegelegt. Wenige Monate zuvor, im Februar 1957, war ihr Vater mit 63 Jahren an einem Herzinfarkt gestorben. Er war von großer Bedeutung für sie und unsere ganze Familie. Meine Mutter, die seinen Tod nur schwer verkraftete, erkrankte an einem Ekzem.

Mein Großvater war seit 1917 Mitglied der bolschewistischen Partei, Mitarbeiter der Komintern und von Georgi Dimitroff, der während der Jahre 1935 bis 1943 deren Generalsekretär war. Kaum ein halbes Jahr nach dem XX. Parteitag der KPdSU im Februar 1956, auf dem Nikita Chruschtschow seine berühmte Geheimrede hielt, die Stalins Verbrechen entlarvte, erlitt mein Großvater einen Schlaganfall. Es wirkte beinahe, als habe er das Ausmaß der stalinistischen Verbrechen nicht ertragen, das Chruschtschows Rede offenlegte.

Mein Großvater selbst hatte damals unglaubliches Glück: Er war nicht nur einer Verhaftung während des Großen Terrors entgangen, als im Hotel Lux, in dem unsere Familie und die anderen Komintern-Mitglieder wohnten, Hunderte von Menschen verhaftet wurden, sondern auch den Repressionen der antisemitischen Kampagnen Ende der 1940er-Jahre. Er wurde zwar aus der internationalen Abteilung des Zentralkomitees der KPdSU entlassen und parteiintern angeklagt, aber noch bevor er aus der Partei ausgeschlossen und ins Gefängnis gesteckt werden konnte, war Stalin gestorben. Nach dessen Tod, als die Gefangenen nach und nach aus den Lagern befreit wurden, wandten sich ehemalige Häftlinge, die mit der Komintern in Verbindung standen, an meinen Großvater – als einen der wenigen, die der Verhaftung entgangen waren. Sie baten ihn um Empfehlungsschreiben und Charakteristika, die für die Rehabilitierung oder die Wiederaufnahme in die Partei nötig waren.

Stalin war drei Jahre tot, als Chruschtschow seine Rede hielt. Eine Abkehr vom Stalinismus, Reformen und ein neuer Kurs, auch für andere Länder des Warschauer Paktes, aber eben nur in dem Rahmen, den Moskau vorgab. Ich erinnere mich noch gut an die Reaktion meines Großvaters auf den Volksaufstand in Ungarn 1956. Ich saß wie so oft unter seinem Schreibtisch, während er nervös im Zimmer auf und ab ging, seine Finger knetete und sich die Haare raufte. Damals war ich zwar noch klein, aber den Inhalt der Gespräche zu Hause verstand ich immerhin in groben Zügen: Das ungarische Volk hatte sich gegen die Sowjetherrschaft erhoben, aber der Aufstand wurde militärisch niedergeschlagen. Das war die endgültige Zerstörung seiner Illusionen und seines Glaubens an den Kommunismus, die Sowjetmacht und an Reformen.

Ich habe in meiner Jugend Menschen erlebt, die aus dem Gulag zurückgekehrt und immer noch davon überzeugt waren, dass Stalin die Ideale der Revolution verraten und den Terror entfesselt habe und alles anders wäre, würde Lenin noch leben. Ihr unerschütterlicher, fanatischer Glauben an die Kommunistische Partei irritierte mich zutiefst. Ich verstand damals nicht, dass sie sich selbst nicht eingestehen konnten, dass all die Opfer, das eigene zerstörte Leben – dass das alles umsonst gewesen war. Jetzt war der stalinistische »Frost« vom »Tauwetter« abgelöst worden, und doch erinnerte bei der Niederschlagung des Volksaufstands in Ungarn vieles an Stalins Methoden. Gewalt, Säuberungen, Gefängnisstrafen, Hinrichtungen.

Nach seinem Tod bekam ich den Schreibtisch meines Großvaters. Seine Brillenetuis, seine Zigarettenspitzen, eine Uhr, die ihm Dimitroff geschenkt hatte, all die Dinge, die an sein Komintern-Leben erinnerten, lagen immer noch in den vielen Schubladen. Es war wie eine Verbindung zur Vergangenheit, während mein Vater aktiv an den Prozessen der Gegenwart beteiligt war. Sein Freundes- und Kollegenkreis bestand aus Schriftstellern und Journalisten, für die der Kampf gegen den Stalinismus zur Lebensaufgabe geworden war. Ich wuchs mit glühenden politischen Streitgesprächen auf, in denen ich immer wieder die Namen Chruschtschow und Stalin hörte. Natürlich verstand ich nicht alles, aber ich wusste, dass Stalin ein blutrünstiger Tyrann war, der viele Freunde meiner Eltern und Großeltern ins Straflager geschickt hatte, und es richtig war, dass seine Denkmäler und Porträts demontiert wurden.

Als ich im Herbst 1956 in die erste Klasse kam, bekamen die Schüler zum ersten Mal seit Jahrzehnten ein Lesebuch ohne Bilder und Zitate von Stalin. Heute verstehe ich, warum meine Mutter während unseres gemeinsamen Aufenthalts auf der Krim ständig zum Kiosk lief und sehr enttäuscht war, wenn die wichtigen Zeitungen mal wieder mit großer Verzögerung eintrafen, und warum sie meinen Vater in jedem Brief nach Neuigkeiten ausfragte. Kurz vor unserer Abreise hatte im Kreml ein Plenum der Kommunistischen Partei stattgefunden, auf dem Stalins ehemalige Mitstreiter unter der Führung von Wjatscheslaw Molotow, Georgi Malenkow und Lasar Kaganowitsch versuchten, Chruschtschow abzusetzen.

Einen kurzen Moment hing alles am seidenen Faden. Doch die »antiparteiliche Gruppe« innerhalb der KPdSU wurde besiegt, alle ihre Mitglieder wurden suspendiert und auf unbedeutende Posten in entfernten Städten versetzt. Chruschtschow mag damals Fehler gemacht haben und bei der Entstalinisierung inkonsequent vorgegangen sein, aber hätten Stalins Schergen gewonnen, hätte dies das sichere Ende des »Tauwetters« bedeutet, mit einem Sturz Chruschtschows wäre eine neue Eiszeit angebrochen. Doch die sollte erst sieben Jahre später kommen.

1957 verschwanden zwar auch auf der Krim Stalins Denkmäler und Porträts, aber der Gegensatz zwischen dem warmen mediterranen Klima, der Schönheit der Natur auf der einen und der Hässlichkeit des täglichen Lebens, dem sowjetischen Muff auf der anderen Seite war dermaßen krass, dass er mein Bild von der Halbinsel für viele Jahre prägte.

»Es verpasst viel Glanz und Gloria, wer nie war in Jewpatorija«

Bei unserem Flug auf die Krim saßen meine Mutter und ich in einer Iljuschin-14, einem Modell, mit dem ich später noch oft fliegen sollte. Ich wusste, dass das Fliegen und diese Maschine etwas Hochmodernes waren, aber ich wusste nicht, dass es erst seit 1957 überhaupt möglich war, mit einem Flugzeug auf der Krim zu landen – der Flughafen in Simferopol, bis heute der einzige für die zivile Luftfahrt, hatte gerade erst eröffnet.

Ich fand den dreistündigen Flug wahnsinnig aufregend, vor allem wegen der starken Turbulenzen. Jedes Luftloch löste eine Begeisterung bei mir aus, die meine Mutter nicht teilte: Sie krallte sich kreidebleich an den Armlehnen fest und schrieb nach unserer glücklichen Landung an meine Großmutter: »Arinka (so nannte man mich zu Hause) fand es großartig, sie hat immerzu aus dem Fenster geschaut, wie wir immer höher stiegen und sich die Hochhäuser langsam in Streichholzschachteln verwandelten, wie wir über den Dnjepr flogen und über den Wolken. Aber mir ist das Fliegen wohl nicht in die Wiege gelegt. Mir war furchtbar übel …« Zu essen gab es Brathähnchen mit Reis, was lange Zeit das vorherrschende Gericht im Aeroflot-Menü bleiben sollte, genau wie die Bonbons, die bei Start und Landung verteilt wurden.

Vom Flughafen Simferopol im Inselinneren fuhren wir mit dem Taxi nach Jewpatorija an der Westküste. Das kostete nicht viel und brachte uns innerhalb von zwei Stunden ans Ziel. Damit war der moderne Teil der Reise vorbei, danach erwartete uns der Alltag der sowjetischen Krim der Fünfziger. Jewpatorija hatte damals 50 000 Einwohner und galt mit seinen Sandstränden und dem trockenen Klima als perfekter Familienurlaubsort. Die Geschichte der Stadt ist fest verwoben mit der Geschichte der Krim. Wie viele andere Orte auf der Halbinsel wurde Jewpatorija von griechischen Kolonisten im 5. Jahrhundert v. Chr. gegründet. Später, als die Krim ab der zweiten Hälfte des 15. Jahrhunderts vom Osmanischen Reich erobert wurde, hieß die Stadt nicht länger Kerkinitis, sondern Kezlev. Nach der Eroberung der Krim durch Katharina II. wurde sie schließlich 1784 auf den griechischen Namen Eupatoria (russ. Jewpatorija) getauft, was so viel bedeutet wie »die Wohlgeborene«.

Damals wusste ich sehr wenig über die Geschichte der Krim. Meine Lieblingslektüre zu dieser Zeit war ein Kinderbuch über griechische Mythologie, in dem immerhin »Taurien« vorkam. So nannten die Geschichtsschreiber der Antike die Krim, nach dem Hirtenvolk der Taurer, das die Halbinsel als Erstes besiedelt haben soll. Ein Name, der von der Antike bis ins vergangene Jahrhundert überdauerte.

Ich liebte alles Gruselige, und die griechischen Sagen waren selbst in der für Kinder adaptierten Form ziemlich blutig – allein die Geschichten über Medea und ihre Kinder, über Ödipus und Tantalus. Ich trennte mich nie von diesem Buch, nahm es sogar in die Ferien mit. Außerdem kannte ich den Vers aus dem Majakowski-Gedicht, dem man in der Stadt öfter begegnete: »Es verpasst viel Glanz und Gloria, wer nie war in Jewpatorija.«[1] Offen gesagt konnte ich seine Begeisterung – vor allem zu Beginn – nicht ganz nachvollziehen.

Wladimir Majakowski war in den 1920er-Jahren mehrfach nach Jewpatorija gereist. Eine berühmte Fotografie zeigt ihn am Strand mit seiner Geliebten Lilja Brik, die ich fünfzig Jahre später dank meiner Eltern kennenlernen sollte. Mit Majakowski assoziierte ich nicht nur seine Kinderreime, die ich in- und auswendig kannte, sondern auch den dunkelroten Gedichtband voller Lesezeichen, der bei uns im Regal stand. Der frühe Majakowski war der Lieblingsdichter meiner Mutter, sie widmete seinem Werk sogar ihre Diplomarbeit. Ein Jahr nach unserer Reise, 1958, wurde auf dem Majakowski-Platz in Moskau ihm zu Ehren ein Denkmal errichtet, das schnell zum Symbol für das »Tauwetter« und zu einem Ort für spontane Lesungen avancierte – bis es damit vorbei war und die Verbote und Verfolgungen wieder einsetzten. Erst ein halbes Jahrhundert später sollte der Majakowski-Platz erneut zu einem Ort von Kundgebungen und Protest werden. Um dem entgegenzuwirken, wurde der viel gelittene Platz mit absurd riesigen Betonkonstruktionen zugebaut, an denen Schaukeln hängen. Jedes Mal, wenn ich auf dem Weg zum Memorial-Büro daran vorbeiging, versetzte es mir einen Stich, wenn ich sah, wie Touristen dort vergnügt hin und her schwangen.

Als meine Mutter und ich 1957 in Jewpatorija ankamen, waren wir die Touristen. Einige Kolleginnen von der Moskauer Schule, an der meine Mutter Russisch und Literatur unterrichtete, nahmen uns in Empfang. Bei ihnen konnten wir in der ersten Nacht unterschlüpfen, in einem vorsintflutlichen barackenähnlichen Gebäude. Am nächsten Tag ließ mich meine Mutter bei ihren Freundinnen und ging eine Unterkunft für uns suchen. Denn wir reisten »wild«, das heißt ohne Urlaubsschein und damit ohne Anspruch auf Unterkunft und Verpflegung.

In der sowjetischen Ideologie spielte das »Recht auf Erholung« eine große Rolle: Exakt vierundzwanzig Erholungstage standen einem Sowjetbürger zu, nicht mehr und nicht weniger. Aber wie das sowjetische Leben insgesamt musste auch der Urlaub von oben organisiert und den Bürgern streng nach Regelwerk zugeteilt werden. Theoretisch hatte jeder Arbeitnehmer Anrecht auf einen Platz in einem »Erholungsheim« oder »Sanatorium«. Aber dafür einen Gutschein zu bekommen, gestaltete sich in der Sommersaison äußerst schwierig. In diesem riesigen Land, in dem die Mehrheit der Bevölkerung unter harten klimatischen Bedingungen mit langen kalten Wintern und kurzen Sommern lebte, herrschte ein Kult um den sonnigen Süden. Dort seinen Urlaub verbringen zu können, war die höchste Belohnung für die schwere Arbeit. Dass selbst der Urlaub streng reglementiert wurde, war sehr bezeichnend für das sowjetische Leben. Aber was waren die Alternativen? Hotels gab es kaum, und die wenigen Betten waren schwer zu ergattern – sie standen, wenn überhaupt, nur Geschäftsreisenden zur Verfügung. Und die Zeiten des unabhängigen Reisens mit Auto und Zelt brachen gerade erst an, Ende der 1950er-Jahre besaßen die wenigsten ein eigenes Auto.

Auf der Krim (wie auch in anderen Ferienorten) gab es drei Kategorien von sowjetischen Urlaubern: erstens jene, die mit einem Urlaubsschein reisten und in einem Erholungsheim oder Sanatorium untergebracht waren. Diese Einrichtungen waren jeweils verschiedenen Berufsgruppen, Ministerien oder Staatsunternehmen zugewiesen, wobei die Qualität des Gebotenen von Bedeutung und »Geschlossenheit« der jeweiligen Institution abhing. An der Spitze dieser Pyramide standen die Sanatorien und Erholungsheime des Zentralkomitees der KPdSU, des Verteidigungs- und des Außenministeriums. Eine Stufe darunter, aber immer noch sehr privilegiert, rangierten unter anderem die Erholungsheime für Schriftsteller und Filmemacher, die sich stets »Haus des Schaffens« nannten. Davon gab es auf der Krim einige.

Je nachdem, welcher Institution man angehörte und welche Position man darin einnahm, urlaubte man in den luxuriösen Datschen des ZK der KPdSU oder in den primitiven Wohnheimen für normale Touristen. Diese Form des Reisens, die sich bereits in den 1920er-Jahren etabliert hatte, spiegelte die hierarchische Struktur des ganzen Sowjetsystems wider und entlarvte die proklamierten Losungen von sozialer Gleichheit – wie im gesamten sowjetischen Alltag – als reine Farce.

Folgendermaßen beschrieb die Ehefrau eines hochrangigen Mitarbeiters der Staatssicherheit ihren Aufenthalt im Sanatorium des Zentralkomitees im Herbst 1935, nur zwei Jahre nach dem Holodomor, der verheerenden Hungersnot, die Millionen von Ukrainern das Leben kostete: »Wir waren im Herbst dort, alles bog sich vor Früchten. Oktober, Anfang November. Altweibersommer; nicht mehr so schwül, aber das Meer noch warm; Weintrauben in allen Formen und Farben, Datteln, Mandarinen, nicht nur von hier – auch mit importierten exotischen Früchten wurden wir überhäuft. Auf jedem Tisch stand eine Schale voll Obst, es gab

Walnüsse und Haselnüsse. Und die Köche! Was die gezaubert haben!« So wurden die Tschekisten und Organisatoren von Massenrepressionen hofiert. Nur kurze Zeit später sollten sie selbst verhaftet und erschossen werden und ihre Ehefrauen, die sich im Urlaub ihrer Privilegien erfreut hatten, als Angehörige von Vaterlandsverrätern in Straflagern landen.

Zur zweiten Kategorie der Urlaubsreisenden gehörten diejenigen, die keinen Gutschein ergattern konnten, aber immerhin Essensmarken für eine Halbpension in einem Erholungsheim oder Sanatorium und – noch viel wichtiger – Passierscheine für den Strand. Zu den Häusern gehörten nämlich Privatstrände, an denen man Sonnenschirme und Strandliegen ausleihen konnte. Alles Mangelware, genau wie die Schattenplätze am Strand. Die öffentlichen Strände waren obendrein deutlich schmutziger und überfüllt.

Schließlich gab es die dritte und niedrigste Kategorie, die »Wilden«, die auf eigene Faust anreisten und nichts vom oben Beschriebenen vorzuweisen hatten. Sie mussten sich selbst um Unterkunft und Verpflegung kümmern, wie meine Mutter und ich. Es war sehr schwer, in Jewpatorija ein Zimmer zu finden, und wenn, dann waren sie dermaßen heruntergekommen und zugemüllt, dass man es dort unmöglich aushielt. Die touristische Infrastruktur war in einem jämmerlichen Zustand. Damals wurde das mit dem Krieg und der Besatzung erklärt, die noch nicht allzu weit zurücklagen. In Wirklichkeit gab es auch andere Gründe für den Verfall – aber dazu später mehr.

Mithilfe von Mamas Schulkontakten fanden wir schließlich doch noch eine Unterkunft: einen leeren Klassenraum, in dem man Klappbetten aufgestellt hatte. Wir zogen gemeinsam mit zwei Kolleginnen meiner Mutter und deren Töchtern, die jünger waren als ich, dort ein. Über den Altersunterschied tröstete ich mich hinweg, indem ich ihnen die Sagen und Märchen nacherzählte, die ich gelesen hatte. Die Schule gehörte zu einem Kinderheim und stand in den Sommerferien leer. Und wieder hatten wir

Glück: Meine Mutter war gegen Bezahlung an Essensmarken herangekommen, die wir in einem Erholungsheim einlösen konnten, für zwei Mahlzeiten am Tag, mittags und abends.

Wenn ich heute die Briefe lese, die meine Mutter fast jeden zweiten Tag nach Moskau schickte und die sich auf wundersame Weise zwischen den Papieren fanden, die ich aus Moskau mitgenommen habe, bin ich erstaunt, wie oft sie das Thema Essen erwähnt und wie sie sich freut, dass ich alles vertilge – Brei, Nudeln, Suppe. Es ist seltsam, dies aus der Feder meiner intellektuellen Mutter zu lesen, die sich mit solch profanen Dingen sonst nicht beschäftigte. Der Grund war – und auch das sah ich damals auf der Krim zum ersten Mal wirklich –, dass Lebensmittel im ganzen Land knapp waren. Obwohl es auch in Moskau an vielem fehlte und die Leute in langen Schlangen anstehen mussten, war der Mangel erst auf der Krim, wo die Läden buchstäblich leer waren und selbst der Markt verwaist wirkte, so richtig spürbar. Das Essen in den Cafés und Kantinen war ungenießbar, und bevor wir dieses Sanatorium fanden, hatte ich offenbar alles verweigert. Ein weiteres Dauerproblem auf der Krim war die Wasserversorgung: In Jewpatorija wurde das Wasser nur wenige Stunden am Tag angestellt.

All dies verblasste jedoch vor dem Hintergrund des wunderschönen Sandstrands und des Meers, das so tiefblau war, dass mir selbst so viele Jahre später kein anderes Meer auch nur annähernd so blau erscheint wie das auf der Krim. Auch meine Mutter schwärmte in ihren Briefen an die Daheimgebliebenen davon: »Angeblich war Jewpatorija früher eine staubige Stadt, aber jetzt ist es hier sehr grün, die Promenade ist schön und schattig. Es ist nicht so exotisch wie im Süden der Krim, aber überall wachsen riesige Akazienbäume, Spitzpappeln und Weiden. Das Meer ist traumhaft, es scheint von Tag zu Tag schöner zu werden …«

Meine Mutter brachte mir im Handumdrehen das Schwimmen bei – sie war sportlich und eine sehr gute Schwimmerin, keiner am ganzen Strand konnte mit ihr mithalten. Leider vergaß sie alles um sich herum, sobald sie im Wasser war, und schwamm so weit hinaus, dass ich oft stundenlang am Strand saß und auf sie wartete. Aber das einschneidendste Erlebnis war meine erste große Wanderung. In Wahrheit schäme ich mich immer noch, dass ich meine Mutter, die damals erst siebenundzwanzig war, daran gehindert habe, ein paar Tage ohne Kind in den Bergen der Krim zu verbringen. Einige enge Freunde meiner Eltern waren ebenfalls zum Urlaub auf der Krim, aber ich weigerte mich so hartnäckig, bei ihren Kolleginnen und deren Töchtern in der Schule zu bleiben, dass meine Mutter schließlich nachgab. Ich versprach, mit den Erwachsenen mitzuhalten und mich nie zu beschweren.

Wir starteten mit Rucksack und einem großen Zelt im Gepäck in Jewpatorija und wanderten über Karadag nach Feodossija. Eine Woche lang liefen wir von der West- an die Südostküste, und ich tat mein Bestes, nicht zu jammern, mich zusammenzureißen und niemandem zur Last zu fallen. Aber ich war erst acht; die Erwachsenen mussten wohl oder übel auf mich Rücksicht nehmen, auch wenn der Umgang mit Kindern damals ein anderer war. Alle in dieser Gruppe waren »Kriegskinder«, die viel zu früh erwachsen werden mussten. Sie hatten als Jugendliche Bombenangriffe und Flucht erlebt und waren abgehärtet, kein Wunder, dass sie ähnliche Leistungen von ihren eigenen Kindern erwarteten. Einmal war ich dennoch zu müde und verbrachte einen halben Tag allein in unserem Zelt am Strand, während die Erwachsenen die Nachbarbuchten erkundeten. Ich erinnere mich noch sehr gut daran, wahrscheinlich, weil ich doch etwas Angst hatte. Aber ich hatte ein Buch dabei, das mir meine Mutter in Jewpatorija gekauft hatte, die »Legenden der antiken Krim«. Erst vor ein paar Jahren, kurz vor meiner Abreise aus Moskau, fiel es mir auf der Datscha in die Hände, ich erkannte den Umschlag sofort wieder: Er war bei der Wanderung schmutzig geworden. An jenem Tag lag ich lange im Zelt und wartete auf die Erwachsenen, bis ich irgendwann einschlief und von den Bergen der Krim träumte, die in den Märchen, die ich gelesen hatte, so exotische Namen trugen.

Es blieben nur die Namen

Die Legenden, die Orts- und die Bergnamen in meinem Buch waren offensichtlich tatarischen Ursprungs: Koktebel, Bachtschissaraj, Karadag, Aju-Dag. Die Namen und die Legenden waren noch da, aber wo waren die Tataren? Damals stellte ich mir diese Frage nicht, es schien alles so weit weg, eine Märchenwelt. Ich wusste nichts davon, dass erst dreizehn Jahre vor unserer Reise alle Tataren von der Krim deportiert worden waren. Ich hörte den Erwachsenengesprächen immer aufmerksam zu, aber niemand redete je von ihnen. Obwohl 1956 die erste offizielle Rehabilitation der deportierten Völker stattgefunden hatte, war das Thema immer noch tabu. Die Krim, die wir 1957 zu Fuß durchwanderten, wirkte verwaist und verlassen. Und obwohl das die Natur nur noch beeindruckender machte und ich danach noch viele Male auf der Krim war, hat sich mir dieses Gefühl aus meiner Kindheit fest eingeprägt.

Woher hätte ich damals wissen sollen, dass die Bevölkerung der Krim 1939 multiethnisch gewesen war und sich aus Tataren, Griechen, Deutschen, Juden, Bulgaren, Armeniern und Karäern zusammensetzte? Angesichts der Geschichte der Halbinsel konnte es ja auch gar nicht anders sein. In den 150 Jahren der russischen Herrschaft auf der Krim ist die tatarische Bevölkerung, die einst neunzig Prozent der Gesamtbevölkerung ausgemacht hatte, radikal zurückgegangen: Kurz vor dem Zweiten Weltkrieg waren es nur noch zwanzig Prozent. 1944 wurden rund 190 000 Krimtataren nach Usbekistan zwangsumgesiedelt. Auch andere ethnische Minderheiten waren von den Deportationen betroffen – Griechen, Armenier, Bulgaren.

Als Erste hatten die Russlanddeutschen gehen müssen, die, genau wie zwei Wochen später die Wolgadeutschen, im August 1941 in den Ural und nach Kasachstan deportiert wurden. Ab Oktober 1941, während der deutschen Besatzung der Krim, wurden über

25 000 Juden ermordet, die sich nicht mehr in Sicherheit bringen konnten. Das war etwa die Hälfte der jüdischen Bevölkerung vor dem Krieg.

Nach der Befreiung der Krim durch die Sowjetarmee 1944 unterzeichnete Stalin den Beschluss über die Deportation der Krimtataren. Er reagierte damit auf ein Schreiben von Lawrenti Berija, Volkskommissar des Inneren (NKWD), in dem es hieß: »In Anbetracht der verräterischen Handlungen der Krimtataren gegen das sowjetische Volk und ausgehend von der Unerwünschtheit eines weiteren Aufenthalts der Krimtataren im Grenzgebiet der Sowjetunion legt Ihnen das NKWD der UdSSR einen Entwurf des Staatlichen Verteidigungskomitees über die Vertreibung aller Tataren von dem Gebiet der Krim zur Ansicht vor.« Der Beschluss des Verteidigungskomitees der UdSSR lautete daraufhin: »Alle Tataren sind von dem Gebiet der Krim auszuweisen und als Sondersiedler in der Usbekischen SSR anzusiedeln.« Um auch all ihre Spuren zu vernichten, wurde beschlossen, sämtliche tatarischen Namen auf der Krim auszumerzen. Allerdings gab es so viele, dass dieses Vorhaben nicht vollständig umgesetzt werden konnte.

Die Deportation der Krimtataren begann am frühen Morgen des 18. Mai 1944 und dauerte zwei Tage. Es betraf alle: Männer im wehrfähigen Alter, die in den Reihen der Roten Armee gegen die Wehrmacht kämpften, Alte, Frauen, Kleinkinder. Dutzende Menschen starben bereits auf der zermürbenden Zugreise. Nur kurze Zeit später, im Juli 1944, folgten Bulgaren, Griechen und Armenier, die in den Ural, nach Sibirien und Kasachstan abtransportiert wurden. Das Leben der sogenannten Sondersiedler war hart, besonders in den ohnehin hungrigen Nachkriegsjahren. Aber selbst als 1956 die Sondersiedlungsverordnung offiziell aufgehoben wurde, durften die Tataren nicht auf die Krim – in ihre Heimat – zurückkehren. Ähnlich erging es den Russlanddeutschen, für die ebenfalls ein Rückkehrverbot galt: Sie durften sich nicht wieder dort ansiedeln, wo sie vor der Deportation gelebt hatten.

Vom tragischen Schicksal der Krimtataren erfuhr ich erst Ende der 1960er-Jahre, im Zuge ihrer Proteste, die in Dissidentenkreisen unterstützt wurden. Bis zur Perestroika hörten die krimtatarischen Aktivisten nicht auf, für ihre Rückkehr zu kämpfen. 1957 war diese Wunde noch sehr frisch – nur dass ich davon nichts wusste. Erst Jahre später wurde mir klar, warum wir damals in so viele finstere und unfreundliche Gesichter geblickt, warum die Halbinsel so verwaist gewirkt hatte, und sogar, warum so wenige heimische Früchte auf dem Markt zu finden gewesen waren. Vor dem Hintergrund der wunderschönen Landschaft trat zuweilen ein beklemmendes Gefühl von Verfall, von fehlender Lebendigkeit und Feindseligkeit umso deutlicher hervor. Der Grund dafür war, dass viele, die wir sahen, Neuankömmlinge waren, die keinerlei echte Verbindung zur Halbinsel hatten. Es war nicht ihre Heimat, sie waren dort nicht verwurzelt. In den leer stehenden tatarischen Häusern wurden russische Bauern angesiedelt, deren Dörfer durch den Krieg zerstört worden waren und die keine Ahnung davon hatten, wie man Weintrauben und Pfirsiche anbaut.

Als ich im Sommer 1994 wieder in Jewpatorija landete, kam ich mit einer Frau ins Gespräch, die seit 1945 in einem alten tatarischen Haus lebte. Es stellte sich heraus, dass sie eine »Ostowka« war, eine Ostarbeiterin, die während des Krieges in Deutschland Zwangsarbeit leisten musste. Sie stammte aus der Nähe von Pskow im Nordwesten Russlands. Nach der Befreiung wurde sie – wie so viele andere aus den kriegsgebeutelten russischen Dörfern – faktisch gezwungen, auf die Krim zu gehen. »Wir litten schrecklichen Hunger«, erzählte sie mir, »wir waren nicht in der Lage, irgendetwas auf diesem steinigen Boden anzubauen; wir wussten nicht, was wir mit den Weinreben und den Obstbäumen machen sollten, dazu noch fast ohne Wasser. Zu Hause waren wir Kartoffelbauern.«

Bei meinen späteren Reisen auf die Krim stieß ich hin und wieder auf die Spuren derer, die einst hier gelebt hatten. Ich entdeckte tatarische Steinhäuschen in engen Gassen, in denen es selbst im heißesten Sommer kühl war, oder die massiven, großen Bauten der Krimdeutschen, die trotz späterer Umbauten deutsche Gründlichkeit ausstrahlten.

Die Steine von Koktebel

In den Jahren nach 1957 reisten wir mit der ganzen Familie – mit meinem Vater und meiner Schwester – mit dem Zug auf die Krim, weil sich meine Mutter zu meinem Leidwesen nicht mit dem Fliegen anfreunden konnte. Es war eine lange Fahrt, an deren Ende ein Glücksmoment wartete: wenn sich draußen vor dem Fenster nach einem ganzen Jahr endlich wieder das Schwarze Meer zeigte. Der Ort, an den wir jedes Jahr fuhren, hieß Koktebel und gehörte zu den schönsten an der Südostküste. Wir reisten nicht mehr als »Wilde«, sondern wohnten dank eines Urlaubsgutscheins im »Haus des Schaffens«, das dem Literaturfonds gehörte.

Es war ein merkwürdiger Ort: einerseits durch und durch sowjetisch, mit der dazugehörigen strengen Hierarchie unter den Schriftstellern und Literaten. Andererseits lebte in Koktebel die Erinnerung an die Lyriker des Silbernen Zeitalters fort, die Epoche von 1890 bis 1930, mit Dichtern wie Marina Zwetajewa, Anna Achmatowa, Ossip Mandelstam. Das war vor allem Maximilian Woloschin zu verdanken, einer schillernden Figur der russischen Poesie des frühen 20. Jahrhunderts. Er wurde in Koktebel geboren und hatte dort 1907 ein Haus erworben, in dem er bis zu seinem Tod 1932 lebte. Während des Bürgerkriegs bot sein Haus vielen Schriftstellern Zuflucht zunächst vor dem Weißen, aber vor allen Dingen vor dem Roten Terror, der auf der Krim wütete. In weiser Voraussicht vermachte Woloschin sein Haus dem sowjetischen Schriftstellerverband. Seine Grabstätte auf einem Hügel an der Schwarzmeerküste von Koktebel wurde in den 1950ern zu einer Pilgerstätte für Touristen. Für mich jedoch, die ich dank meiner

Eltern Nadeschda Mandelstam kannte und früh ihre Memoiren gelesen hatte, war Koktebel für immer untrennbar mit deren Mann Ossip Mandelstam verbunden. Er besuchte die Stadt an der Ostküste zum ersten Mal 1915 und verliebte sich, so Nadeschda, vor allem in die »echte Krim ohne Zypressen und billigen südländischen Kitsch«.

Koktebel war auch in anderer Hinsicht besonders: Damals konnte man an den Stränden noch viele Edelsteine wie Achat und Karneol finden. Wir wetteiferten darum, wer den schönsten Stein fand. Manche Alteingesessenen hatten über viele Jahre ganze Kollektionen angesammelt, die wir uns anschauen gingen. Niemand von uns hat je einen wirklich kostbaren Stein entdeckt, aber manche von denen, die ich vor 65 Jahren dort aufgelesen habe, liegen immer noch in meiner Wohnung in Moskau. Wenn ich in Israel bin und am Strand spazieren gehe, suche ich manchmal aus alter Koktebel-Gewohnheit den Boden ab, doch ich finde nie so schöne Steine wie damals. Oder finde ich bloß keinen Sinn mehr darin, sie zu sammeln? Mandelstam schien in den Steinen von Koktebel jedenfalls einen tieferen Sinn erahnt zu haben. Seine Frau Nadeschda erwähnt in ihren Memoiren, er habe sich »mit den Steinchen von Koktebel beraten«, als er »Gespräche über Dante« schrieb. Dieselben Steine, die wir dreißig Jahre später sammelten.

»In Koktebel haben alle am Strand Steine gesammelt. Besonders Karneol wurde geschätzt …«[2]

Aber eines von Mandelstams stärksten Gedichten über die Krim stammt aus dem grausamen Hungerjahr 1933, als es dort keineswegs schön war, sondern voller hungernder ukrainischer Bauern, die vom Festland flohen. »Nicht die Natur kennt mehr ihr eigenes Gesicht / Wie schrecklich Schatten gleich: Kuban, die Ukraine … / Die Hungerbauern stehn mit Filzschuhn, dunkler Miene / Bewachen ihre Tür, den Ring – berührn sie nicht.«[3]

Und so beschreibt Nadeschda Mandelstam die damaligen Verhältnisse auf der Krim und ihre letzte gemeinsame Reise nach Koktebel: »Die Krim war, als Mandelstam zum letzten Mal in seinem Leben dort war, überflutet mit Flüchtlingen. (...) Morgens hörten wir immer wieder Geschichten darüber, wo nachts Lehmwände durchbrochen worden waren, um an einen kleinen Vorrat von Mehl oder Getreide zu kommen. In Staryj Krim aßen wir einen Monat lang nichts anderes als trockenes Brot (...) Es gab keine Lebensmittelgeschäfte mehr. Die Lebensmittelkarten konnten kaum eingetauscht werden, und den Flüchtlingen blieb nichts, als die Hand aufzuhalten, wenn sie nicht verhungern wollten – doch niemand gab etwas, weil auch die Einwohner der Stadt bettelarm waren –, oder zu stehlen.«[4]

Die Krim hatte insgesamt eine starke Aura, aber dieser Ort ganz besonders. Der bekannte russische Autor Wassili Aksjonow, der oft in Koktebel war, lässt die Handlung seines utopischen Romans dort spielen. *»Die Insel Krim«*[5] erschien 1981 in den USA, als Aksjonow bereits im Exil lebte; in der Sowjetunion war der Roman bis zur Perestroika verboten. In diesem Buch bleibt die Krim nach dem Bürgerkrieg unter der Herrschaft der Weißen, die dort einen prosperierenden demokratischen Staat erschaffen. Am Ende wird die »bourgeoise Krim« dennoch von den Sowjets erobert und zerstört. Als der Roman nach der Perestroika auch in Russland veröffentlicht wurde, wirkte er wie ein Anachronismus. Aber dann kam 2014, und er wurde wieder aktuell.

Die andere Krim

Zum letzten Mal besuchte ich die sowjetische Krim – diesmal Jalta – im Frühjahr 1984. Wie überall im Land war auch dort die Krise spürbar, es herrschte Lebensmittelknappheit. Wir kauften auf dem Markt Kartoffeln, die wir im Hotel in einem elektrischen Wasserkocher gar werden ließen. Selbst in den Cafés und Restaurants gab es nichts zu essen. Trotzdem kam mir die frühlingshafte Krim im Vergleich zum nasskalten Moskau wie das Paradies vor. Es ist merkwürdig, aber ich hatte damals das Gefühl von Abschied. Wenig später wurde meine jüngste Tochter geboren, die Perestroika begann, und der Sinn stand uns nicht mehr nach Urlaubsreisen. Unser Leben wurde auf den Kopf gestellt, wir mussten ganz neu anfangen.

Erst im Wendejahr 1989 konnten die Krimtataren, obgleich kurz nach Stalins Tod rehabilitiert, endlich in ihre Heimat zurückkehren. Im August 1991 machte die Krim erneut von sich reden. Während Gorbatschow in Foros auf der Krim Urlaub machte, beschloss eine Gruppe von Parteiköpfen aus Militär und KGB, Gorbatschow zu beseitigen und damit die UdSSR und die KPdSU zu erhalten. Sie riefen den Notstand aus und erklärten, Gorbatschow könne seinen Pflichten aus gesundheitlichen Gründen nicht mehr nachkommen. Seine Telefonleitung wurde gekappt, und der Präsident befand sich einige Tage lang praktisch in Geiselhaft. Das Spektakel dauerte bekanntermaßen nicht lange.

Ich arbeitete damals für die *Nesawissimaja Gaseta* (dt. »Unabhängige Zeitung«) und verbrachte die ganzen drei Tage dieses unglückseligen Putschversuchs vor dem Weißen Haus, von dem aus Boris Jelzin, der wenige Wochen zuvor zum Präsidenten der Russischen Föderation gewählt worden war und die Macht übernommen hatte, den Widerstand gegen die Putschisten anführte. Der Putschversuch scheiterte kläglich; Michail Gorbatschow und seine Frau Raissa kehrten nach Moskau zurück. Aber es war bereits das Ende – die Sowjetunion zerfiel, und die Krim wurde Teil der unabhängigen Ukraine. Gorbatschow war von nun an Präsident eines nicht mehr existierenden Landes. Wieder wurde auf der Krim Geschichte geschrieben: Einst, nach dem verlorenen Bürgerkrieg 1920, war die zerschlagene Weiße Armee über das Meer von der Halbinsel geflohen, und jetzt, etwas mehr als siebzig Jahre später, wurde hier das Ende von Gorbatschows Zeit als Präsident der UdSSR eingeläutet.

Mich verschlug das Schicksal drei Jahre später, im Sommer 1994, unverhofft auf die Krim, sogar wieder nach Jewpatorija, und zwar für ganze sechs Wochen. Meine älteste Tochter machte dort in der Nähe ein Praktikum in einem Studentenlager, wo ihre Universität seit vielen Jahren archäologische Grabungen durchführte. Danach wollte sie mit zwei Freundinnen nach Sewastopol reisen, wo die Familie einer der beiden lebte, und von dort aus nach Moskau zurückkommen.

Einen ganzen Tag lang hatte ich erfolglos versucht, sie in Sewastopol anzurufen und zu fragen, ob sie gut angekommen waren. Als am nächsten Morgen das Telefon klingelte, wusste ich instinktiv, dass etwas Schlimmes passiert war. Am Apparat war ein Kommilitone von Mascha, ein zurückhaltender, höflicher junger Mann. Er hatte kaum seinen Namen genannt, da schrie ich schon durchs ganze Haus: »Lebt sie?!« Anstatt einer Antwort las er mir die Diagnose vor: offenes und geschlossenes Schädel-Hirn-Trauma, gebrochenes Nasenbein, eingerissenes Ohr … Der Schiguli, mit dem sie und ihre Freundinnen nach Sewastopol unterwegs waren, hatte einen Unfall gehabt. Am schlimmsten hatte es den Fahrer erwischt – er lag im Koma – und Mascha, die hinter ihm gesessen hatte. Der Fahrer war mit der Mutter einer der beiden Freundinnen liiert. Unterwegs hatten sie Wein getrunken, er verlor die Kontrolle, das Auto kam von der Fahrbahn ab und überschlug sich mehrfach. Keiner der Insassen war angeschnallt. Es war ein Wunder, dass sie überhaupt noch lebten. Man brachte sie in verschiedene Krankenhäuser; meine Tochter kam als Schwerverletzte in die Notaufnahme nach Jewpatorija. Zu unserem Glück war meine Schwester mit dem Assistenten des damaligen Gesundheitsministers in der neu gebildeten russischen Regierung verheiratet. Mein Schwager rief sofort im Krankenhaus an und beruhigte mich anschließend, dass ihr Zustand zwar ernst, aber stabil sei, sie nicht mehr in Lebensgefahr schwebe; die Ärzte seien außerdem sehr gut. Doch ich solle Medikamente mitbringen, sie hätten kaum etwas da.

Nur wenige Stunden später saßen mein Mann und ich zusammen mit unserem Freund, dessen Tochter ebenfalls in dem Unglücksauto gesessen hatte, im Flugzeug Richtung Krim. Ich war so angespannt, dass mein Mann mit seinem typischen trockenen Humor versuchte, die Situation aufzulockern: »Tja, du wolltest dieses Jahr doch unbedingt ans Meer ...« Natürlich war auch er krank vor Sorge, wie es Mascha gehen würde. Bei der Landung in Simferopol dämmerte es bereits, dennoch schlug uns brütende Hitze entgegen. Wir nahmen ein Taxi und fuhren direkt ins Krankenhaus. Es war schon spät, aber Geld öffnete alle Türen. Mascha lag in einem Zimmer mit acht anderen. Ich erkannte sie nicht gleich – ihr Kopf war komplett einbandagiert, die Nase mit Wundpflaster verklebt, der ganze Körper mit Schnittwunden und Prellungen übersät.

Die Nacht verbrachten wir im damals größten Hotel der Stadt, in einem »Deluxe-Zimmer« ohne fließendes Wasser. Das gab es allerdings in ganz Jewpatorija nicht. Weil es außerdem an Bettwäsche fehlte, deckte sich unser Freund mit einem Tischtuch aus unserer »Luxus-Suite« zu, auf dem ein riesiger Rotweinfleck prangte. Am nächsten Morgen eilten wir wieder ins Krankenhaus. Als ich die Ärzte kennenlernte, wurde mir etwas ruhiger ums Herz, und ich bin ihnen bis heute sehr dankbar. Der junge Arzt, der Nachtdienst hatte, als meine Tochter eingeliefert wurde, setzte ihre Nase und ihr Ohr so perfekt wieder zusammen, dass nicht einmal ein plastischer Chirurg nötig war. Selbst von den Narben war bald nichts mehr zu sehen. Aber bis dahin sollten noch Wochen vergehen, in denen sie unter schweren Medikamenten stand und kaum etwas zu sich nehmen konnte.

Nach diesem anstrengenden Tag gingen wir spätabends an den Strand von Jewpatorija. Seit meiner Kindheit schien sich nichts verändert zu haben. Es ließ wenig darauf schließen, dass wir uns jetzt in einem anderen Land befanden. Während sich die Wirtschaftslage in Moskau nach den Krisenjahren 1989 bis 1991 langsam wieder erholt hatte, waren hier die Lebensmittelgeschäfte fast genauso leer wie 1957. Die Krankenhausküche war gar nicht erst in Betrieb; die Patienten mussten mit dem auskommen, was ihre Angehörigen mitbrachten. Einzig der Markt hatte sich gewandelt; man konnte sehen, dass die Tataren auf die Krim zurückgekehrt waren, und mit ihnen die Schaschlik-Spieße und »Tschebureki«, herzhaft gefüllte Teigtaschen. Angesichts ihres langen Kampfes um die Heimkehr kam das einem kleinen Sieg gleich. Aber es war ein beschwerlicher Weg und hatte nichts von Idylle. Jetzt mussten sie hier um ihren Platz an der Sonne kämpfen, gegen die Gier und die Korruption der lokalen Behörden, die Krimtataren die Baugenehmigungen verweigerten, während sie ansonsten selbst Siedlungen ohne jeden Plan und architektonischen Sinn durchwinkten.

Vor dem Krankenhaus parkten Tag und Nacht schwarze Mercedes-Limousinen, in denen Typen mit eindeutig kriminellem Äußeren Wache hielten. Wie unser Arzt mir erklärte, tobte in Jewpatorija ein Bandenkrieg um Einflusszonen; jede Nacht fanden irgendwo bewaffnete Auseinandersetzungen statt, in deren Folge »Schussopfer« ins Krankenhaus eingeliefert wurden. Die Miliz ließ sich dabei nirgendwo blicken. Eingenommen von der Genesung meiner Tochter und den ewigen Schlangen auf dem Postamt, um nach Moskau zu telefonieren – Mobiltelefone gab es noch keine –, dachte ich darüber nicht weiter nach. Bis wir eines Tages wegen einer solchen »Auseinandersetzung« unseren Platz im Krankenhaus räumen mussten. Nachdem mein Mann wieder nach Moskau zurückgekehrt war, hatte ich unter der Hand vier Wochen lang für einen kleinen abgetrennten Bereich für Mascha und mich in der Klinik bezahlt. Nun gab es nicht mehr genug Betten für die angeschossenen Banditen, und so bat man uns höflich, so schnell wie möglich zu gehen. Ich mietete also ein kleines Zimmer in der Altstadt, aber kaum hatte ich unsere Siebensachen gepackt, wurde schon das nächste Schussopfer hereingerollt. Ein wahrlich gruseliger Anblick, zumal die Einweisung von seinen Lakaien überwacht wurde, die nun wirklich wie die letzten Gangster aussahen. Zu allem Überfluss ließ ich vor Aufregung eine Wasserflasche fallen, die an der Kante des Bettes zersprang, von dem man uns gerade vertrieben hatte und auf das nun die kriminelle Autorität gehievt wurde. Die zwei düsteren Gestalten machten einen Satz auf mich zu und hätten fast ihre Waffen gezückt. Wir konnten gerade noch die Flucht ergreifen.

Bei meinen Recherchen für dieses Buch stieß ich schnell auf Nachrichten aus Jewpatorija Anfang der Neunziger und explizit vom Sommer 1994. Es war tatsächlich der Höhepunkt der Bandenkriege, bei denen verschiedene Gruppierungen um die Kontrolle über ganze Stadtviertel und Märkte kämpften. In ihren Reihen waren sowohl Einheimische als auch »Autoritäten« aus anderen Regionen. Die Banden waren jeweils auf bestimmte Bereiche spezialisiert: Schmuggel, Drogen- und Waffenhandel, Prostitution. Die Polizei ging ihnen dabei zur Hand.

Während meine Tochter sich langsam erholte, streifte ich durch die Stadt. Weil die Familie meines Mannes aus Jewpatorija stammte, bat ich ihn, im Familienarchiv ihre Adresse vor der Revolution ausfindig zu machen. Dass seine Familie auf der Krim verwurzelt war, spürte man auch noch viele Generationen später. Zum einen hatten sie alle einen dunkleren Teint als andere aschkenasische Juden; Frauen, die meiner Schwiegermutter ähnelten, sah ich später in Israel. Zum anderen hatte sich die Kulinarik der Halbinsel mit ihren von den Griechen, Karäern und Bulgaren entlehnten Gerichten in den Familienrezepten erhalten.

Nach einigem Suchen fand ich schließlich das Haus, in dem bis 1917 die jüdische Familie meines Mannes gelebt hatte. Jetzt, 1994, war hier eine Schule untergebracht. Der Urgroßvater meines Mannes war ein stadtbekannter Augenarzt. Als nach dem Ende der zaristischen Herrschaft den Juden erlaubte wurde, sich von nun an überall in Russland niederzulassen, nicht mehr nur in den sogenannten Ansiedlungsrayons, zog die Familie nach Moskau. Sie waren alle aktive Revolutionäre. Der Urgroßvater war Anhänger der sozialrevolutionären Geheimbewegung »Narodnaja Wolja« (dt. »Volkswille« beziehungsweise »Volksfreiheit«), die beiden Söhne Lew und Wiktor schlossen sich schon früh der revolutionären Bewegung Lenins an. Nachdem ich das Haus gesehen hatte, waren die Postkarten und Briefe aus dem vorrevolutionären

Jewpatorija für mich nicht länger gesichtslose, vergessene Dokumente aus dem Familienarchiv. Aber was soll ich mit all diesen Erinnerungsfetzen heute, in der Emigration, anfangen? Seit ich mit meiner Tochter nach sechs Wochen im Krankenhaus endlich nach Hause fliegen konnte, war ich nie wieder auf der Krim.

Die Krim ist nicht unser

2002 kauften wir ein kleines Haus in der Oblast Poltawa am Ufer der Psel, einem Nebenfluss des Dnjepr. Ein wunderschöner Flecken in der Ukraine, an dem wir von nun an jedes Jahr die Sommerferien verbrachten. An die Krim erinnerten nur die unvergleichlichen gelbroten Pfirsiche und die kräftigen Weine, die man überall kaufen konnte.

Was zwölf Jahre später passierte, hätte ich mir in meinen schlimmsten Albträumen nicht ausmalen können. Russische Truppen besetzten praktisch ohne jede Gegenwehr die Krim; die Annexion wurde durch ein eilig zusammengeschustertes Referendum »legitimiert«. Memorial veröffentlichte eine Erklärung, die den Überfall aufs Schärfste verurteilte. Aber ich musste fassungslos mit ansehen, wie die Menschen um mich herum die Annexion nicht nur befürworteten, sondern sogar feierten. Nachbarn kamen mir freudestrahlend entgegen; Hundebesitzer fragten uns beim Gassigehen im Park, ob wir auch so glücklich seien wie sie; mein Friseur Wassili sagte zu mir: »Du weißt, was ich von Putin halte, aber jetzt, wo er die Krim zurückgeholt hat, bin ich bereit, ihm vieles zu verzeihen.« Ein befreundeter Universitätsprofessor, der aus Simferopol stammte, bedauerte mit Tränen in den Augen, dass seine Mutter diesen Tag nicht mehr erleben konnte. Und wenn ich anmerkte, dass diese Geschichte uns alle noch teuer zu stehen kommen würde, bekam ich zu hören, dass kein Preis zu hoch sei. Es war, als hätte man einen Dschinn freigelassen, der jahrzehntelang in einer Flasche geschlummert hat. Und dieser Dschinn war, gelinde gesagt, in keiner Weise ein besonders angenehmer Zeitgenosse.

Der Preis, den wir dafür zahlen würden, zeichnete sich schnell ab, genau wie der Graben, der die Menschen bereits damals voneinander trennte. Ich brachte es über ein Jahr lang nicht übers Herz, mit meinem Freund seit Kindertagen zu sprechen, der nach einigem Zögern schließlich doch den offenen Brief der Kulturschaffenden zur Unterstützung der Krim-Annexion unterzeichnet hatte. Irgendwann nahmen wir den Kontakt wieder auf, aber es blieben tiefe Narben.

Die Jahre vergingen, und für die meisten schien wieder alles beim Alten zu sein. Einige meiner Bekannten fuhren zu Seminaren und Konferenzen auf die Krim, machten Ferien auf ihren Datschen. Währenddessen schritt die Putinisierung der Halbinsel unaufhaltsam voran. Und wieder gerieten die Krimtataren ins Visier, weil sich viele von ihnen gegen die Annexion auflehnten. Eine Welle von Verhaftungen folgte, und wer nicht im Gefängnis landen wollte, musste wieder fliehen.

Nach der Annexion der Krim war die Büchse der Pandora geöffnet, Putin entfesselte einen blutigen Krieg im Donbas. Als er im Februar 2022 seine Großoffensive gegen die Ukraine begann, war schnell klar, dass auch die Krim die Folgen zu spüren bekommen würde. Und während Bomben auf die Brücke von Kertsch fielen und Drohnen über die Halbinsel flogen, tummelten sich an den Stränden weiter die Touristen. Sie standen Schlange an den Überfahrten, diskutierten in Chatgruppen, wie man durch die okkupierten Gebiete kommt, wo die Checkpoints stehen, was kontrolliert wird und welche Dokumente man braucht. Wie passt das alles mit einem entspannten Strandurlaub am Schwarzen Meer zusammen? Wieder scheint die Krim zum Symbol geworden – diesmal zu einem Symbol für Realitätsflucht und die Akzeptanz des Inakzeptablen. Und jetzt wird sie vielleicht auf unabsehbare Zeit ein Spielball in Putins Händen.

Kapitel 3

TANJA

Während ich diese Zeilen schreibe, jährt sich Tanjas Todestag. Sie starb im Februar 2005. Besser gesagt, sie nahm sich das Leben, davon bin ich überzeugt. Und wenn ich mich an früher erinnere, dann ist sie aus dieser Erinnerung nicht wegzudenken – nicht nur, weil sie meine enge Freundin war, sondern auch, weil ihr Leben und ihr Tod untrennbar mit der Zeit verbunden sind, in der wir lebten.

Beinahe zwanzig Jahre sind seither vergangen, aber als ich noch in Moskau lebte, wählte ich jedes Mal, wenn ich zum Telefon ging, automatisch ihre Nummer. Eine Moskauer Festnetznummer. Wir besaßen zwar beide bereits Mobiltelefone – steinzeitliche, mit Tasten –, aber wir telefonierten aus alter Gewohnheit immer über das Festnetz. Zweimal am Tag: kurz am Morgen und länger am Abend. So ging es die ganzen vierundvierzig Jahre unserer Freundschaft. 1998, als ich gerade längere Zeit in Wien verbrachte, schrieb mir Tanja einmal: »Wie sehr du mir fehlst … Obwohl wir uns auch in Moskau selten sehen, sprechen wir doch fast jeden Tag miteinander, und jetzt merke ich, wie sehr mir diese Gespräche in Leib und Seele übergegangen sind: das Erzählen, das Verstehen, das Lachen, unser ›Das Leben geht weiter‹ zum Abschied. Diese Gespräche mit dir kann mir niemand ersetzen.«

Ich erinnere mich noch gut, wie ich Tanja zum ersten Mal sah: beim orthopädischen Turnen in der Poliklinik, zu dem man Kinder damals schickte, damit sie ihre Haltung verbesserten. Wir waren dreizehn und ungelenk wie die meisten Teenager – Tanja groß und dünn, während ich eher zum Gegenteil tendierte. Unsere Unterschiede beschränkten sich nicht nur auf das Äußere, aber das sollte unserer langjährigen Freundschaft nicht im Weg stehen. Ich interessierte mich schon immer für Geschichte, während Tanja von klein auf Gedichte schrieb und die Welt ganz anders wahrnahm. In ihrer Jugend tauchte sie mit Haut und Haaren in die Literatur- und Bohemienszene ein, während mein Leben in ziemlich traditionellen Bahnen verlief: Mit dreiundzwanzig war ich verheiratet, bekam meine erste Tochter. Manchmal nahm sie mich mit zu ihren Freunden, die Künstler oder Lyriker waren und in schummrigen Gemeinschaftswohnungen hausten. Ich erinnere mich noch an einen großen Bottich, in dem das Teewasser heiß gemacht wurde, weil es keinen Teekocher gab. Aber natürlich wurden vor allem andere Getränke konsumiert.

Als wir fünfzehn waren, setzte Tanja zum Spaß eine Erklärung auf, dass sie niemals heiraten würde. Diese Erklärung brachte ich zwölf Jahre später zu ihrer Hochzeit mit, die ziemlich exzentrisch war: Ständig kamen und gingen Gäste, die überhaupt nicht nach Hochzeitsgesellschaft aussahen, und Tanja und ihr frisch angetrauter Ehemann, ein junger Schriftsteller, verschwanden irgendwann einfach. Wie sich später herausstellte, waren sie weggefahren, aber nicht etwa in die Flitterwochen, sondern um irgendeinen Hund zu holen.

Die Ehe wirkte nicht besonders stabil und hielt tatsächlich nur einige Monate. Tanja nahm ihre Arbeit und ihre Verpflichtungen viel zu ernst, um komplett in der Welt der Bohème aufzugehen. Das traditionelle sowjetische Leben war jedoch ebenfalls nichts für sie. Sie schöpfte ihren Lebenssinn schon immer aus der Literatur und den Menschen, die sie erschufen. Bis zu ihrem letzten Atemzug war sie von ihnen fasziniert, sie waren zugleich ihr Segen und ihr Fluch.

Vielleicht ist das auch der Grund, warum ihr Leben auf so tragische Weise endete. Aber das bedeutete keineswegs, dass »normale« Menschen sie nicht interessierten. Ganz im Gegenteil.

Freundschaft spielte eine riesige Rolle in ihrem Leben, und ich habe nie eine treuere und selbstlosere Freundin gehabt als sie. Und ich bin nicht die Einzige. Nach Tanjas Tod zitierten viele eine Zeile aus einem ihrer Gedichte: »Ich war euch eine gute Gefährtin, das habt ihr hoffentlich bemerkt?«

Bis zu ihrem Tod blieb sie dem Kult der Freundschaft treu, der in unserer Jugend in den 1960er- und 1970er-Jahren so hochgehalten wurde. Unsere Kindheit fiel mit Chruschtschows »Tauwetter« zusammen, als die Gesellschaft, starr vor Angst nach den erlebten Massenrepressionen, die so viele Familien und Freundschaften auseinandergerissen hatten, erst langsam aufzuwachen begann. Freundschaft, gegenseitiges Vertrauen, der Kontakt zu Gleichgesinnten waren enorm wichtig. Das galt auch für unsere Generation.

Schriftstellerkinder

Tanja und ich waren sogenannte Schriftstellerkinder. Im urbanen und zugegebenermaßen privilegierten Milieu wurden nicht nur Wohnhäuser, sondern auch Menschen und sogar ihre Kinder in verschiedene Kategorien eingeteilt. Es gab die vom Innenministerium, die Akademiker, die Filmemacher und so weiter. Die Zugehörigkeit zu einer »Kaste« bedeutete Wohnungen in bestimmten Häusern, Urlaubsscheine für bestimmte Erholungsheime und Sanatorien, medizinische Behandlung in ausgewählten Polikliniken und vieles mehr.

Aber in einem anderen Sinn waren wir wirklich Schriftstellerkinder. Weil Tanja und ich (sie noch viel mehr) in der Welt der Literatur und unter Schreibenden aufwuchsen; das ganze Leben unserer Eltern – meine waren um eine Generation jünger als Tanjas – drehte sich um Literatur. Während unserer Kindheit und

Jugend bildete sie den Mittelpunkt des gesellschaftlichen Lebens. Wir lauschten ehrfürchtig den Gesprächen der Erwachsenen, durchstöberten die elterlichen Schatztruhen auf der Suche nach verbotenem Samisdat und Tamisdat.*

Tanja und ich waren uns zum ersten Mal im Oktober 1962 begegnet. Es ist kein Zufall, dass ich das noch so genau weiß: Während wir in der Poliklinik orthopädische Übungen machten, saß meine Mutter im Warteraum und las die Zeitschrift *Nowy Mir* (dt. »Neue Welt«) mit dem graublauen Einband, in der endlich Solschenizyns Erzählung »Ein Tag im Leben des Iwan Denissowitsch« erschienen war – das wichtigste literarische und politische Ereignis jener Jahre. Schon lange vor dem Erscheinen hatten Tanja und ich unsere Eltern darüber sprechen hören. Der Kampf zwischen den Stalinisten und den Antistalinisten spielte sich vor allem auf den Seiten der »dicken« Literaturzeitschriften ab. In vollem Umfang würde sich mir die Bedeutung dieses graublauen Heftes erst viel später erschließen; nach Chruschtschows Entmachtung 1964 sollte das Thema Gulag für fünfundzwanzig Jahre, bis zur Perestroika, wieder mit einem Tabu, Literatur darüber wieder mit Zensur belegt werden.

Nach der achten Klasse wechselte ich auf eine Schule im Bezirk Sokol, in dem auch Tanja wohnte, die ich nach dem Unterricht oft besuchte. Ihre Familie lebte in einem der neuen Genossenschaftshäuser des Literaturfonds, die Anfang der 1960er-Jahre in der Nähe der Metrostation Aeroport entstanden waren. Unter Chruschtschow erlebte Moskau einen wahren Bauboom; viele traten einer Kooperative bei und zogen endlich aus ihren Gemeinschaftswohnungen in die eigenen vier Wände. So auch Tanjas Familie und praktisch alle ihre neuen Nachbarn.

* Das Phänomen Samisdat entstand in den 1950er-Jahren und wurde im Laufe der Zeit zu einem wichtigen Teil des Lebens der sowjetischen Intelligenzija. Textkopien wurden ohne Wissen der Behörden angefertigt, in der Regel maschinengeschrieben, handschriftlich oder abfotografiert. Tamisdat war die Bezeichnung für verbotene Bücher und Zeitschriften, die im Ausland erschienen.

In diesen Häusern lebten ausschließlich Schriftsteller, genauer, Mitglieder des Literaturfonds. Ich fand das befremdlich; wir wohnten in der Nähe des alten Arbat, fernab von einer solchen »Schriftstellerkolonie«. Zwar wohnten in unserem Haus in der Nischni-Kislowski-Gasse, das kurz vor Kriegsende gebaut worden war, viele Mitglieder der Komintern, die Stalin 1943 aufgelöst hatte, Politemigranten, die aus verschiedenen Gründen nach 1945 nicht in ihre Heimat zurückkehrten, aber insgesamt war die Belegschaft bunt gemischt. Die Schriftstellerhäuser hingegen beherbergten eine seltsam künstliche, privilegierte Gemeinschaft. Der Wohlstand und die Eitelkeit vieler ihrer Bewohner sowie deren Frauen und Kinder hatten dabei wenig mit ihrem eigentlichen Beitrag zur Literatur zu tun. Natürlich gab es auch hier ganz unterschiedliche Menschen; neben Schriftstellern auch Übersetzer, Literaturkritiker oder einfach nur Beamte – darunter sowohl »Progressive«, wie man damals sagte, als auch Loyalisten, aber auch einfach längst vergessene Karteileichen des Literaturfonds. Manche Autoren bedienten unmittelbar die Bedürfnisse des Regimes, andere, wie Alexander Galitsch, Wassili Aksjonow oder Wladimir Wojnowitsch, mussten später wegen ihrer »antisowjetischen« Position das Land verlassen. In einer dieser Kolonien traf ich auch Heinrich Böll, als meine Eltern mich zu einem Besuch bei Lew Kopelew mitnahmen. Kurz darauf wanderten die Kopelews nach Deutschland aus. Bei einem anderen Besuch lernte ich Christa Wolf kennen.

»Die Wolokolamsker Chaussee«

Tanjas Vater, Alexander Bek, war ein bekannter Schriftsteller. Als ich sie kennenlernte, gab sie mir das Buch, das ihn weltberühmt gemacht hatte: »Die Wolokolamsker Chaussee« (1943/44). Wirklich schätzen lernte ich es jedoch erst viele Jahre später, als Gespräche mit Zeitzeugen längst zu meinem Beruf gehörten. Anfangs hielt ich Tanjas Vater, offen gesagt, für einen Sonderling.

Erst durch meinen eigenen Vater, der an der Front gekämpft hatte, sein Leben lang Kriegsliteratur schrieb und Alexander Bek und dessen Werk hoch verehrte, verstand ich, dass sich hinter der Maske dieses Eigenbrötlers ein kluger und scharfsinniger Mensch verbarg. Die Maske diente ihm zeitlebens als Schutz, unter anderem wegen seiner Herkunft, die für jemanden aus seiner Generation gefährlich war.

Laut Beks offiziellen Papieren waren seine Eltern noch vor der Revolution gestorben. Erst in den 1990er-Jahren erfuhr Tanja, dass ihr Großvater Alfred Bek zwar tatsächlich als Arzt beim Militär gedient hatte, aber im Rang eines Generals in der Zarenarmee. Zudem gehörten ihm Ländereien in der Nähe von Saratow an der Wolga. Sie hatte nicht aktiv danach gesucht; jemand hatte es zufällig herausgefunden und ihr davon erzählt. Bek hatte großes Glück, dass seine »unproletarische« Abstammung in den 1930er-Jahren nicht aufgeflogen war, einer Zeit, als so etwas schon ausreichte, um verfolgt zu werden. Tanjas Vater hatte auch nach Stalins Tod Stillschweigen über seine Familiengeschichte bewahrt. Tanja spürte diese Verschlossenheit; sie fühlte sich abgeschnitten von ihren Wurzeln, das Thema Herkunft trieb sie um. In ihren Gedichten schrieb sie, sie sei ein »Mischwald«, durch den verschiedenes Blut fließe: russisches, jüdisches, dänisches ... Ein Familienmythos, vom dem sie später gern erzählte, besagte, Peter der Große höchstpersönlich habe einen entfernten Ahnen aus Dänemark eingeladen, der beim Aufbau und der Entwicklung der Post im Russischen Imperium mitwirken sollte.

Alexander Beks Lebenslauf war typisch für einen sowjetischen Schriftsteller seiner Generation. Während des Bürgerkriegs 1919 schloss er sich freiwillig der Roten Armee an und verfasste Frontberichte für bolschewistische Zeitungen. Später, 1930, wurde er kritisiert, weil er dem Bild des »proletarischen« Schriftstellers nicht ausreichend entsprach. Ein weiterer Grund, sich hinter der

Maske des Sonderlings zu verschanzen. Er hatte Glück, entkam den Repressionen, wurde Dokumentarist und Essayist und schrieb wie viele andere sowjetische Autoren über die Errungenschaften der sowjetischen Schwerindustrie und Metallurgie.

Als Moskau wenige Monate nach Kriegsbeginn im Oktober 1941 an die deutsche Wehrmacht zu fallen drohte und selbst Marschall Schukow, der das Kommando über die Westfront hatte, an der Möglichkeit einer erfolgreichen Verteidigung zweifelte (das gestand er in einem Interview viele Jahre nach Kriegsende), trat Bek der Bürgerwehr bei. Tausende im Kampf vollkommen unerprobte Moskauer Intellektuelle, Professoren und Universitätsdozenten, Leute im besten Alter, fanden dort den sicheren Tod.

Alexander Bek fiel selbst in diesem bunt zusammengewürfelten Notverbund auf. Eine seltsame Erscheinung, mit »riesigen Stiefeln, Beinwickeln, die sich alle Minuten lösten und über die Erde schleiften, die Uniform grau, und als Krönung die alberne Fliegermütze, die wie eine Kapotte auf dem Kopf saß, ganz zu schweigen von der Brille«, wie der Journalist Boris Runin über ihn schrieb.[1]

Alexander Bek verfasste »Die Wolokolamsker Chaussee« mitten in der Hölle der Schlacht um Moskau im Winter 1941/42. Er beschreibt die Kämpfe an der Westfront in Richtung Wolokolamsk, wo die Division unter General Panfilow, der kurz darauf starb, die Stadt unter schwersten Bedingungen verteidigte: »In den schweren Oktobertagen, als die Faschisten bei Wjasma durchgebrochen waren und mit Panzern, Motorrädern und Lastkraftwagen auf Moskau vorrückten, riegelte die 316. Schützendivision des Generalmajors Panfilow (...) die Zugänge zur Wolokolamsker Chaussee ab. Bei der zweiten Offensive auf Moskau im November trieb der Gegner seinen Keil in jene Richtung vor, wo wieder die Panfilow-Leute kämpften. In der siebzehnten Schlacht bei Krjukowo, dreißig Kilometer vor Moskau, hielten die Panfilow-Leute mit anderen Einheiten der Roten Armee dem Ansturm stand und warfen den Gegner zurück.«[2]

Die erste Fassung des Manuskripts vergaß Tanjas zerstreuter Vater im Zug. Er musste ganz von vorne anfangen, was dem Buch, wie er behauptete, allerdings nur zugutekam. Die wahre Handlung schildert den blutigen, todbringenden Krieg ohne jedes Pathos, als das, was er in Wirklichkeit war: harte, mühsame Arbeit. Es ging nicht darum, einen Heldentod zu sterben, sondern endlich kämpfen zu lernen, nach dem militärischen Desaster des Kriegsbeginns, das die Deutschen bis kurz vor Moskau dringen ließ; nach der panischen Flucht der Roten Armee und den Millionen von Rotarmisten, die in deutsche Gefangenschaft gerieten. Der Erzähler und Held des Buchs, Oberleutnant Momysch-Uly, ist entsprechend psychologisch fein gezeichnet: Er ist kein Bilderbuchheld, kein tapferer, unbesiegbarer russischer Krieger, sondern ein ehemaliger Hirtenjunge aus einem entlegenen kasachischen Dorf.

Bek beginnt die Erzählung mit dem furchtlosen Versprechen, nichts als die Wahrheit zu schreiben, indem er seinen Helden sagen lässt: »Ich kann das nicht lesen! Im Krieg habe ich an einem Buch gearbeitet, das nicht mit Tinte, sondern mit Blut geschrieben wurde. Nach einem solchen Buch sind mir alle Aufzeichnungen unerträglich. Und was können Sie schon schreiben? (...) Ich hasse Lügen, und Sie schreiben doch nicht die Wahrheit.«[3] Indem Bek die Skepsis des Erzählers überwindet und durch seine Stimme über den Krieg spricht, vermittelt er in »Die Wolokolamsker Chaussee« die brutale Wahrheit über diese tödliche Schlacht.

Der Roman machte nicht nur auf die sowjetischen Leser starken Eindruck, er wurde auch in zahlreiche Sprachen übersetzt. Ein großer Verehrer war zum Beispiel Che Guevara, außerdem stand das Buch in den 1940er-Jahren auf den Listen der Literaturempfehlungen für Soldaten der israelischen Armee. Trotz des Erfolgs unterstrich Bek stets den dokumentarischen Charakter seines Werks: »In diesem Buch bin ich nur der gewissenhafte und emsige Schreiber.«[4] Als Chronist auch hinter das selbst Erlebte zu treten, war ganz in seinem Stil. Den größten Teil seines Lebens verbrachte Bek auf dem Land außerhalb von Moskau, wo er mit seinen Filzstiefeln und der wattierten Weste eher wie ein Nachtwächter denn als ein großer Romancier wirkte. »In Wirklichkeit«, sagte der berühmte Literaturkritiker Viktor Schklowski einmal über ihn, würde Bek »die Menschen wie Konservenbüchsen öffnen« können.[5] Hinter seiner naiven, arglosen Maske, die er zeit seines Lebens trug, verbarg sich eine tiefe Menschenkenntnis und ein großes Talent, mit jedem ins Gespräch zu kommen.

Kurz nachdem Tanja und ich uns angefreundet hatten, bekam ihr Vater Probleme wegen seines neuen Romans »Die Ernennung«. In dem Manuskript, das mir Tanja zu lesen gab, ging es um die Geschichte eines Walzwerk-Ingenieurs, deren Protagonist ein reales Vorbild hatte: Iwan Tewossjan, der unter Stalin in eine führende Position in der Metallindustrie gelangte und später, auch noch unter Stalins Nachfolger, unter anderem Volkskommissar und Stellvertretender Vorsitzender des Ministerrats der UdSSR war. Der Held von Beks Buch, das er einmal mehr als »Chronik« bezeichnet, heißt Alexander Onissimow und wird als Vorsitzender des Staatlichen Komitees für Brennstoffe und Metallurgie nach Stalins Tod von seinem hohen Posten entfernt und als Botschafter in ein kleines Land geschickt.

Der Roman beeindruckte mich, mehr noch als »Die Wolokolamsker Chaussee«. In Rückblenden beschreibt er die Zeit des Großen Terrors und erzählt vom langsamen, doch stetigen Auftauen des Landes nach Stalins Tod; vom Abtritt der treuen Stalinisten, die bereit gewesen waren, ihr Ziel um jeden Preis zu verfolgen, erbarmungslos und ohne jedes Mitleid, aber nicht in der Lage, mit den Veränderungen in der Welt Schritt zu halten. Eine Szene im Roman schildert, wie die Teilnehmer einer Sitzung im Kreml mit der Moskauer Metro fahren wollen. Sie sind völlig überfordert und ahnungslos, wo man für die Fahrt bezahlt und wie man dieses Transportmittel überhaupt benutzt. Ein präzises Bild dafür, wie abgeschnitten Stalins Leute von der Realität waren. Am Ende des Romans erliegt der Held einer unheilbaren Krankheit.

Alexander Bek brachte sein Manuskript ausgerechnet am Tag von Chruschtschows Amtsenthebung in die Redaktion, und das bestimmte sein weiteres Schicksal. Das »Tauwetter« war vorbei; das Buch schaffte es nicht durch die Zensur und konnte erst 1987 erscheinen, kurz nach dem Beginn der Perestroika. Anfang der Siebziger war »Die Ernennung« allerdings in gekürzter Fassung in Westdeutschland veröffentlicht worden. Daraufhin initiierte der Schriftstellerverband ein Verfahren zur Aufklärung, wie der Roman ins Ausland gelangen konnte. Es handelte sich um einen schwerwiegenden Vorwurf, und man erwartete von Bek, dass er Reue zeigen würde, doch in einem für ihn typischen Auftritt verwandelte er den Prozess mit seiner vermeintlichen Naivität in eine Farce: Er behauptete, das Manuskript könne nur durch die Glawlit, die Zensurbehörde selbst, ins Ausland gelangt sein. Sie sei es schließlich gewesen, die es »Experten« zum Lesen vorgelegt habe.

Tanjas Vater nahm seine Mitmenschen oft aufs Korn, aber er tat es mit einem so unschuldigen Blick, dass man ihm kaum böse sein konnte. Als ich einmal nach der Schule zu Besuch kam, fragte er mich ganz im Ernst, als wäre ich kein Schulmädchen, sondern seine Redakteurin bei der Zeitung: »Sie wissen nicht zufällig, wie es um meinen Roman steht?« Die Frage war natürlich als Scherz gemeint, aber sie brachte mich völlig aus dem Konzept. Auf diese Weise zog er die Zensurverbote ins Absurde. Auch jede Art von Pathos war ihm ein Grund zur Belustigung.

Ich erinnere mich an eine Szene mit Tanjas Mutter, ungefähr 1965. Wir saßen in der Küche beim Tee, als sie hereinkam und theatralisch sagte: »Ist das nicht furchtbar, Solschenizyn ist der einzige aufrichtige Autor, den wir haben!« Tanjas Mutter schrieb selbst Bücher, für Mädchen. Sie schenkte mir welche, aber ich habe keines davon je zu Ende gelesen. Eine Familienlegende besagte außerdem, sie habe bei Tanjas Geburt die Ärzte angefleht, die Geburt hinauszuzögern, damit ihre Tochter am selben Tag wie Lenin Geburtstag hätte. Aber sie kam am Abend des 21. April, einen Tag zu früh. Tanjas Vater zog seine buschigen Augenbrauen hoch und fragte mit gespieltem Erstaunen: »Wie, und was ist mit dir, Natotschka?« Das brachte Tanjas Mutter, der der Sinn für Humor gänzlich abging, in Verlegenheit – darauf wusste sie nichts zu erwidern.

Diese Art ihres Vaters, mit rhetorischen Fragen die Absurdität und den Irrsinn des Lebens bloßzulegen, hat Tanja, wenn nicht geerbt, so jedenfalls übernommen. Wenn sie mich in den 1990er-Jahren Dinge fragte wie: »Warum sind einige Literaten so habgierig? Wie können sie so lügen? Warum schämen sie sich nicht? Weshalb geben die Reichen den Armen nicht einfach was ab? Kannst du mir das mal sagen?«, erwiderte ich immer: »Da ist er ja wieder, unser Alexander Alfredowitsch!« In Wirklichkeit wusste sie natürlich allzu gut, dass man »sehr schlau sein muss, um sich dumm zu stellen …«.[6]

»Ich lache mich lieber selbst aus«

Tanja hing sehr an ihrem Vater. Als er seinem Krebsleiden erlag, war sie Anfang zwanzig und der Verlust traf sie schwer. Sie kümmerte sich um seinen literarischen Nachlass, verteidigte ihn gegen Missgönner und Neider, die ihn zur Witzfigur degradieren wollten. Die Beziehung zu ihrer Mutter war schwierig. Mir scheint, viele von Tanjas Komplexen kamen daher, dass ihre Mutter sie oft spüren ließ, dass sie nicht hübsch oder nicht mädchenhaft genug war, jedenfalls nicht so, wie sie ihre Tochter offenbar gerne gesehen hätte. Und sie tat auch nichts dafür, um Tanja von diesen Komplexen zu befreien, so empfand es Tanja zumindest. Es gibt ein Foto von ihr, ungefähr mit fünf, auf dem sie ein sackartiges Kleid mit unförmigen Pluderhosen darunter trägt, das Haar kurz geschoren. Damals gab es einen Brauch (er stammte noch aus Vorkriegszeiten), kleinen Mädchen mindestens einmal den Kopf kahl zu scheren, damit die Haare schöner nachwuchsen. Auch ich wurde dieser Prozedur unterzogen, aber für mich war es bei Weitem nicht so schmerzhaft wie für Tanja.

Die Zeit, in der wir aufwuchsen, war einerseits sehr bigott und andererseits sehr sexistisch gegenüber Frauen. Dafür gibt es viele Erklärungen: Von den Freiheiten, die die Revolution für die Frauen kurzfristig gebracht hatte, war seit Mitte der 1930er-Jahre nicht viel übrig. Die sowjetische Frau hatte vor allem zu gebären; 1936 wurde ein Abtreibungsverbot erlassen und erst 1956 wieder abgeschafft. Das führte zu einer riesigen Zahl von illegalen Schwangerschaftsabbrüchen, die oft zu Komplikationen bis hin zum Tod führten, sowie zu Hunderttausenden Strafverfahren gegen Frauen und medizinisches Personal.

In der UdSSR musste eine Frau nicht nur genauso viel leisten wie ein Mann, sie musste ihn sogar ersetzen. Während der Kollektivierung wurde ein Großteil der männlichen Bevölkerung verhaftet, erschossen oder in Straflager verbannt, und die Hunderttausenden von Frauen und Kindern, die nach Sibirien und in den Ural in die Verbannung geschickt wurden, mussten dort unter unmenschlichen Bedingungen ums Überleben kämpfen. Zur Zeit des Großen Terrors 1937/38 mussten Tausende Frauen schwerste Zwangsarbeit in den Gulags leisten, weil sie als Ehefrauen von »Volksverrätern« galten. Als der Krieg ausbrach, wurde die Situation noch dramatischer. Nach den Massenrepressionen und den immensen Kriegsverlusten waren Männer sehr rar. Noch viele Jahre später sorgte das demografische Ungleichgewicht dafür, dass Männer mehr wert waren als Frauen. Die Frauen mussten sich unterordnen, die grassierende Alkoholabhängigkeit der Männer sowie häusliche Gewalt erdulden und dabei trotzdem unbedingt ihre »Weiblichkeit« bewahren.

Selbst in den gebildeten urbanen Schichten war Sexismus ein verbreitetes Phänomen. Tanja spürte von klein auf, dass sie irgendwie anders war, nicht kokett, nicht hübsch, nicht weiblich genug, zumindest im damals üblichen Sinn. Sie fühlte sich unwohl zwischen den wohlhabenden, in westliche Mode gehüllten Ehefrauen und Kindern in ihrem Haus; sie kam sich deplatziert, schlecht angezogen und hässlich vor. In diesem Sinne bot ihre Familie keinen Schutz, auch ihr Zuhause strahlte keine Gemütlichkeit aus. Diese fehlende Geborgenheit haftete ihr an; die Komplexe, die sie seit ihrer Kindheit begleiteten, ließen sie auch im Erwachsenenalter nicht los. In einem Gedicht schreibt sie:

> Bevor du noch Kafka kennst
> fliegst du über Gräser und Seen
> freust dich im schlichten Hemd
> und weißt nicht: Du wirst nicht schön.[7]

Viele Jahre später sagte sie dazu in einem Interview: »Manche Kinder können besser damit umgehen und überwinden ihre Kränkungen schneller, wenn man sie auslacht oder hänselt (wahrscheinlich bleibt dieses Schicksal keinem erspart). Ich habe ein Trauma davongetragen, Komplexe – das sage ich jetzt im Rückblick, quasi als meine eigene Psychoanalytikerin. Ich lache mich lieber selbst aus, bevor ich zulasse, dass es jemand anders tut.«[8] Auch dieser Charakterzug an ihr erinnerte mich oft an ihren Vater.

Tanja fing früh an, Gedichte zu schreiben und zu veröffentlichen. Ihre Lyrik erschien in populären und wichtigen »dicken« Zeitschriften. Ich war stolz auf meine Freundin, ich schätzte ihre Geradlinigkeit und dass sie sich selbst dabei nicht schonte. Das zeigte sich in ihrem Ton, ihrer lyrischen Stimme, die ich sehr überzeugend fand. Ihre Gedichte waren lebensnotwendig für sie, das Dichten war ihr ein »heilsames Hausmittel«, wie sie sagte.

Mit ihrer Aufrichtigkeit und Unabhängigkeit stieß sie auf Gegenwind, insbesondere von ihren männlichen Dichterkollegen, sogar denen, deren Lyrik sie selbst hochschätzte. Sie bekam Dinge zu hören wie: »Wenn du als Frau schon Gedichte schreibst, musst du wenigstens so genial sein wie Anna Achmatowa oder Marina Zwetajewa oder wenigstens so schön wie Bella Achmadulina.« Ich habe oft beobachtet, wie das Verhältnis zwischen Dichtern von Neid geprägt war, aber was Tanja sich schon in ihrer frühen Jugend anhören musste, erstaunte mich sehr. Im Grunde war es eine Fortsetzung der Gemeinheiten unter Kindern: »Ich habe in den Dichterkreisen so viel Kränkung erfahren! Ich musste mir anhören, nur weil mein Vater Schriftsteller sei, wäre ich noch lange keine Achmatowa oder Zwetajewa, also könnte ich ja gleich aufhören, Gedichte zu schreiben. Eine Feministin würde diese ›Großmeister‹ heute fragen, warum die sich denn einbilden, nach Puschkin und Pasternak noch Gedichte schreiben zu dürfen? Verstehen Sie, das ist nichts als männlicher Chauvinismus. Und auch sonst bekam ich etliches zu hören ...« Mir tat es leid für Tanja, ich empfand es als Rache dafür, dass sie sich nie verbiegen ließ, sondern immer sie selbst blieb. Dafür warf man ihr »Inflexibilität« vor. Aber sie verzieh ihren Peinigern vieles, weil sie ihr Talent bewunderte: »Mit Genies ist es interessanter, aber auch schmerzhafter, gemeiner und undankbarer. Sie haben fast immer etwas Destruktives, und vor allem denken sie, sie hätten auf ihre Destruktivität ein Anrecht ...«[9]

Warten auf Veränderungen

Die Jahre vergingen, und wir entfernten uns mal voneinander, mal näherten wir uns wieder an. Doch wenn ich jetzt auf unsere langjährige Freundschaft zurückblicke, stelle ich mit Erstaunen fest, dass uns das Schicksal an allen wichtigen Wendepunkten zusammengeführt hat. Als ich 1966 meinen Namen in den Aufnahmelisten für die philologische Fakultät entdeckte (ich war fest davon ausgegangen, dass ich wegen meiner jüdischen Abstammung ausgesiebt würde), war Tanja da und feierte mit mir.

Anfang August 1968, drei Wochen bevor die sowjetischen Truppen in der ČSSR einmarschierten, waren wir zusammen auf der Krim. Eines Morgens wachte Tanja, die sich viel weniger für Politik interessierte als ich, plötzlich auf und sagte: »Mir ist schlecht, es wird irgendwas Schlimmes passieren. Wenn du willst, kannst du ja noch bleiben, aber ich fahre zurück nach Moskau.« Ich hielt das für eine seltsame Anwandlung und blieb noch die restliche Woche mit einer Gruppe junger Leute aus privilegierten Kreisen da. Diese Sache stand zwischen uns, ich rief sie nach meiner Rückkehr nicht einmal an. Und dann rollten sowjetische Panzer durch Prag. Das waren die ersten wahrhaft schwarzen Tage meines Erwachsenenlebens, denn damit wurden alle Hoffnungen begraben, dass wenigstens die Tschechoslowakei diesem Lager würde entkommen können.

1971 feierten Tanja und ich zusammen Silvester. Auf dieser Party lernte ich meinen zukünftigen Ehemann kennen. Ein Jahr später kam sie zu unserer Hochzeit, obwohl ihr Vater im Sterben lag. All die langen Jahre bis zur Perestroika übersetzte ich deutsche Literatur ins Russische und zog meine Kinder groß, während Tanja eine erfolgreiche Redakteurin wurde, für Literaturzeitschriften arbeitete und Gedichte schrieb. Die bleierne Schwere jener Jahre brach sich bei mir in Form von unbegründeten Ängsten Bahn und bei Tanja in Alkoholexzessen. Wir kämpften jede auf ihre Art dagegen an: Ich begann, Erinnerungen von Gulag-Überlebenden aufzuschreiben, während sie sich der Bildung verschrieb, durchs Land reiste und enge Kontakte zu Schriftstellern und Übersetzern aus Georgien, Abchasien und Turkmenistan pflegte. Überhaupt war es immer die Arbeit, die sie rettete. Egal, wie es ihr ging, es kam nicht ein einziges Mal vor, dass sie eine Frist nicht eingehalten oder jemanden im Stich gelassen hätte. In diesen Dingen stellte Tanja extrem hohe Ansprüche an sich. Sie sagte selbst oft, das Wichtigste, was ihre Eltern ihr beigebracht hätten, sei der Leitsatz gewesen, dass die Literatur »ein genauso hoch qualifiziertes und arbeitsintensives Berufsfeld wie Technik oder Wissenschaft« sei.

Als endlich die Perestroika begann, waren Tanja und ich mit dabei. 1989 wurde Memorial gegründet, Tanja war Mitglied der

Schriftstellervereinigung »April«, die die Perestroika unterstützte. Anfang Oktober jenes Jahres reisten wir beide zum allerersten Mal in ein »kapitalistisches« Land – nach Westdeutschland. Und zwar in einem der dramatischsten Momente der Geschichte, den Tagen des Mauerfalls. Unsere Auslandsreise hatten wir Tanjas Vater zu verdanken: Sein Roman »Die Ernennung« war 1988 in einer Neuübersetzung im Steidl-Verlag erschienen und bei einem Besuch in Moskau hatte der Verleger Tanja und mich gefragt, ob wir nicht auf die Frankfurter Buchmesse kommen wollten.

Die Einladung entpuppte sich als ziemlich formlos, denn niemand schien auf uns zu warten. Am Frankfurter Flughafen angekommen, fühlten wir uns wie zwei kleine Kinder, die sich in einem riesigen Wald verlaufen hatten. Zum Glück fanden sich freundliche Menschen, die uns halfen – und uns bei der Gelegenheit interessiert ausfragten, was in Russland passiere. Wir trafen viele Bekannte, die wir jahrelang nicht mehr gesehen hatten, wie Lew Kopelew und enge Freunde von Tanja.

Wenige Tage später fuhren wir auf Einladung des Münchner Kulturreferats nach Bayern. Bei einer Konferenz in der evangelischen Akademie im bayerischen Tutzing stellte ich zum ersten Mal öffentlich im Ausland mein Projekt vor, das ich bereits viele Jahre im Geheimen verfolgte: auf Kassette aufgezeichnete Erinnerungen von Frauen, die den Gulag überlebt hatten. Tanja hielt einen Vortrag über die weibliche Dichtertradition in Russland. Wie es der Zufall will, befanden sich unter den Papieren, die mir Freunde neulich aus unserem Hausarchiv in Moskau schickten, ausgerechnet Zeitungsausschnitte mit Rezensionen zu jenem Auftritt in Deutschland. Und wenn sie schon auf so wundersame Weise aufgetaucht sind, will ich auch aus einer zitieren: »Mit großem Erfolg traten die Moskauerinnen in Tutzing (…) auf. Tatjana Bek sprach über die sowjetischen Dichterinnen und ihre Lage, Irina Schtscherbakowa *(sic!)* über die Frauenschicksale in Gulag-Lagern und die Bedeutung der Aufarbeitung dieses Themas (…). Wie beinahe alle Gäste aus der Sowjetunion, reden die beiden Moskauerinnen über

Probleme ihres Landes kritisch und freimütig (...), über sich mehrende Tendenzen für Russland, die einen zaristisch-imperialen Weg statt Demokratie empfehlen.«[10]

Im Vergleich zu dem grauen, heruntergekommenen Moskau kamen uns Bayern und das Künstlerhaus »Villa Waldberta« in Feldafing, in dem man uns untergebracht hatte, wie ein anderer Planet vor. Der einzige Wermutstropfen war, dass wir den Fall der Berliner Mauer nur im Fernsehen verfolgen konnten. Erst ein halbes Jahr zuvor hatte ich Ostberlin besucht, und nichts schien auf dieses historische Ereignis hinzudeuten. Und dann passiert es und wir sind in Bayern.

Als wir einen Monat später nach Moskau zurückkehrten, standen die Zeichen deutlich auf Veränderung. Die politische Krise im Land spitzte sich zu, Gorbatschow konnte sich nicht zu echten Reformen durchringen. Kurz vor seinem plötzlichen Tod im Dezember 1989 hatte Andrej Sacharow noch zu einem Universalstreik aufgerufen, um die Durchsetzung der Reformen zu erzwingen. Bei seiner Beerdigung, zu der Hunderttausende Menschen kamen und bei der auch eine große Kolonne unter dem Banner von Memorial mitlief, herrschte eine dramatische Atmosphäre. Moskau verabschiedete sich damals von seiner wahrscheinlich einzigen moralischen Autorität. Im Zuge von Glasnost und der Abschaffung der Zensur wurden auch Nationalisten und Antisemiten an die Oberfläche gespült. Moskau wurde von antisemitischen Flyern, Broschüren, Neuauflagen der »Protokolle der Weisen von Zion« und ähnlichen Pamphleten überflutet, in denen erklärt wurde, dass an allen Übeln die Juden schuld seien.

Im Januar 1990 wurde eine Veranstaltung des Schriftstellerverbands »April« unter dem Titel »Offenes Mikrofon«, bei dem die Wege der Perestroika diskutiert werden sollten, durch einen widerlichen antisemitischen Skandal gestört. Mitglieder der nationalistischen Vereinigung »Pamjat« (dt. »Erinnerung«) verschafften sich Zutritt zum Zentralen Haus der Literatur und hielten Plakate hoch: »Weg mit Zionismus!«, »April! Wer ist euer Sponsor?«,

»Demokratie fürs Volk, Zionismus vor Gericht!«, »Kein Platz für Freunde Israels im Obersten Sowjet der UdSSR!«, »Heute tragen wir Plakate, morgen Waffen!«. Sie brüllten durch ein Megafon: »Juden, haut ab in euer Israel!«, und versuchten, eine Schlägerei anzuzetteln.

Am lautesten skandierte ein kleiner kahlköpfiger Mann, den dieser Auftritt berühmt machte: Konstantin Ostaschwili. Die Miliz, die die Veranstalter sofort riefen, ließ sich Zeit. Im Endeffekt traten viele der anwesenden Männer feige den Rückzug an, während Tanja und ein paar andere Frauen sich den Randalierern entgegenstellten. Die Sache kam vor Gericht; Tanja musste als Zeugin aussagen. Im Oktober 1990 wurde der Organisator der Unruhen zu zwei Jahren Gefängnis verurteilt. 1991 wäre er fast vorzeitig freigekommen, aber wenige Tage vor der Entlassung fand man ihn tot in der Strafkolonie in Twer, erhängt an einem Bettlaken. Der Fall wurde nie aufgeklärt, was Tanja keine Ruhe ließ. Sie fühlte sich auf gewisse Weise schuldig, weil der Mann ja auch durch ihre Aussage ins Gefängnis gekommen war.

Auch bei der Demonstration nach dem gescheiterten Putsch im August 1991 waren wir zusammen. Während ich voller Hoffnung auf Veränderungen war, sah Tanja die Ereignisse aus einem anderen Blickwinkel, der mir merkwürdig vorkam: »Am 22. August war ich bei einem Trauermarsch zu Ehren der drei getöteten Jungs. Auf der Tribüne auf dem Manegen-Platz standen Gorbatschow, [Jelena] Bonner, ein orthodoxer Priester und ein Rabbi nebeneinander. Ist das nicht seltsam? In unserem Land ist alles seltsam, alles ist durcheinander und vermischt, oben und unten, die Vernunft und das Absurde.« Sie hatte recht, dieser ganze Putsch war absurd und entpuppte sich bald als Reinfall. Damals schien uns, als wäre das Schlimmste überstanden, als wären wir alle vereint, als hätte die Demokratie gesiegt. Aber das war ein Trugschluss.

Harte Zeiten

Mit den 1990er-Jahren kamen die harten Zeiten. Während ich das große Glück hatte, mein Geld als Dolmetscherin verdienen und dank Memorial an gemeinsamen Projekten mit Historikern in Deutschland arbeiten zu können, hatte es Tanja sehr viel schwerer als ich. Die literarische Arbeit brachte kaum Geld oder es wurde sofort von der Inflation geschluckt, aber das war nicht alles. Die Bedeutung der Literatur, die gerade noch – vor und während der Perestroika – so immens gewesen war, dass die Literaturzeitschriften in Millionenauflagen erschienen und es ein riesiges Glück war, ein wichtiges Buch zu ergattern, hatte sich verändert. Viele Schriftsteller, die mit ihrem Beruf gut verdient hatten, waren verzweifelt und verfluchten die Perestroika und die neuen Zeiten, die angebrochen waren. Aber Tanja ließ sich, so schwer sie es auch hatte, nicht zur Nostalgie hinreißen: »Sowjetische Autoren«, schrieb sie in einem Brief an mich, »wurden vom Staat behütet und bevormundet. Wenn sich ein Schriftsteller nicht an die Spielregeln hielt, wurde er in einen völlig anderen Bereich verwiesen. Oder er war gezwungen, im Samisdat oder Tamisdat zu veröffentlichen, mit allen Konsequenzen, die daraus folgten. Jetzt schreiben nur noch die, die nicht anders können. Ich höre von meinen Kollegen ständig, sie seien ihrem Schicksal überlassen worden, die Regierung würde sich nicht mehr für sie interessieren. Aber so soll es doch sein! Was wollt ihr denn? Eurer Inspiration folgen und gleichzeitig unter staatlicher Obhut sein? So funktioniert das nicht. Deshalb sind nur noch die Getriebenen diesem Beruf treu geblieben, und ich finde das gut. Seine Brötchen wird man wohl oder übel anders verdienen müssen. So hart das ist …«

Natürlich war dieses erniedrigende und unsichere Leben schwer erträglich. Als bei ihr zu Hause eingebrochen wurde und die Diebe ihren Fernseher und den Computer mitnahmen (außer Büchern war sonst nicht viel zu holen), war es ein so schwerwiegender Verlust, dass meine Eltern und ich zusammenlegten und ihr am nächsten Tag einen neuen Fernseher kauften. Aber schwerer als die eigene Armut ertrug Tanja die soziale Ungleichheit, die sich überall auftat, und die ungerechte Behandlung derer, die am meisten zu leiden hatten. Sie redete oft mit mir über die überall grassierende Panik, Verzweiflung und Depression, weil die Menschen mit ihrem Leben nicht zurechtkamen, mit der galoppierenden Inflation und den kümmerlichen Löhnen, die oft gar nicht oder mit großen Verzögerungen ausgezahlt wurden, genauso wie die Renten. Von ihren Lesereisen kam sie niedergeschlagen zurück, weil ihre Leserinnen und Leser, die nie viel besessen hatten, jetzt völlig verarmt waren. In einem Brief schrieb sie mir Mitte der Neunziger: »Wir sind in etwa fünf regionalen Bibliotheken aufgetreten, die seit drei Jahren weder finanziert noch die Bestände aufgefüllt werden. Die armen und selbstlosen Bibliothekare ernähren sich, so gut es geht, von ihren Gemüsegärten und geistigem Futter. Mit einem Wort, ein fragwürdiges Land. Mit dem unglücklichsten Volk der Welt, das auf lange Sicht in einer kompletten, quälenden Sackgasse feststeckt …«

Damals versuchte ich ihr zu erklären, dass das die Folgen der notwendigen Reformen seien und es momentan eben nicht anders gehe. Aber sie wiederholte nur, dass sie von Politik nichts verstehe und lediglich sehe, wie die Menschen lebten. Und fragte dann, ganz im Stil ihres Vaters: »Vielleicht kannst du mir lieber mal erklären, warum die Reichen den Armen nicht helfen?« In ihren Gedichten bezog sie eindeutig Position: »Ich schmeiße einen Pflasterstein auf die Limousine, die einen Obdachlosen passiert …«[11]

Tanja war von Natur aus Sozialrevolutionärin, eine echte Demokratin, viel mehr als ich. Schon als Jugendliche umgaben sie merkwürdige Gestalten aus einer anderen Welt. Ich weiß noch, wie selbstlos sie sich um den Hilfsarbeiter Rafik kümmerte, der einmal etwas bei ihr repariert hatte und seitdem oft unangekündigt hereinschneite und ihr von seinen Notlagen erzählte, aus denen sie ihn zu befreien versuchte. Allein seine Lebensgeschichte genügte, um ihr Mitgefühl zu wecken: ein Tatare, geboren im Gefängnis, aufgewachsen im Waisenheim, Quartalssäufer. Er behandelte Tanja stets ehrfürchtig, war ein emsiger Leser, und wenn er nüchtern war, ging er ihr mit diversen Reparaturen zur Hand. An anderen Tagen lieh sie ihm Geld, das er für Alkohol ausgab.

Tanja interessierte sich aufrichtig für Menschen und deren Schicksale und machte dabei keinen Unterschied zwischen literarischen Berühmtheiten und ihren Studierenden am Literaturinstitut, denen sie die Grundlagen des poetischen Schaffens vermitteln wollte. Sie steckte unglaublich viel Zeit und Energie in ihre Schützlinge. Wenn sie bei jemandem nur eine Spur von Talent erahnte, war sie zu bedingungsloser Unterstützung bereit. Nicht wenige nutzten Tanjas Selbstlosigkeit schamlos aus. Ich ärgerte mich, wenn ich hörte, dass sie wieder fremde Manuskripte redigierte, Haus- und Diplomarbeiten für die Sprösslinge ihrer Bekannten umschrieb, anderen dabei half, publiziert zu werden, und sich dabei vor der Perestroika ständig schuldig fühlte, wenn ein Text aus Gründen der Zensur nicht veröffentlicht wurde. Sie hingegen war höchstens traurig, wenn die Menschen ihre Hilfsbereitschaft vergaßen, was leider oft genug vorkam.

Tanja sagte immer, sie verstehe wenig von Geschichte und politischen Prozessen, dabei bewies sie oft ein präzises Gespür für die Absurdität, die unser Leben in den Neunzigern durchdrang. Als ich 1997/98 einige Monate in Wien verbrachte, schrieb mir Tanja ausführliche Briefe, in denen sie das damalige Moskau dokumentierte: »Als ich einmal vollkommen erledigt aus dem Haus ging und am Alexandergarten entlangspazierte (all die Orte unserer Studentenzeit!), sah ich schon von Weitem die Ansammlung von Altkommunisten beim Lenin-Museum. Sie treffen sich dort immer, diskutieren, verkaufen Zeitungen, und sie haben eine ganz eigene, wiedererkennbare Intonation. Besonders, wenn sie laut werden. Ich laufe also weiter, und plötzlich – ich schwöre es dir – kommt der leibhaftige Lenin vom Hotel ›Moskau‹ her auf mich zu. Käppi, Mantel, der Gang, die Gesten. Und vor allem sein Gesicht. Die Kommunisten stürmten auf ihn zu, mit ausgebreiteten Armen und leidenschaftlich grüßend. Einen kurzen Moment zweifelte ich an meiner psychischen Gesundheit und wollte ihn am liebsten anfassen. Dann stellte sich heraus, dass der Mann eine stadtbekannte Figur ist, ein Doppelgänger, der gegen gutes Geld auf solchen Zusammenkünften auftritt und sich zuweilen gleich an Ort und Stelle mit seinen Parteigängern die Kante gibt, bis er unter tosendem Applaus auf das Kopfsteinpflaster kippt.«

Dieser Lenin tauchte noch lange auf dem Roten Platz auf, manchmal in Gesellschaft von Stalin und Nikolaus II. Sie erinnerten an zum Leben erwachte Matrjoschkas, wie sie damals an jeder Ecke verkauft wurden: In Zar Nikolaus steckte Lenin, in Lenin steckte Stalin und so weiter.

»Ein aufrichtiges altes Weib«

Gegen Anfang der 2000er-Jahre schien unser Leben sich zu stabilisieren. Tanja war sehr beschäftigt, veröffentlichte Gedichtbände, erhielt kleinere Auszeichnungen, unterrichtete am Literaturinstitut, arbeitete für eine Literaturzeitschrift, trat häufig mit Lesungen auf. Am liebsten mochte ich ihre Kolumne, die sie für die *Nesawissimaja Gaseta* schrieb. Meist waren es Literaturkritiken, scharfsinnig und humorvoll. Dann begann sie, immer mehr Interviews zu führen, sprach mit berühmten russischen, aber auch internationalen Dichtern und Romanciers. Sie führte das Werk ihres Vaters fort, und sie tat es mit Bravour.

Interviews mit Journalisten sind oft sehr dröge, und nur die Höflichkeit zwingt einen, auf Fragen zu antworten wie »Woran arbeiten Sie zurzeit?«, »Was gibt Ihnen Kraft?«. Als gäbe es einen Fragenkatalog, der für alle Zeit in Stein gemeißelt und an jedem

Gesprächspartner abzuarbeiten ist. Tanjas Interviews waren ganz anders. Sie bereitete sich lange und gründlich vor, es war spannend, sich mit ihr zu unterhalten. So ging uns auch nach vierzig Jahren nie der Gesprächsstoff aus. Tanja nannte unseren Austausch »hochintellektuelles Blabla«.

Ihre Lieblingsbeschäftigung waren jedoch Reisen. Eine der letzten führte sie 2004 nach Israel: »Ich glaubte lange nicht daran, dass ich jemals dieses Land sehen würde, das mir so verheißungsvoll und zugleich so rätselhaft und fern erschien. Diese Reise ist ein Geschenk des Schicksals. Ich verbrachte in Israel zwölf glückliche Tage … Es ist ein Mysterium, aber wenn man durch die Altstadt [von Jerusalem] läuft, hat man das Gefühl, dass sich alles genau so zugetragen hat. Dass Er hier war.« Ich hatte Israel damals noch nicht besucht und lauschte ihren Erzählungen wie exotischen Märchen, und nie hätte ich mir träumen lassen, dass ich zwanzig Jahre später dorthin emigrieren würde.

In ihren letzten Lebensjahren stand Tanja häufig in der Öffentlichkeit, es gab sogar einen Fernsehfilm über sie. Aber sie bedauerte, dass sich dieses neue Leben zu viel um Sehen und Gesehen-Werden drehte und immer wenig Zeit für das Wesentliche blieb – zum Lesen und Nachdenken: »Die Menschen geben sich allzu oft einer Scheintätigkeit hin. Viele erkranken daran, gewissermaßen auch ich. Aber ich versuche wenigstens, es mir bewusst zu machen. So viele Menschen, vor allem in der Literatur- und Journalisten-Szene, rennen immerzu … ›Hey, hast du das schon gelesen? Hast du schon von jener Präsentation gehört?‹ Einerseits ist es gut, dass neue Zeiten angebrochen sind, das Leben ist freier geworden, abwechslungsreicher. Aber andererseits gibt es so viel Ablenkung. Ich kenne nicht wenige Talente, die auf diesem Weg zusehends wenn nicht versiegt, so doch verkümmert sind. Manche geben sich drei, vier Lesungen täglich … Etwas von Wert kann man aber doch nur in der Einsamkeit erschaffen. Wenn alle Telefone abgeschaltet sind, man irgendwo weit weg von allem ist oder in ein gutes Buch vertieft. Leider wird man allzu leicht von dieser inneren

Unruhe erfasst: Was, wenn ich vergessen werde, den Anschluss verpasse …«

Was die allgemeine Geschäftigkeit anging, die die Kulturszene Anfang der 2000er-Jahre erfasste, das Gerangel um Literaturpreise und Ruhm, hatte Tanja recht, wir spürten es alle. Mich bewahrte meine Arbeit für Memorial davor und Tanja ihr Schreiben und die Studierenden ihres Seminars. Ihre Literaturkritiken wurden immer besser, und ich glaube, dass sie in ihren letzten Jahren auch über Prosa nachdachte. Sie verfasste einen wundervollen autobiografischen Essay über ihre Kindheit, den sie mir widmete. Tanja schrieb sehr gerne Briefe, und ich liebte es, sie zu lesen. Ich wusste, dass sie von klein auf Tagebücher führte, und stellte mir vor, wie sie mir irgendwann, in einer fernen Zukunft, daraus vorlesen und wir gemeinsam auf unser Leben zurückblicken würden. Ich ermahnte sie sogar oft: Hast du das aufgeschrieben? Und das? Zuletzt hatte sie mit besonderer Aufmerksamkeit fremde Erinnerungen gelesen und kommentiert, mit denen man plötzlich von allen Seiten geflutet wurde. Man hatte das Gefühl, nur die Faulsten hätten noch keine geschrieben. Tanja wurde nicht müde, sie kritisch zu beurteilen; sie schrieb darüber, dass das Genre sich »belletrisieren« würde, dass die ethische Distanz zwischen Tagebuch und Memoiren zunehmend verwische, genau wie die Distanz zwischen dem Autor und seinen Helden, dass die Fehden noch zu heiß, die Rechnungen noch offen, die Kränkungen noch zu schmerzhaft seien.

Anfang der 1980er-Jahre, mit etwas über dreißig, schrieb Tanja ein Gedicht, das davon handelte, wie sie ein »aufrichtiges altes Weib« werden und ehrliche Memoiren schreiben würde. Damals lachten wir darüber, dachten, dafür hätte sie noch mindestens vierzig Jahre Zeit. Das Gedicht wurde so bekannt, dass man im Browser nur die erste Zeile einzutippen braucht, damit der Rest erscheint: »Я буду старой, буду белой.«

Ich werde alt sein, alt und weiß,
Schwerhörig, wunderlich und heiser,
Geb ständig ungefragte Tipps,
Stiefeletten an, die Brosche sitzt.

Doch bin ich stark, trotz alledem!
Taub gegen Kränkung, hart im Nehmen.
Nicht auf Tribünen groß blabla,
ich schreibe lieber Memoiren.

Ja! Ungeachtet neuer Seiten
Bring zu Papier ich jene Zeiten
Schmucklos und ohne Bitterkeit …
Ein aufrichtiges altes Weib.[12]

Und jetzt weilt Tanja seit fast zwanzig Jahren nicht mehr unter uns, und meine Erinnerungen an sie müssen ohne ihre Kritik auskommen. Hätte sie mir ihren Segen gegeben? Wäre ich in ihren Augen eine aufrichtige Alte?

Vorahnung

Ich weiß nicht, wie ich die Schwermut beschreiben soll, die Tanja seit Anfang der 2000er-Jahre in Wellen einholte, besonders in ihrem letzten Jahr. Dabei schien ihr Leben nach außen hin viel stabiler als noch wenige Jahre zuvor. Als Putin an die Macht kam, war mir schnell klar, woher der Wind wehte, aber kaum jemand teilte meine Sorge. Tanja jedoch, die die Ereignisse vielleicht nicht immer analysieren konnte, nahm das Geschehen sehr deutlich wahr. Sie spürte, wie sich die Atmosphäre verdichtete. Wenn ich ihre Aufzeichnungen aus den letzten Wochen ihres Lebens lese, spüre ich ihre Unruhe. Das zu Ende gehende Jahr 2004 beschreibt sie als

»schwer und ungerecht, von kolossalen Terroranschlägen bis hin zu privaten Konflikten«.

Im September hatten Terroristen Hunderte Menschen in einer Schule im nordossetischen Beslan in Geiselhaft genommen. Die meisten von ihnen, vor allem Kinder, kamen bei der blutigen und erbarmungslosen Erstürmung durch die staatlichen Sicherheitskräfte ums Leben. »Ich habe heute die Nachrichten aus Ossetien gesehen und geweint …«, schreibt Tanja. Ihre Gemütsverfassung wurde immer düsterer, das Land schien ihr auf einen Abgrund zuzusteuern, diesmal ganz wörtlich. Alle persönlichen Kränkungen und emotionalen Aufs und Abs schienen nichtig vor dem Hintergrund der allgemeinen Apokalypse. Im Gegensatz zu Tanja fand ich, bei all meiner kritischen Haltung, die Situation nicht so hoffnungslos wie sie. Ich unterschätzte, dass sie den ganzen Dreck, der damals bereits allmählich an die Oberfläche gespült wurde, einfach nicht länger ertragen konnte. Wenn Tanja sagte: »Wirst schon sehen, bald bin ich nicht mehr da«, entgegnete ich: »Stellst du dir das wirklich so leicht vor?« Sätze wie diesen hatte sie früher schon fallen gelassen, dennoch hatte ich nie an ihrer seelischen und körperlichen Stärke gezweifelt. Aber jetzt war etwas in ihr kaputtgegangen.

Sie konnte nicht ertragen, dass Menschen, die ihr nahestanden, sie unter ganz und gar nicht tödlichen Umständen verrieten. Ende 2004 schrieb sie eine Kolumne über das »Anti-Ereignis des Jahres«, einen Brief von »drei bekannten russischen Lyrikern an den Großen Dichter Turkmenbaschi mit einem Lobgesang an seine ›Kunst‹, der nicht nur lächerlich, sondern auch peinlich pragmatisch ist«. Es war nämlich so, dass der damalige turkmenische Präsident Nijasow (»Turkmenbaschi«), der einen Personenkult um sich herum aufgebaut hatte und die Opposition gnadenlos verfolgte, einen Band mit selbst verfassten Gedichten herausgebracht hatte. Und nun hatten diese drei Dichter, unterstützt von einem bekannten Literaturkritiker, vorgeschlagen, dieses Werk mit dem Titel »Möge mein Land gedeihen« ins Russische zu übersetzen und in Russland zu veröffentlichen. Tanja, die mit den Lyrikern befreundet war, nahm sich diese Geschichte sehr zu Herzen. Sie kannte viele der Leute persönlich, die in Turkmenistan verfolgt wurden. Das ganze Projekt stank natürlich zum Himmel, es gab Spekulationen, ob im Vorfeld große Geldmengen für diese Form der Unterstützung des dichtenden Präsidenten geflossen waren.

Nachdem Tanja die Verfasser des Briefes in ihrer Kolumne bloßgestellt hatte, fingen sie an, abwechselnd bei ihr anzurufen, und zwar nicht nur um sich zu beschweren, sondern um sie zu bedrohen und derb zu beschimpfen. Aber Tanja gab nicht auf und schrieb in der nächsten Ausgabe der *Nesawissimaja Gaseta:* »Es ziemt sich für Dichter und Weise nicht, in der Hoffnung auf Wohltaten vor den Zaren im Staub zu kriechen: Das schreibt euch hinter die Ohren, wackre Burschen.«[13]

Ich wusste, dass Tanja die Sache schwer zu schaffen machte; mit einem der Beteiligten war sie befreundet und hielt ihn für einen talentierten Dichter, mit dem anderen leitete sie gemeinsam das Seminar am Literaturinstitut. Was sie getan hatten, fand sie dermaßen unmoralisch, dass sie es nicht schweigend hinnehmen konnte. Ihre Drohungen und Beleidigungen jedoch verkraftete sie nicht. Ich kann mir nicht verzeihen, dass ich nicht gesehen habe, wie schwarz der Schatten war, den diese Episode über Tanjas Leben warf. Ich redete ihr zu, sie einfach zu vergessen. Als sie einmal fragte: »Ob sie sich wohl schämen werden, wenn ich tot bin?«, erkannte ich das nicht als Fingerzeig. Ich lachte, wenn sie zu mir sagte: »Dann mach du es, richte du es ihnen von mir aus« – als wollte sie durch mich zur Menschheit sprechen. Aber *was* machen, *wem* ausrichten?

Hätte ich doch nur das letzte Interview, das Tanja im Dezember 2004 mit der italienischen Lyrikerin Maria Luisa Spaziani geführt hat, genauer gelesen. Ich hätte es wissen müssen, dort stand alles drin. Auf Tanjas Frage, warum Dichtern das Leben schwerer fiele als anderen Menschen, antwortete Spaziani: »Weil normale Menschen in Schuhen über die Erde laufen und die Dichter barfuß. Ihre Empfindsamkeit liegt frei. Und weil die weibliche Haut noch sensibler ist als die männliche, gibt es auch einen Unterschied zwischen weiblichen und männlichen Lyrikern.« »Also hat man es als Dichterin noch schwerer?«, fragte Tanja, obwohl sie die Antwort selbst kannte. »Natürlich. Jede dritte berühmte Dichterin hat ihr Leben durch Suizid beendet.«[14]

Tanja ging es immer schlechter; die Drohanrufe hörten nicht auf. Aber ich hatte mir nicht vorstellen können, wie fest der Knoten war, zu dem sich alles verdichtete: das anbrechende Putin-Russland, der Verrat und die Servilität ihrer Freunde. Ihre psychische Gesundheit verschlechterte sich zusätzlich dadurch, dass sie sich mitten im Winter auf dem Glatteis das Bein brach und plötzlich praktisch unter Hausarrest stand. Irgendwann ertrug sie es einfach nicht mehr.

Am Morgen, an dem sie starb, konnte ich sie nicht erreichen. Ich ging zu Memorial, auf dem Rückweg war ich einkaufen. Ich stand gerade an der Kasse, da klingelte mein Handy, und ich hörte meine Tochter Lisa sagen: »Mama, gerade kam ein Anruf. Tanja ist tot.« Die Einkaufstaschen glitten mir aus der Hand; ich erinnere mich nicht, wie ich es nach Hause geschafft habe.

Tanja wurde in ihrem Badezimmer aufgefunden, mit Schnittverletzungen an den Pulsadern, daneben lag eine leere Packung Schlaftabletten. Die Zeitungen waren voller Nachrufe, in denen Tanja als »eine der herausragendsten russischen Dichterinnen« bezeichnet wurde, eine »Vertreterin der ›Semidesjatniki‹ (dt. »Siebziger«), die in den 1970er- und 1980er-Jahren ihre lyrische Stimme fanden«. Man zitierte ihre Gedichte und bezeichnete sie als »Seelentrösterin« für viele.

Tanja hinterließ weder einen Abschiedsbrief noch irgendwelche Anweisungen für ihren Nachlass, sie muss im Affekt gehandelt haben. Ich wusste lange Zeit nicht, wo ihre Tagebücher sind. Gott sei Dank sind sie nicht vernichtet – sie werden im Literaturarchiv aufbewahrt, bleiben jedoch auf Wunsch von Verwandten fünfundzwanzig Jahre lang unter Verschluss.

Ich denke oft, dass Tanja nicht ertragen hätte, was danach kam: die Aggression gegen ihr geliebtes Georgien, die Okkupation der Krim, die Invasion in der Ukraine. Ich weiß nicht, wie sie sich im heutigen glamourösen, von Glanz und Glitter strotzenden Moskau zurechtgefunden hätte, jener Stadt, die sie so sehr liebte: »Ich bin Moskauerin. Ich bin hier geboren, meine Gedichte handeln von Moskau. Nur hier fühle ich mich wie ein Fisch im Wasser. Auch wenn ich gern reise, mein Platz – psychisch, architektonisch, phonetisch – ist hier.«[15]

Und jetzt lese ich wieder ihre Zeilen, die sie 1998 an mich schrieb: »Komm bald, ich erwarte dich sehnlichst, vor allem, um näher über Klemperer zu sprechen (sie schrieb gerade ein Vorwort zur russischen Ausgabe von Victor Klemperers »Die Sprache des Dritten Reiches«), ich brauche dringend deinen Rat. Beweg deinen Hintern endlich zurück in die Heimat, wie die Romantiker zu sagen pflegen.«

Nun, jenes Moskau hat Tanja mit sich genommen … Und noch während ich diese Zeilen tippe, taucht auf meinem Bildschirm das Foto eines Großbrands auf: Tanjas Haus, in dem wir unsere Kindheit verbracht haben, steht in Flammen.

Kapitel 4

ZEIT DES UMBRUCHS

In den Neunzigern war ich viel und oft im Ausland. Ich nahm an Konferenzen teil, leitete Seminare, unterrichtete. 1994/95 war ich mit einem Forschungsstipendium in Berlin, gleich darauf verbrachte ich ein Jahr in Wien, gefolgt von einem Aufenthalt in Salzburg, wo ich an der Universität zwei Semester lang ein Seminar zum Gedenken an den Gulag leiten durfte. Es hatten sich fünfundzwanzig Studenten angemeldet. In der ersten Vorlesung fragte ich, warum sie sich für dieses Thema interessierten. Einige sagten, ihre Großväter hätten in der 1. Gebirgs-Division (der sogenannten Edelweiß-Division) gekämpft und seien lange in sowjetischer Kriegsgefangenschaft gewesen. Die Familien hätten ihre Briefe aus dem Lager aufbewahrt, und sie als ihre Enkel wollten nun mehr über den Gulag wissen. Eine sehr ungewöhnliche Konstellation: Ich, eine russische Jüdin, erzählte den Nachkommen von Mitgliedern dieser blutigen Division, die an Kriegsverbrechen wie dem Massaker auf der griechischen Insel Kefalonia beteiligt war, wie es ihren Großvätern in den sowjetischen Lagern ergangen sein mochte.

Es waren bewegende und interessante Einblicke, die ich und hoffentlich auch die Studenten bekamen, Salzburg war einfach bezaubernd, und doch bekam ich plötzlich so starkes Heimweh, dass mich nicht einmal mehr die japanischen Touristen amüsierten, die in Scharen die Souvenirläden stürmten und wie auf Kommando alle gleichzeitig Tirolerhüte anprobierten. Außerdem mochte ich Mozart lieber als Komponist denn als Marzipankugel. Ich hatte das Gefühl, meine Verbindung zu Russland zu verlieren, mir nicht mehr vorstellen zu können, wie es in Moskau gerade war. Ich spürte, dass mein Platz zu Hause war, und zählte die Tage bis zum Rückflug.

Als ich Ende 1998 endlich wieder in Moskau war, erlebte ich einmal mehr eine Zeit des Umbruchs. Russland steckte mitten in einer schweren Finanzkrise, der Rubel verlor innerhalb weniger Wochen fast drei Viertel seines Wertes. Im kriegsgebeutelten Tschetschenien schwelten nach dem halbherzigen Friedensvertrag vom Mai 1997 immer noch hier und dort Brandherde. Die Oligarchen bekämpften einander; Jelzin setzte einen Premier nach dem anderen ab, bis er im August 1999 schließlich eine folgenschwere Entscheidung traf: einen unscheinbaren Sankt Petersburger »Mann ohne Eigenschaften« mit KGB-Vergangenheit und seit einem Jahr Leiter des Inlandsgeheimdienstes FSB an die Spitze der Regierung zu stellen.

Putin sei in der Lage, die Gesellschaft zu festigen und die Reformen in Russland abzusichern. Und jene um sich zu versammeln, die im 21. Jahrhundert das große Russland erneuern werden, sagte Jelzin, als er den Namen des Mannes verkündete, der ihn später als Präsident beerben würde.[1]

Das »große Russland«. Ich fragte mich, wie die Menschen jetzt, zehn Jahre nach der Perestroika, ihre sowjetische Vergangenheit wahrnahmen. In meiner Vorstellung dachte ich, dieser Zeit könnte wohl niemand nachtrauern, allein schon weil sich alle noch lebhaft an die leeren Regale, die kilometerlangen Schlangen und die desaströse Wirtschaftslage erinnern konnten. Tatsächlich aber begannen viele bereits ab Mitte der Neunziger, wenn nicht die Stalinzeit, so doch zumindest die Ära Breschnew durch die rosarote Brille zu betrachten, als spazierten sie durch einen imaginären Kultur- und Vergnügungspark. Sie hegten sentimentale Gefühle, fanden im Nachhinein alles lustig. Im Fernsehen wurden alte sowjetische Lieder gesungen, rührselig interpretiert von aktuellen Popsternchen; eine der Sendungen, die regelmäßig zu Neujahr lief, hieß »Alte Lieder über das Wesentliche« (»Staryje pesni o glawnom«). Oldies but Goldies, Hits, vor allem aus den Dreißigern und Vierzigern, inszeniert in einem bunten, musicalartigen Ambiente. Die »gute alte Zeit« erlebte nicht nur musikalisch eine Wiederauferstehung. Filme mit einer verlogenen, völlig unkritischen Hochglanzdarstellung des sowjetischen Alltags liefen rauf und runter. Noch wenige Jahre zuvor, während der Perestroika, wurden Filme, die sowjetische Mythen reproduzierten, stets durch begleitende Diskussionssendungen in einen Kontext gestellt.

Die Staatsmacht förderte diese nostalgische Stimmung, etwa indem sie von der Umbenennung von Straßen absah, die nach sowjetischen Persönlichkeiten benannt blieben. Einige bereits demontierte Lenin-Statuen kehrten wieder an ihren Platz zurück. So zum Beispiel in Rjasan, wo ich 1990 anstelle des immergleichen Lenins plötzlich ein Kreuz auf dem Sockel erblickt hatte. Zehn Jahre später traute ich meinen Augen nicht: Lenin stand wieder da, als wäre nichts gewesen. Ganz zu schweigen davon, dass seine Mumie trotz allen Spotts, aller Parodien und aller Initiativen für eine Beerdigung nach wie vor im berühmtesten Grab des Landes mitten im Herzen der Hauptstadt liegt.

Heute erscheint vielen die Breschnew-Zeit als die ruhigste und angenehmste des letzten Jahrhunderts. Trotz der Niederschlagung des Prager Frühlings, trotz Afghanistan, Wettrüsten und wirtschaftlichen Abschwungs, trotz Eiszeit nach dem Tauwetter. In den Neunzigern, als die Ära der bleiernen Stagnation noch gar nicht lange her war, kam es mir so vor, als lebten jene, die der verlorenen Sowjetwelt nachtrauerten, in einer anderen Galaxie als ich. Dass ein großer Teil der älteren Generation so dachte, konnte man sich noch halbwegs vorstellen. Als sich während der Präsidentschaftswahlen 1996 abzeichnete, dass die Kommunisten mit Gennadi Sjuganow an der Spitze tatsächlich gewinnen könnten, kursierte sogar der Spruch: »Bist du für die Liberalen, versteck Omas Pass am Tag der Wahlen!« Noch verhängnisvoller aber war der unüberhörbare Ruf nach einem starken Mann, der endlich Ordnung im Land schaffen würde.

Doch wie sah es bei den sogenannten Millennials aus? Den sowjetischen Alltag konnten sie, während der Perestroika geboren, höchstens vage in Erinnerung haben, und ihre Kindheit fiel in die harten, aber doch freiheitlichen Umbruchsjahre. Wie mit einer Art Thermometer wollte ich an der Einstellung zur sowjetischen Vergangenheit die Temperatur der Gesellschaft messen. Das Pathos der Perestroika war verklungen, und selbst liberal eingestellten Menschen erschienen die Appelle von Memorial, die Entsowjetisierung weiter voranzutreiben beziehungsweise die Entstalinisierung zum Abschluss zu bringen, wie ein Anachronismus. Die vorherrschende Meinung war, dass der Kampf um die Erinnerung ausgekämpft und obsolet geworden sei, nur noch ehemalige Dissidenten und die Nachkommen von Opfern interessiere und die Stalinzeit uns heute nicht mehr angehe als die ägyptischen Pyramiden. Wenn die von Memorial unbedingt ihre Archive pflegen und Denkmäler anbringen wollen – bitte schön, aber das reicht dann auch. Muss man denn alte Wunden aufreißen, jetzt, wo die krisengeplagten Neunziger endlich vorbei sind? Anfang der 2000er-Jahre, als Putin schließlich zum Präsidenten gewählt wurde, hielten viele diese Bagatellisierung der Vergangenheit für ein Zeichen dafür, dass die Gesellschaft genese.

Der »Vorarbeiter« der Perestroika

1998 hatte ich bei einer Stippvisite in Deutschland eher zufällig an einem Lehrerseminar zum dreißigjährigen Jubiläum des »Rebellionsjahres« 1968 teilgenommen. Die Pädagogen diskutierten über einen Geschichtswettbewerb für die Oberstufe, der bereits seit über zwanzig Jahren von der Hamburger Körber-Stiftung durchgeführt wurde und dieses Mal jene stürmische Zeit zum Thema haben sollte. Das Ganze war weit mehr als ein Wettbewerb, dahinter steckte ein ganzer Komplex der Förderung und Einbindung von Schulen und sogar Familien in die gemeinsame Auseinandersetzung mit Geschichte.

In diesem Seminar hatte ich einfache, klare Methoden kennengelernt, mit denen man Kinder und Jugendliche erreichen konnte. Und ich war wie elektrisiert von dem Ansatz, den die Stiftung verfolgte. Wäre so etwas auch bei uns denkbar? Was würden die Jugendlichen bei uns schreiben, was aus der Geschichte des 20. Jahrhunderts mitnehmen und was in ihren Familienarchiven finden? Diese Fragen ließen mich nicht mehr los.

Nach meiner Gastdozentur in Salzburg war ich an die Russische Staatliche Geisteswissenschaftliche Universität (RGGU) zurückgekehrt, um das relativ neu eingerichtete Fach Oral History zu lehren. Auf den ersten Blick schien es naheliegend, einen solchen Schülerwettbewerb über die Universität zu organisieren. Sie wird noch heute oft Afanassjew-Universität genannt, nach ihrem Begründer, dem Historiker Juri Afanassjew. Er war während der Perestroika eine bekannte Persönlichkeit; die Presse bezeichnete ihn als einen der »Vorarbeiter«, bezugnehmend auf die direkte Bedeutung des Wortes »Perestroika« – »Umbau«. Später stellte sich Afanassjew entschieden gegen diesen Begriff: Für einen Umbau von was auch immer hätte es einen handfesten Plan gebraucht, den in Wirklichkeit niemand hatte.

Afanassjew wurde 1934 in einem Dorf an der Wolga geboren. Er war drei Jahre jünger als Michail Gorbatschow und studierte wie er an der Staatlichen Universität in Moskau, aber im Gegensatz zu Gorbatschow nicht Jura, sondern Geschichte. Beide gehörten der Generation des Tauwetters unter Chruschtschow an. Als Afanassjew sein Studium 1957 beendete, lag der XX. Parteitag der KPdSU, der mit der Demaskierung des Stalinkults einen Wendepunkt in der Geschichte der Sowjetunion markierte, bereits in der Vergangenheit. Bis Chruschtschows Nachfolger Breschnew die Ära des Neostalinismus einläutete, wurden hitzige gesellschaftliche Debatten um das historische Erbe ausgetragen. Die brennendste aller Fragen war: Welchen Stellenwert hat Stalin, und wer trägt die Schuld an den Repressionen?

Afanassjews Karriere verlief zunächst im Einklang mit der Parteilinie. Nach dem Studium ging er als Sekretär des Komsomol nach Krasnojarsk, wo gerade ein riesiges Wasserkraftwerk gebaut wurde, und blieb dort neun Jahre in dieser Funktion. So etwas war damals ein guter Grundstein für eine Parteikarriere. Während die alten stalinistischen Kader den Jungen die Bühne überließen, eröffnete die flächendeckende Umstrukturierung der ganzen Union enorme Perspektiven. In diesen Umbruchszeiten wandte sich Afanassjew erneut den Geschichtswissenschaften zu und absolvierte ein Aufbaustudium an der Akademie der Sozialwissenschaften beim Zentralkomitee der KPdSU. Sein Status in der Parteinomenklatur ermöglichte ihm etwas, das in den 1970er-Jahren noch sehr außergewöhnlich war: einen Studienaufenthalt an der Pariser Sorbonne.

Während seiner Zeit in Frankreich schloss sich Afanassjew der École des Annales an, der damals progressivsten Richtung der Geschichtswissenschaften, promovierte und wurde später zum Professor ernannt. Anfang der 1980er-Jahre ging er als Prorektor an die Komsomol-Hochschule beim Zentralkomitee des Kommunistischen Jugendverbands. In den Reihen der Komsomol-Funktionäre machte sich Unzufriedenheit mit dem morschen sowjetischen System und den Urgesteinen aus dem Kreml an dessen Spitze breit, die keine hoffnungsfrohe Zukunft verhießen. Die Veränderungen lagen bereits in der Luft.

Afanassjew war seit 1983 Redaktionsmitglied der Zeitschrift *Kommunist*, des wichtigsten ideologischen Parteiorgans. Darin veröffentlichte er mehrere Beiträge, die die Lage der sowjetischen Geschichtswissenschaft scharf kritisierten und argumentierten, warum die Stalinzeit anders als bisher zu bewerten sei. Seine Stimme fand Gehör; auch der 1985 zum Generalsekretär der KPdSU gewählte Michail Gorbatschow wollte Veränderungen. 1986 wurde Afanassjew zum Rektor des Moskauer Staatlichen Instituts für

Geschichte und Archivwesen ernannt und 1989 zum Co-Vorsitzenden der frisch gegründeten Gesellschaft Memorial gewählt. Ein paar Monate später fanden die ersten freien Wahlen der UdSSR statt, Afanassjew wurde zum Volksdeputierten gewählt und führte von da an mit anderen Reformpolitikern die erste Opposition im Parlament an. Gemeinsam mit Andrej Sacharow trat er als einer der schärfsten politischen Kritiker Michail Gorbatschows auf.

Wie so viele andere, die damals den Ersten Volksdeputiertenkongress mit Hochspannung vor den Fernsehbildschirmen verfolgten, war auch ich sehr beeindruckt von Afanassjews Rede. Er hatte gewisse Ähnlichkeit mit Jelzin – groß, kräftig, grauer Bürstenschnitt –, aber sein Gesicht war ernster, und er sprach mit einer charakteristischen heiseren Stimme.

Afanassjews Auftritt blieb vielen schon deshalb in Erinnerung, weil er von einer hitzigen Debatte zwischen seinem Vorredner Andrej Sacharow und der kommunistischen Fraktion begleitet wurde. Sacharow hatte eine Verurteilung des Krieges in Afghanistan und die Anerkennung der durch die Sowjetmacht begangenen Kriegsverbrechen gefordert. Daraufhin erklomm ein Veteran die Tribüne, der in Afghanistan beide Beine verloren hatte und nun Prothesen trug. Empört beschuldigte er Sacharow der Verunglimpfung, und als jener widersprechen wollte, reagierte das Publikum mit Lärm und Buh-Rufen. Anstatt den Tumult zu beenden, versuchte Gorbatschow, Sacharow das Wort abzuschneiden. (Dieser Veteran war übrigens Sergej Tscherwonopiski. Er unterstützte später als General und Vorsitzender eines Veteranenverbands in der unabhängigen Ukraine die Maidan-Bewegung und stellte sich gegen die russische Aggression.)

In dieser aufgeheizten Atmosphäre trat Afanassjew ans Rednerpult, wandte sich an das grölende Publikum und sagte: »Ich würde euch bitten, nicht zu klatschen und nicht zu schreien, weil ich mich genau dazu äußern möchte. Also, verehrte aggressiv-gehorsame Mehrheit und verehrter Michail Sergejewitsch, der Sie auf diese Mehrheit manchmal hören und manchmal geschickt Einfluss nehmen. Wir können unsere Arbeit auf diese Weise fortsetzen. Aber lasst uns doch an jene denken, die uns in diesen Kongress gewählt haben. Sie haben das nicht getan, damit wir hier hübsch aussehen, sondern damit wir die Situation im Land durch entschlossenes Handeln verändern!«[2]

Die »aggressiv-gehorsame Mehrheit« wurde zu einer wichtigen Formel im Kampf um die einschneidenden Reformen, die von ebendieser Mehrheit verhindert wurden. Bis 1993 war Afanassjew einer der bedeutendsten Oppositionspolitiker.

Viele Jahre später wurde ich auf einer Konferenz der Gorbatschow-Stiftung, die den Ereignissen von 1989 gewidmet war, Zeugin eines verbalen Schlagabtauschs zwischen ihm und Michail Gorbatschow. Afanassjew warf Gorbatschow vor, damals mit seiner Unentschlossenheit die Reformen ausgebremst zu haben. Gorbatschow konterte, indem er ihm ihre damaligen Auseinandersetzungen detailgetreu in Erinnerung rief. Auch wenn es bitter war, ihnen zuzuhören, waren sie doch zwei lebendige Menschen, die einen echten politischen Kampf austrugen. Im Nachhinein betrachtet ist das Bittere die Erkenntnis, wie schnell es mit der politischen Lebendigkeit vorbei war und sie von Putins autoritärem Staat abgelöst werden konnte.

Nach Gorbatschows Rücktritt war Afanassjew ein radikaler Kritiker von Jelzins halbherziger Politik. Er erläuterte seine Position später folgendermaßen: Jelzins Machtantritt sei als demokratische, liberale Revolution bezeichnet worden, dabei habe es 1991 überhaupt keine Revolution gegeben, weder eine liberale noch eine demokratische. Die Emporkömmlinge hätten sich diese Werte einfach auf die Fahnen geschrieben und würden noch heute beteuern, sie seien Revolutionäre gewesen. Nicht einmal in der Bewegung »Demokratisches Russland«, die er mit seinen Gesinnungsgenossen gegründet hatte, stieß Afanassjews Kritik auf mehrheitliche Unterstützung; die Führung der Bewegung setzte auf gute Beziehungen zum Kreml.

1993 ließ Afanassjew seine Hoffnungen auf radikale Veränderungen fahren und zog sich enttäuscht aus der Politik zurück. Was jedoch nicht heißt, dass er verstummte: Bis zu seinem Tod 2015 trat er immer wieder öffentlich auf, um anfangs Jelzin, später Putin heftig zu kritisieren. Obwohl ich ihm grundsätzlich zustimmte, fand ich – zumindest bis Anfang der 2000er-Jahre –, dass Afanassjews Sichtweise zu finster, zu pessimistisch war. Im Rückblick muss ich ihm leider recht geben. Auf Putins berühmte Aussage 2005, der Zerfall der Sowjetunion sei »die größte geopolitische Katastrophe des 20. Jahrhunderts«, erwiderte Afanassjew treffend: »Die geopolitische Katastrophe ist keineswegs, dass die Sowjetunion zerfallen ist, sondern dass sie den Sprung in die Zivilisation verpasst hat und als selbstherrliches, aggressives russisches Imperium fortbesteht.«[3]

Seine Worte könnten angesichts des großen Krieges in der Ukraine aktueller nicht sein. Dazu passt ein weiteres Zitat: »Russland ist noch unberechenbarer und somit noch gefährlicher geworden. Am gefährlichsten für Russland und sein Umfeld sind die Versuche seiner Machthaber, Rudimente aus der Vergangenheit in die Zukunft mitzuschleppen.«[4]

Trotz dieser prophetischen Worte und trotz seiner Bedeutung für die Perestroika wäre Afanassjew in Vergessenheit geraten, hätte er nicht 1991 das Moskauer Staatliche Institut für Geschichte und Archivwesen zur Russischen Staatlichen Geisteswissenschaftlichen Universität (RGGU) umgebildet und bis 2006 geleitet. Die Eröffnung einer Universität für Geisteswissenschaften war ein Meilenstein der Perestroika, und in den Neunzigern war die RGGU auf diesem Gebiet Russlands modernste und beliebteste Hochschule. Sogar Afanassjew, der von der Politik so enttäuscht gewesen war, hatte Anfang des Jahrzehnts noch Hoffnung in Bildung und Aufklärung gesetzt.

Die neue Universität: Höhenflug und Fall

Das sowjetische Bildungssystem war vor allem auf dem Gebiet der Humanwissenschaften reformbedürftig, nicht nur in ideologischer Hinsicht. Es war hoffnungslos veraltet, die Lehre befand sich generell auf sehr niedrigem Niveau. Ich habe meine Erfahrungen dazu seinerzeit an der MGU (Staatliche Lomonossow-Universität Moskau) gemacht. Die Atmosphäre war so verstaubt, der Unterricht mit wenigen Ausnahmen von so dürftiger Qualität, dass er abgesehen von den Hausarbeiten, die zu schreiben waren, und den langen Literaturlisten zur Prüfungsvorbereitung, die reinste Zeitverschwendung war. Ich kann mich an keine einzige wirklich interessante Vorlesung oder ein auch nur irgendwie spannendes Seminar erinnern. Die jahrzehntelangen Säuberungen und die Filterung des Personals nach Herkunft und Lebenslauf hatten fatale Auswirkungen. Bis weit in die Achtziger war es nicht besser geworden. Die Zeit für eine neue, moderne Hochschule für Geisteswissenschaften war überreif.

Afanassjew brachte den Stein ins Rollen. Reihenweise wurden neue Fakultäten eröffnet, ein Zentrum für Oral History entstand, man knüpfte enge Kontakte zu Universitäten und wissenschaftlichen Instituten im Ausland. Dass der Ausgangspunkt für die RGGU das Institut für Geschichte und Archivwesen war, spielte ebenfalls eine Rolle, da Archive, vor allem geheime Archive, damals die Gesellschaft brennend interessierten – als Möglichkeit, zum ersten Mal in die Gemächer der Vergangenheit zu spähen. Der Beruf des Archivars, der zu Sowjetzeiten fast anachronistisch anmutete, war plötzlich sehr in Mode.

Meine erste öffentliche Vorlesung zum Gedenken an den Gulag hielt ich bei Afanassjew, noch am Vorläufer-Institut der RGGU. Eine Frage, die mir ein Student dort stellte, werde ich nie vergessen: ob ich überhaupt jemals einen echten Stalinisten gesehen hätte. Neben dieser jungen Generation kam ich mir vor wie ein Fossil. Was für ein Glück, dachte ich, dass ich die heutige Zeit noch erleben darf! Aber das entpuppte sich als Illusion – gut zehn Jahre später geisterte Stalin wieder durch die Köpfe, und meine Antwort auf obige Frage hätte ganz anders gelautet.

An Afanassjews Universität unterrichteten und forschten Menschen, denen früher aus verschiedenen Gründen der Zugang zu den Hochschulen verwehrt gewesen war. Die RGGU war für damalige Verhältnisse sehr gut ausgestattet. Einige ihrer Räume nutzte das Puschkin-Museum für bildende Kunst als Standort und stellte dort hervorragende Kopien antiker Statuen aus. Um das alles unter den Bedingungen der Neunziger, in denen es nicht einmal in Moskau Geld für Bildung gab, auf die Beine zu stellen, brauchte man Kraft und Willensstärke. Juri Afanassjew hatte zweifellos beides.

Das Gebäude, in dem die neue Universität untergebracht war, hatte eine lange Geschichte. Alfons Schanjawski, Generalmajor und wohlhabender Unternehmer, hatte kurz vor seinem Tod den Stadtoberen eine große Summe Geld vermacht, damit diese eine »Volksuniversität« errichteten, eine Lehranstalt, deren Türen ausnahmslos allen offen stehen sollten, die sich bilden wollten. Die Eröffnung der Universität 1908 und den Umzug in ein neues Gebäude am Miussy-Platz im Jahr 1912 erlebte der Mäzen nicht mehr. Nach der Revolution hielt hier die Hochschule des Zentralkomitees der KPdSU Einzug, die den Mauern einen unverwüstlichen sowjetischen Atem einhauchte. Als 1991 der Augustputsch scheiterte und Jelzin die KPdSU auflöste, wurde das Gebäude der humanwissenschaftlichen Universität zugesprochen. Nun musste der imposante Komplex im Zentrum Moskaus demokratisiert und liberalisiert werden.

Im Rückblick denke ich, dass dies deshalb so zäh vonstattenging, weil sich damals einfach keine freie studentische Kultur entwickeln konnte, obwohl es durchaus viele kluge, modern denkende Studierende gab. Allen Traditionen des freien Studentenlebens hatte die Sowjetregierung schon in den 1920er-Jahren ein Ende gesetzt, und das wirkte bis zur Perestroika nach – die Jugend spielte darin eine erstaunlich marginale Rolle. Und als sie Jahre später, 2010, doch begann, aktiv zu demonstrieren, in Zelten zu campieren und Alexej Nawalny zu unterstützen, griff der Staat mit voller Härte durch.

In den 1990ern sah ich fassungslos zu, wie dieses Gebäude wieder der Geist der sowjetischen Obrigkeitshörigkeit erfasste und rund um Afanassjew eine Art Kult betrieben wurde, als wäre er ein hochrangiger Sowjetfunktionär. Überall hingen Porträts von ihm, sein Name stand in allen universitären Publikationen, sogar eine gewisse Atmosphäre der Angst schien ihn zu umwehen. Mehr und mehr umgab er sich mit unterwürfigen, einschmeichelnden Gestalten, die irgendwie suspekt wirkten. Afanassjews Empfangsgemächer nahmen fast ein ganzes Stockwerk ein. Die Sekretärin saß auf einem sehr hohen Ross, und sich bei ihr zu einer Audienz beim Rektor anzumelden, war ein Vollzeitjob. Zur Chefetage führte ein eigener Aufzug, den nur der Chef höchstselbst benutzen durfte. Afanassjews Büro war riesig, und man musste lange über eine rote Teppichbahn laufen, bis man ihm endlich gegenüberstand. Ein krasser Kontrast zur schäbigen Mensa mit ihren hässlichen Tischen und dem grauenhaften Essen.

Mit dem Beginn des neuen Jahrtausends wurde die finanzielle Lage für die neuen liberalen Universitäten zunehmend schwieriger, auch für Afanassjew. Nach langen Verhandlungen ließ er sich auf eine Unterstützung durch Michail Chodorkowskis Stiftung »Otkrytaja Rossija« (dt. »Offenes Russland«) ein, die damals als einzige verschiedenste Projekte und Modernisierungsmaßnahmen im Bildungsbereich förderte. Von kremltreuen Ideologen hagelte es Anzeigen und Beschwerden: »Offenes Russland« habe die Verbreitung einer »ideologischen Alternative zu Putin« zum Ziel. Dann wurde Michail Chodorkowski verhaftet, sein Ölkonzern Yukos zerschlagen, und als »Offenes Russland« 2006 liquidiert wurde, waren die großzügigen Förderpläne für die RGGU dahin.

2005 übte Afanassjew noch öffentlich Kritik an Putin, warf ihm die »Zerstörung der Politik im Land« sowie eine »Konzentration der gesamten Verwaltungs- und Finanzmacht auf einen engen Kreis« vor.[5] Ein Jahr später räumte er resigniert seinen Posten als Präsident der RGGU. Die Luft an der Universität wurde dünner und dünner: Lehrende wurden entlassen, Studierende, die an Protesten teilnahmen, unter Druck gesetzt. Heute findet sich auf der Website der Universität im Text zu ihrer Geschichte kein Wort zu Juri Afanassjew. Doch damit nicht genug – Ende 2023 wurde an der RGGU die Politische Iwan-Iljin-Hochschule gegründet, an der vor allem Lehrer ausgebildet werden sollen.

Ihr Direktor ist der ultrakonservative Philosoph Alexander Dugin, ein besessener Fanatiker, der »die Bildungsparadigmen kontrollieren« will, um »die westliche Okkupation mit liberalen Ideologien« zu bekämpfen und »die Bildung in Russland in Einklang zu bringen mit traditionellen geistig-moralischen Werten«.[6] Dugin fügt sich äußerst organisch in die putinsche postmoderne Ideologie ein. Sein Gedankengut ist ein wildes Sammelsurium von aus dem Kontext gerissenen Zitaten aus links- und rechtsextremen Quellen gleichermaßen. Die Gründung der Iwan-Iljin-Hochschule rief eine Welle von Empörung hervor, eine Onlinepetition sammelte fast 20 000 Unterschriften. Aus Sicht des Direktors ein Werk des ukrainischen Geheimdienstes.

Dugin hat aus seiner Haltung Liberalen gegenüber nie einen Hehl gemacht. Ungefähr 2012 wurde ich noch zu Talkshows im Fernsehen zum Thema Stalinismus und Erinnerung daran eingeladen. Im *TW Zentr*, einem Fernsehsender der Stadt Moskau, lief die Talkshow »Prawo golossa« (dt. »Stimmrecht«), deren Moderator der Fernsehjournalist Roman Babajan war. Dugin war dort einmal einer meiner Opponenten. Nach einer Hasstirade gegen Liberale, die lauter Verräter seien, fragte ich ihn: »Was würden Sie denn gerne mit uns machen?« Ohne lange zu überlegen, sagte er: »Beseitigen!« So etwas habe ich damals einfach als provokative Äußerung eines verrückten Philosophen abgetan.

Als ich nun Ende der Neunziger nachdachte, in welchem Rahmen der Schülerwettbewerb stattfinden sollte, konnte ich nicht ahnen, welche Richtung diese Universität und mit ihr der ganze Wissenschaftsbereich in den folgenden Jahren nehmen würde, wie konsequent der liberale Geist vertrieben wurde.

Im Rückblick erscheint es mir wie eine glückliche Fügung, dass ich damals mit meiner Idee einen anderen Weg gewählt habe. Sicher, ich mochte den Kult um Afanassjew nicht, die obrigkeitshörigen, duckmäuserischen Leute, die er mit der Zeit um sich scharte, aber ich schätzte seinen Einsatz für Bildung und seine Kritik am Umgang mit dem Stalinismus, der mangelnden Aufarbeitung. Gleichwohl war die Arbeit mit staatlichen Strukturen nach wie vor mit einem ungeheuren bürokratischen Aufwand und Kontrolle von oben verbunden. Dadurch würde die Unabhängigkeit des Projekts gefährdet. Zudem wollte ich nicht, dass die Schüler ihre Teilnahme an dem Wettbewerb als Trittbrett für die Aufnahme an der Universität begriffen.

Als einzige vom Staat völlig unabhängige Organisation kam daher nur Memorial infrage. Also wandte ich mich mit meiner Idee an einen der Mitbegründer. Arseni Roginski entstammte einer Familie, die zur Leningrader Intelligenzia gehört hatte. Sein Vater, ein Ingenieur, war 1938 verhaftet und in den Gulag verbracht worden, Arseni selbst wurde 1946 nach der Entlassung seines Vaters in der Verbannung geboren, in Welks, in der Oblast Archangelsk in Nordwestrussland. Später wurde sein Vater erneut verhaftet und starb im Gefängnis. Arseni, oder Senja, wie seine Freunde und ich ihn nannten, schloss sein Studium an der Universität in Tartu ab und wurde Philologe. Er arbeitete als Lehrer in einer Schule und begann bereits in den 1970er-Jahren, Materialien über politische Repressionen zu sammeln und im Westen zu veröffentlichen.

Nach Drohungen des KGB und mehreren Hausdurchsuchungen wurde er 1981 verhaftet und zu vier Jahren Lagerhaft verurteilt. Als er vier Jahre später freigelassen wurde, spielte er eine entscheidende Rolle bei der Gründung von Memorial. Ich hatte in den Achtzigern von ihm gehört, aber persönlich kennengelernt habe ich ihn erst Anfang 1988, als Memorial entstand.

Senja erwies sich als ausgezeichneter Organisator, aber vor allem – und das war für mich besonders wichtig – als leidenschaftlicher Historiker und Archivar. Dank ihm wurde Memorial nicht nur eine Aktivistenorganisation, sondern auch ein Forschungs- und Archivzentrum. Er starb 2017 an Krebs, und seitdem haben alle bei Memorial sein Fehlen schmerzlich gespürt. Und immer wieder haben wir versucht, uns vorzustellen, wie er sich unter den zunehmend schwierigen Umständen, mit denen wir in den Jahren nach seinem Tod konfrontiert waren, verhalten hätte.

Als ich damals mit meiner Idee zu ihm kam, war er sehr angetan und meinte, dass wir es versuchen sollten. In Russland gab es inzwischen Dutzende Memorial-Organisationen, große und kleine, und wir rechneten mit großem Zuspruch. Aus dem einfachen Grund, dass die Mehrheit dieser Organisationen von Repressionsopfern oder ihren Kindern gegründet worden waren. So war eine Art Veteranen-Netzwerk entstanden, freilich mit dem wichtigen Unterschied zu den Kriegsveteranen, dass die Behörden die Tätigkeit dieser Erinnerungs-Veteranen in vielen Regionen ganz und gar nicht unterstützten. Junge Aktivisten gab es kaum, nicht einmal unter Studierenden, geschweige denn unter Schülern. So etwas Simples wie ein Geschichtswettbewerb konnte also auch frischen Wind in Memorial hineinbringen.

Im Mittelpunkt stand der Gedanke, diesen Wettbewerb möglichst breit und demokratisch aufzuziehen. Ohne verpflichtende Bindung an bestimmte Schulen oder Lehrer, sodass alle zwischen vierzehn und achtzehn Jahren teilnehmen konnten. Auch das Thema wollten wir sehr weit fassen: Die Beteiligung von Memorial sollte nicht automatisch nahelegen, dass man über politische Repressionen schreiben müsse. Deswegen lautete die Ausschreibung lediglich: »Der Mensch in der Geschichte. Russland im 20. Jahrhundert«.

Der sowjetische Staat hatte Opfer der Repressionen und die Erinnerung an sie ausgelöscht, und wir wollten sie in die Geschichte zurückholen. Wir hatten kaum eine Vorstellung davon, was junge Menschen in der russischen Provinz über die länger zurückliegende Vergangenheit dachten und was über die »schwindende Sowjetunion«; klar war nur, dass sie selbst in einer sehr widersprüchlichen historischen Phase lebten. Wir wollten sie dazu anregen, das sowjetische Leben besser zu verstehen, indem sie zu einem selbst gewählten Thema innerhalb des breit gesteckten Rahmens der Ausschreibung Material sammelten, Zeugen befragten, in Archiven stöberten und alte Zeitungen lasen. Indem sie eigenständig forschten und versuchten, Fakten einzuordnen und Antworten auf ihre Fragen zu finden. Formal hatten die Teilnehmenden alle Freiheiten, solange sie nur historische Quellen befragten und die Arbeit rund um eine konkrete Person und ihr Schicksal aufbauten.

Nachdem meine Idee bei Memorial auf fruchtbaren Boden gefallen war, brauchten wir nur noch eine Finanzierung. Zumindest ein Reisebudget, damit sich die Gewinner in Moskau ihre wie auch immer gearteten Preise abholen könnten. Doch egal, an wen wir uns wandten, es war uns nicht möglich, irgendwo in Russland einen Sponsor zu finden. Keiner konnte sich für unsere Idee erwärmen, alle sahen uns nur gelangweilt an. Außerdem machten manche potenziellen Geldgeber, bei denen wirklich viel zu holen gewesen wäre, einen zweifelhaften Eindruck auf uns. Schließlich gelang es uns, eine kleine Spende aus westlichen Stiftungen zu verbuchen, ohne deren finanzielle Hilfe Memorial auch ohne Wettbewerb nicht überlebt hätte. Jahrelang unterstützten uns etwa die Heinrich-Böll-Stiftung, die Ford-Stiftung, später auch die Körber- und die Friedrich-Naumann-Stiftung sowie die Stiftung »Erinnerung, Verantwortung und Zukunft«.

Die Episode rund um die Finanzierung des Schülerwettbewerbs

zeigt sehr anschaulich, was für ein marginales Thema Erinnerung für das »neue« Geld spielte. Eine Kultur des Gedenkens zu unterstützen, dazu waren damals nur ausländische Stiftungen bereit, die in den Neunzigern ins Land gekommen waren. Das führte 2002 zu einer amüsanten Begebenheit: Ein Lehrer aus der Schule der deutschen Botschaft in Moskau rief mich an und wollte mit den höheren Klassen Memorial besuchen. Ich möge ihnen doch bitte von unserer Arbeit erzählen. Ich sagte zu, und kurz darauf standen rund zwanzig Teenager mitsamt ihrem Lehrer bei uns in der Maly-Karetny-Gasse. Es war eine ziemliche Herausforderung, denn die Platzverhältnisse bei Memorial waren bescheiden, in den Büros, die bis obenhin mit unserem Archivmaterial und Büchern vollgestopft waren, saßen vier bis sechs Kolleginnen vor vorsintflutlichen Rechnern, die den halben Tisch einnahmen.

Die Schüler, viele aus deutschen Diplomatenfamilien, waren nett und interessiert, stellten allerlei Fragen. Als wir so bereits eine Viertelstunde zusammen verbracht hatten, machte ein unbekannter Mann die Tür auf, kam aber nicht selbst herein, sondern ließ ein erwachsen wirkendes blondes Mädchen eintreten, das dem Lehrer zunickte und sich ohne Entschuldigung für die Verspätung zu den anderen setzte. Wenn das nicht unverschämt war … Doch wir redeten weiter, sprachen über Erinnerungen an Repressionen, über Archive, ich erzählte vom Schicksal der Überlebenden des Gulag.

Als ein Schüler fragte, wie sich Memorial finanziere, erzählte ich von der Heinrich-Böll-Stiftung und warum gerade die deutschen Stiftungen unsere Arbeit so wichtig fanden. Da hob dieses Mädchen die Hand und fragte mit provokantem Unterton, warum uns denn nicht der Staat unterstütze?

Worauf ich ihr ziemlich brüsk antwortete, dass unser Staat dieses Thema nicht wichtig nehme und obendrein zur sowjetischen Symbolik zurückkehre. Und dass der russischen Regierung menschenrechtliches Engagement leider ein Dorn im Auge sei, was ich anhand der Dokumentation von Kriegsverbrechen in Tschetschenien durch Memorial illustrierte.

Bald darauf verabschiedete sich die Gruppe. Der Lehrer blieb noch einen Moment bei mir stehen und sagte: »Entschuldigen Sie bitte, aber das war Marija Putina. Sie kommt immer verspätet und in Begleitung eines Leibwächters.« Mir stand vor Staunen der Mund offen, ich sagte nur: »Wieso haben Sie uns nicht gewarnt?« Worauf er erklärte, dies sei ihm untersagt.

Natürlich erzählte ich sofort allen bei Memorial, dass wir gerade Putins Tochter im Haus gehabt und ich vor ihr über die Politik ihres Vaters gewettert hätte. Wenn das bis zu ihrem Papa durchdringe, dann habe das womöglich Konsequenzen. Doch die Zeiten waren noch andere, und als ein Kollege scherzhaft bedauerte, dass wir diese Sensation leider nicht an deutsche Medien verkaufen können: »Putins Tochter erfährt bei Memorial die Wahrheit über den Gulag«, mussten wir alle sehr lachen.

Den ersten Wettbewerb schrieben wir Anfang 1999 aus, vollkommen im Unklaren darüber, auf welche Resonanz wir stoßen würden. Denn auch in dieser noch verhältnismäßig liberalen Zeit verweigerten Radio und Fernsehen eine Unterstützung oder forderten für derlei »Werbung«, wie sie es nannten, Unsummen. Auf dem Land steckte das Computerzeitalter noch in den Kinderschuhen, soziale Netzwerke gab es nicht. Wir konnten lediglich auf die Hilfe von Memorial und auf uns bekanntes Lehrerpersonal zählen. Das Größte, was wir hinbekamen, war eine kleine Anzeige in der *Utschitelskaja gaseta,* der Lehrerzeitung.

Als Abgabefrist für die Beiträge legten wir den 10. Januar 2000 fest. Zweihundert, dreihundert Einsendungen, auf mehr wagten wir nicht zu hoffen. Und auch diese Zahl würden wir nur erreichen können, wenn engagierte Lehrer ihren Schülern unsere Ausschreibung nahebringen und sie durch Mundpropaganda im Kollegenkreis jenseits der eigenen Schule bekannt machen würden. Wie viele dazu bereit sein würden, sich angesichts der schwierigen Lebenssituation eine »Zusatzaufgabe« aufzubürden, wussten wir nicht. Ihre Gehälter, die ohnehin nie hoch gewesen waren, wurden von Inflation und Krise gefressen und noch dazu ständig mit großen Verzögerungen ausgezahlt. Während man in Großstädten noch die eine oder andere Zuverdienstmöglichkeit finden konnte, war das in der Provinz fast aussichtslos. Die Rettung war, wie immer in Russland, Subsistenzwirtschaft. Man baute Obst und Gemüse an, wo auch immer man einen Flecken Erde fand – im Garten, auf der Datscha, zur Not im Hof –, und kochte es und legte es als Konserven ein.

Hinzu kamen die fundmentalen Umwälzungen im Bildungssystem. In der Sowjetunion waren alle geisteswissenschaftlichen Fächer durch und durch ideologisiert gewesen, und der 1937 unter Stalin verfasste Katechismus für den Geschichtsunterricht, die »Kurze Geschichte der Kommunistischen Partei der Bolschewiken«, bestimmte alle Interpretationen, Methoden und Beurteilungen auf Jahrzehnte hinaus. Die stalinistischen Formulierungen erwiesen sich als unglaublich zählebig.

Meine eigene Einschulung war in die Zeit der ersten Lockerungen gefallen; in den Schulbüchern wurde nach dem XX. Parteitag der KPdSU 1956 Stalins Name durch das Wort »Partei« ersetzt, doch generell blieb der marxistisch-leninistische Blick auf die Geschichte bis zur Perestroika unveränderlich. Historiker hatten es am schwersten. Wer Literaturkunde unterrichtete und sich geschickt anstellte, hatte immerhin etwas mehr Luft. Trotzdem hatte es auch unter Stalins brutalem Regime, als man für jedes treulose Wort mit der Freiheit oder sogar mit dem Leben bezahlen konnte, Lehrer gegeben, die Wege fanden, die starren Regeln zu umgehen.

Hinzu kam, dass im sowjetischen System sowohl unter Stalin als auch später der Beruf des Lehrers zu den am schlechtesten bezahlten gehörte. Was dazu führte, dass sich Schulen wegen Lehrermangels gezwungen sahen, auch Bewerber mit »ungünstigem« Lebenslauf anzustellen (mit einer »schlechten« Nationalität, mit repressierten Verwandten etc.). Also jene Vertreter der Intelligenzija, die an anderen Arbeitsplätzen keine Chance gehabt hätten. Dieser Umstand bestimmte das Leben meiner Mutter, die als Jüdin nach ihrem Universitätsabschluss 1950 nirgendwo Arbeit fand außer als Lehrerin. Sie wurde in Moskau dann später eine der bekanntesten Lehrerinnen für russische Literatur, und es galt als großes Glück, von ihr unterrichtet zu werden. Auch unter den Gründern von Memorial waren Lehrer.

Als die Perestroika begann, standen gerade die Geschichtslehrer vor den größten Problemen. Alles, was sie bisher unterrichtet hatten, war Makulatur oder stürzte Tag für Tag immer weiter in sich zusammen. Im Endeffekt wurde 1988 das Fach Geschichte sogar aus der Abschlussprüfung gestrichen. Bis zum Beginn unseres Wettbewerbs waren seitdem zwar etwas mehr als zehn Jahre vergangen, in denen sich an den russischen Schulen einiges verändert hatte. Es gab neue Lehrpläne für Geschichte und Literatur, neue Lehrbücher, in denen die historischen Ereignisse anders als bisher dargestellt wurden. Die einen waren besser, die anderen schlechter, doch zum ersten Mal seit etlichen Jahrzehnten durften die Lehrer selbst entscheiden, nach welchen Büchern sie unterrichten wollten. Aber wie viele hatten sich wirklich umgestellt? Nutzten sie neue Quellen und erstmals veröffentlichte Dokumente? Konnten sie ihren Schülern die Gründe für den Zerfall der UdSSR und das, was danach geschah, erklären? Tatsächlich sollte uns ein Brief eines Jungen aus einem tatarischen Dorf erreichen, der fragte, ob er überhaupt teilnehmen dürfe – er sei sich nicht sicher, ob Tatarstan noch zu Russland gehöre oder nicht.

Wenn wir den Lehrern bei all diesen Herausforderungen nun auch noch den Wettbewerb aufbürdeten, wollten wir sie wenigstens unterstützen: zum Beispiel mit Seminaren, in denen sie lernten, wie man sich Zugang zu Archiven verschafft und Zeitzeugen findet und wie sie den Jugendlichen in ihren Klassen dabei helfen konnten, mehr über das Schicksal ihrer Angehörigen herauszufinden. Und wir versuchten, Geld aufzutreiben, um ihnen die Reise nach Moskau zu den Schulungen zu finanzieren. Obwohl wir manchmal das Gefühl hatten, dass das nicht genügte, umso erstaunlicher war die Resonanz. Auf einem der ersten Lehrerseminare erzählte eine Teilnehmerin, die vom Ural angereist war: »Ich sagte gleich zu meinem Mann: Die Kaninchen kannst du selber füttern, Kartoffeln graben auch, ich fahre zu einem Seminar nach Moskau!«

Wahrscheinlich lässt sich unser unerwarteter Erfolg dadurch erklären, dass sie plötzlich eine Gelegenheit sahen, aus dem Alltag auszubrechen, etwas Neues zu beginnen, neue Menschen zu sehen, in neuen Büchern zu lesen und schließlich auch nach Moskau zu fahren, wo viele von ihnen seit Jahren nicht gewesen waren. Jedes Jahr kamen Dutzende Lehrer und Lehrerinnen aus ganz Russland zu unserem Wettbewerb, die zu unseren Verbündeten wurden. Sie zeigten nicht nur ihren Schülern, wie man sich Zugang zu Archiven verschafft und Zeitzeugen findet, sondern halfen auch den Nachfahren, Dokumente und Gräber auszuforschen, weil viele absolut nichts vom Schicksal ihrer Angehörigen wussten.

Onkel Petja, der Kalmücke

Je näher der 10. Januar 2000 rückte, umso aufgeregter wurden Oxana, meine einzige Helferin bei diesem Projekt, und ich. Über die Feiertage zum Jahreswechsel warf Jelzins Ankündigung seines Nachfolgers einen dunklen Schatten. Am meisten beunruhigte mich, dass viele Putin für eine durchaus gute Wahl hielten oder beschwichtigend meinten, ich solle keine Panik verbreiten, es könne doch keine Rückkehr in die Vergangenheit mehr geben.

Meine Befürchtungen über den neuen Mann im Kreml rückten in den Hintergrund, als uns Hunderte Einsendungen aus ganz Russland erreichten – es war eine richtige Flut. Die Postboten, die säckeweise Pakete für uns schleppen mussten, begegneten uns mit unverblümtem Groll. Es war Mitte Januar, ein kalter, schneereicher Winter, und die Pakete waren schwer. Wir beschlossen also, sie selbst mit Schlitten vom Postamt abzuholen. Als die eingereichten Arbeiten die Zahl von anderthalbtausend überschritten, waren wir fassungslos. Was mich am meisten überraschte: Ich hatte angenommen, wenn es überhaupt Teilnehmer geben würde, dann kämen sie aus Moskau oder Sankt Petersburg, na ja, vielleicht noch aus ein paar anderen großen Städten. Doch sage und schreibe zwei Drittel der Absender kamen aus Kleinstädten und Dörfern, von denen wir noch nie gehört hatten. Und so sollte es bis zum Schluss bleiben – bis Memorial 2021 liquidiert wurde.

Die ersten Seiten »Geschichte«, die ich aus den Postsäcken zog, werde ich wohl nie vergessen. Die meisten Texte waren handschriftlich verfasst und schwer zu lesen; manche waren auf Schreibmaschinen getippt, die es an den Schulen noch gab, nur sehr wenige am Computer verfasst.

Einer der ersten Briefe, die ich aus den unzähligen Einsendungen herausfischte, war ein Entschuldigungsschreiben: Für die Verspätung, mit der die eigentliche Arbeit eintreffen würde. (Sie kam tatsächlich erst zehn Tage nach Ablauf der Frist bei uns an.) Die einzige Schreibmaschine stand in der benachbarten Schule, zwanzig Kilometer entfernt, und die war wegen des vielen Schnees nicht erreichbar gewesen. Was bei uns eintrudelte, war schon rein äußerlich eine seltsame Mischung. Manche Arbeiten sahen aus, als kämen sie aus einer anderen Zeit, mit hübsch gestalteten Deckblättern und bunten Zierleisten. Manchen waren Gegenstände beigelegt, wie bei einer Einsendung aus der Oblast Pskow über die deutsche Besatzung: ein aus Patronenhülsen gebasteltes Tintenfass aus einer Partisanenschule. Zu unserem Entsetzen waren auch viele alte Fotos dabei, die aus den Familienalben genommen oder herausgerissen worden waren. Später fügten wir sogar unserer Ausschreibung hinzu, dass bitte Kopien eingeschickt und die Familienarchive schadlos gehalten werden sollen.

Manchmal erreichten uns Lebensgeschichten, die schwer einzuordnen oder zu beurteilen waren. Eine solche Geschichte kam aus einer kleinen Dorfschule in Baschkortostan, einer Republik der Russischen Föderation auf der Westseite des Ural.

Dort gab es einen Wächter, den alle Onkel Petja nannten – ein Alleskönner und, so stand es im Text, herzensguter Mensch. Doch hin und wieder versank er in einem Abgrund, nämlich im tagelangen Suff. Er war nicht mehr jung, alleinstehend, und alle wussten, dass er ein Kalmücke war. Die Republik Kalmückien liegt im äußersten Südosten des europäischen Teils von Russland. Ende 1943, nach der Befreiung der autonomen Region, wurden mehr als hunderttausend Kalmücken in den Ural und nach Sibirien deportiert; einer der Gründe war, dass ein kleines Korps von Freiwilligen an der Seite der Deutschen gekämpft hatte. Unzählige starben unter den harten Bedingungen in der Verbannung. 1957 durften die Kalmücken schließlich an die Orte zurückkehren, von denen sie deportiert worden waren. Offiziell rehabilitiert wurden sie erst 1991 im Rahmen des Gesetzes über die Rehabilitierung aller unterdrückten Völker der UdSSR.

Als ganz kleiner Junge hatte Petja durch die Deportation 1944 seine Familie verloren, er war im Kinderheim aufgewachsen, eine Weile herumvagabundiert und schließlich in Baschkortostan gelandet. Im Zuge unseres Wettbewerbs fragte nun eine Lehrerin mit ihrer Klasse bei verschiedenen Stellen an, ob nicht doch irgendwo Verwandte von ihm aufzufinden wären. Petja selbst hatte einen solchen Versuch noch nie unternommen, zu lang war das alles her, und überhaupt – wozu?

Die Suche zog sich hin, blieb lange vergeblich, bis nach vielen Monaten auf einen Brief, den die ausdauernde Lehrerin an die Zeitung *Sowetskaja Kalmykija* geschickt hatte, eine Antwort kam. Plötzlich hatte Onkel Petja eine ältere Schwester. Die beiden schrieben einander Briefe, und dann lud sie ihn zu sich nach Kalmückien ein.

Die Geschichte von der gefundenen Schwester rührte alle im Dorf so sehr, dass sie für Onkel Petjas Fahrtkosten zusammenlegten. Und dann den großen Fehler begingen, ihm diesen Betrag auszuhändigen. Petja hatte solche Angst vor dieser Begegnung, dass er sofort alles versoff, und nicht nur das, er trieb es bis zum Säuferwahn. Bis es ihm wieder gut ging, wachten die Oberstufenschüler abwechselnd an seinem Bett, damit er nicht ausbüxte und verschwand. Dann wurde sogar noch mal Geld gesammelt und Petja in Begleitung der engagierten Lehrerin in den Zug gesetzt. Das Ende der Geschichte war ein Brief von Onkel Petja, der sich zwar mit Mühe, aber doch in der Familie seiner Schwester eingelebt und sogar zu trinken aufgehört hatte.

Unsere Jury diskutierte lange, was wir mit solchen Erzählungen machen sollten, wie wir sie beurteilen sollten. Ganz grundsätzlich hatten wir festgelegt, dass die Wettbewerbsbeiträge mindestens zwölf Seiten umfassen und selbstständig verfasst sein sollten; die Arbeit sollte mit Quellen und Recherchematerial aus Archiven unterfüttert und an ein menschliches Schicksal geknüpft sein, an Erinnerungen oder Interviews, die die Schüler mit den Porträtierten führten. Aber wir ahnten schon, dass noch vieles kommen würde, was diesen gesteckten Rahmen sprengen würde. Schließlich entschieden wir uns für Sonderpreise. In diesem Fall waren es Enzyklopädien über Geschichte, Kunst und Architektur, die wir der Bibliothek der Dorfschule schickten.

Der Dorflehrer – ein russisches Schicksal

Die Lehrer und Lehrerinnen, die wir im Zuge des Wettbewerbs kennenlernten, waren sehr unterschiedlich und kamen aus allen Ecken des riesigen Landes – von Kaliningrad bis Wladiwostok, von Krasnodar bis Archangelsk. Vor allem am Anfang nahmen auch ältere Semester teil, die schon zur Sowjetzeit die Grenzen des Systems ausgetestet, alternative Unterrichtsmethoden angewandt hatten. Es waren sogar solche dabei, die mit dem Dissidententum geliebäugelt hatten und in der Provinz untergetaucht waren. Mit der Perestroika hatten sie in der stickigen Luft der sowjetischen Schule zum ersten Mal den Duft der Freiheit gewittert. Bis 2010 waren sie schlicht aus Altersgründen aus den Schulen verschwunden. Nach und nach stießen auch Junge zu uns, die etwas verändern wollten und sich bemühten, ihren Unterricht innovativ zu gestalten. Doch unter Putin kehrte man zur Instrumentalisierung der Geschichte zurück, die Lehrkräfte wurden dazu angehalten, zur »patriotischen Erziehung der Jugend« beizutragen. Das bedeutete, die hellen Momente unserer Vergangenheit ins Rampenlicht zu rücken und die »schwierigen« Themen auszusparen. Diese Entwicklung erfolgte vor dem Hintergrund einer immer stärkeren Bürokratisierung und Formalisierung der Schulbildung.

Ein besonderer Fall war Nikolai Makarow, Deutschlehrer an einer Schule in der Oblast Woronesch. Nach seinem Studium war er mit der Gruppe der Sowjetischen Streitkräfte (GSSD)* als Dolmetscher nach Deutschland geschickt worden. Als die Perestroika begann, schlug er einen völlig anderen Weg ein. Er kehrte als geschiedener Mann zurück in sein Heimatdorf Kurlak, wohnte bei seiner Mutter und unterrichtete an der Schule, deren Schüler er selbst einst gewesen war. Er wollte in die Fußstapfen seines hochverehrten Lehrers treten, den ein verworrenes Schicksal in den 1930er-Jahren hierher verschlagen und der hier einen Arbeitskreis für Heimatkunde geleitet hatte. Wobei er diese Heimatkunde für die Kinder äußerst kurzweilig und sogar abenteuerlich gestaltete.

Nikolai Makarow machte für die nächste Generation dasselbe

* Als Chruschtschow 1954 die DDR in die »volle Souveränität« entließ und damit die Existenz der sowjetischen Besatzungszone (seit Mai 1945) für beendet erklärte, blieben die Truppen dank eines neuen Abkommens zwar im Land, wurden aber in GSSD umbenannt. Erst 1994 erfolgte der Abzug, den die wiedervereinigte Bundesrepublik finanzierte. Während der friedlichen Proteste, die das Ende der DDR eingeläutet hatten, war eine der größten Sorgen, dass die sowjetischen Kräfte im Land die Demonstrationen niederschlagen könnten.

wie früher sein Lehrer: Er nahm sie mit auf eine spannende Zeitreise durch die Geschichte ihres Dorfes. Die Schüler gruben mit seiner Hilfe aus, was sich unter den »Ruinen des Sozialismus« versteckte (so hieß eines der Projekte). Es ging um Familiengeschichten aus dem frühen 20. Jahrhundert, mit Enteigneten, Verbannten, Hingerichteten und Parteiaktivisten. In fast jedem Haus wurde geforscht und ermittelt. Die Schüler legten einen beeindruckenden Mut an den Tag – immerhin wohnten sie alle im selben Dorf und waren durch nähere und entferntere Verwandtschaften und andere Beziehungen miteinander verbunden. Aus ihren Recherchen in lokalen Archiven und aus den Untersuchungsakten, die sie aushoben, kletterten Kellerleichen, stiegen Geschichten von Denunziation und Verrat hoch, aber auch von Widerstand …

Wir waren sehr beeindruckt davon, wie es ihm gelang, die Schüler in diese komplexe Zeit zu locken und ihnen beizubringen, darüber so zu schreiben, dass die Bewohner ihres Heimatdorfs sowohl als Mitläufer als auch als Opfer gezeigt wurden, aber vor allem als lebendige Menschen.

Einer der dramatischsten Vorfälle war Anfang der 1930er die Verhaftung des Dorfpfarrers gewesen, der alles andere als ein Heiliger war. Nicht nur, dass er trank und Abgaben eintrieb, er hatte 1905 auch die aufständischen Bauern an die Behörden ausgeliefert, die von Nikolaus II. weitergehende Reformen und eine andere Landverteilung forderten. Jahre später hatte er sich mit Händen und Füßen gegen die Schließung der Kirche gewehrt, Gläubigen helfend unter die Arme gegriffen, bis er verhaftet wurde und schließlich im Gulag umkam.

Das ist nur ein Beispiel von den vielen, die uns jedes Jahr aus diesem Dorf zugesandt wurden. Wir gaben sogar einen Sammelband mit Geschichten aus Kurlak heraus. Und Nikolai Makarow setzte zusammen mit seinen Schülern durch, dass auf dem Schulhof den Einwohnern, die dem stalinistischen Terror zum Opfer gefallen waren, ein Denkmal gesetzt wurde. Dann jedoch änderten sich die Zeiten. Erstens wurde das Schulsystem »optimiert«, im Klartext: viele Dorfschulen geschlossen. Eine von Makarows Schülerinnen schrieb uns: »Kürzlich nahmen sie uns die letzte Freude – unsere Schule. Dabei war sie noch gar nicht alt, erst 1990 erbaut. Aber vor drei Jahren beschlossen die Bezirksbehörden auf Befehl des Kreiszentrums (das sicher auf Befehl Moskaus handelte), die Schule zu ›restrukturieren‹. Seitdem ist sie nicht mehr wiederzuerkennen.«

Makarow musste die Schule wechseln. Für ihn war sein Heimatdorf jedoch mehr als nur ein Wohnort und die Erforschung seiner Geschichte ein Lebensziel. In seiner neuen Schule an einem anderen Ort wurde er sofort schräg angesehen – wieso behandelt ein Deutschlehrer im Unterricht historische Themen? Die Auszeichnungen, die er von Memorial in Moskau erhalten hatte, und der publizierte Sammelband über sein Heimatdorf Kurlak weckten nur noch mehr Misstrauen. Je feindlicher Memorial beäugt wurde, das noch dazu ab 2016 als »ausländischer Agent« galt, desto mehr nahmen die regionalen Behörden seine Zusammenarbeit mit uns zum Anlass für Schikanen, bis ihm eines Tages jegliche Tätigkeiten mit Schülern verboten wurden, die über das reine Unterrichten des Lehrstoffs hinausgingen.

Damit entzogen sie einem der besten Lehrer, den ich je gekannt habe, ein Lebenselixier. Ihm blieb die Arznei, die in Russland nie ausgeht: der Alkohol. Als er uns kurz vor der Pandemie in Moskau besuchte, war er mit seinen Schulprojekten, die er trotzdem weiterzuführen versuchte, in den Untergrund abgetaucht. Sein Anblick zerriss uns förmlich das Herz – er richtete sich buchstäblich zugrunde. Dann kam Covid, und wir mussten unseren Austausch mit allen Lehrerinnen und Lehrern im Land auf Videokonferenzen verlegen. 2021 kam Nikolai Makarow unter ungeklärten Umständen bei einem Brand in seinem Haus ums Leben.

Doch all das ereignete sich erst viel später. 2000, als die ersten Einsendungen kamen, musste die ganze Belegschaft von Memorial Moskau alles andere stehen und liegen lassen, weil Oxana und ich allein hinten und vorne nicht zurechtkamen. Wir hatten einen

Monat Zeit, um eineinhalbtausend Einsendungen zu lesen und die besten daraus auszuwählen.

Damals ahnte noch niemand, dass dieser Wettbewerb über zwanzig Jahre fortbestehen und sich zum größten Geschichtswettbewerb Europas mausern würde. Dass die insgesamt 40 000 Arbeiten und zigtausend Teilnehmer eine neue Form der Erinnerung bilden würden – eine Geschichte Russlands, wie sie junge Menschen, die noch die Schulbank drückten, wahrnahmen. Das war Ende 2021 einer der zentralen Vorwürfe, die die Generalstaatsanwaltschaft der Russischen Föderation gegen Memorial erhob und die schließlich zu unserer Liquidierung führten.

Kapitel 5

GEGEN DEN STROM

Ziemlich genau vor fünfundzwanzig Jahren, im Winter 2000, hatten wir alle Hände voll zu tun mit den Einsendungen, die für den ersten Schülerwettbewerb bei Memorial eintrafen. Mit erfrischender Offenheit schrieben die Jugendlichen über die Schicksale ihrer Angehörigen und ihr eigenes Leben. Einige dieser Geschichten begleiten mich bis heute. Etwa der Text eines Jungen über seine Mutter, die als Dolmetscherin für die sowjetischen Truppen nach Afghanistan ging. Er zitierte aus dem Tagebuch, das sie in dieser Zeit führte und ihm anvertraut hatte. So entstand ein bedrückendes Bild eines sinnlosen Krieges, voller Gewalt, von Menschen, die sich aus Verzweiflung in Alkohol und Drogen flüchteten.

Eine Schülerin aus einer Kleinstadt im Norden erzählte uns die tragische Geschichte ihres Mitschülers, der zur Armee einberufen wurde. Zu Beginn des ersten Tschetschenienkriegs wurde er mit seiner Einheit nach Grosny beordert und erlitt eine schwere Kopfverletzung. Wie durch ein Wunder fand ihn seine Mutter im Krankenhaus. Sie holte ihn nach Hause, wo er noch ein paar Jahre im Kreise seiner Familie lebte, gelähmt und stumm. Die Einsendung enthielt Briefe, die er nach seiner Einberufung nach Hause geschickt hatte. Was für eine bittere Armut 1994 doch herrschte. Diese wehrpflichtigen Achtzehnjährigen mussten hungern, waren dürftig gekleidet, dienten schlichtweg als Kanonenfutter. Und wie schwer war es für seine Familie, ihn ohne Geld und ohne Medikamente zu pflegen.

Eine andere Schülerin berichtete von einer Episode aus der Jugendzeit ihres Großvaters. Nach Stalins Tod im Frühling 1953 hielt auf der kleinen Bahnstation im Fernen Osten, wo ihr Großvater lebte, ein Transportzug mit Häftlingen, die per Amnestie aus dem Lager freigekommen waren. Innenminister Lawrenti Berija hatte damit begonnen, einen Plan zur Auflösung des Gulag-Systems umzusetzen, in dem damals 2,5 Millionen Verurteilte inhaftiert waren. In den letzten Jahren vor Stalins Tod hatten in den Lagern Aufstände und blutige Kriege zwischen Kriminellen gewütet, die ihre Kämpfe auch in den Lagern weiterführten. Sie waren die Ersten, die in die Freiheit entlassen wurden – politische Häftlinge blieben hinter Gittern. Immer wenn diese Transportzüge mit Tausenden von Verbrechern an den Bahnhöfen hielten, kam es zu handfesten Übergriffen auf die Bevölkerung samt Plünderungen und Totschlag. Die Milizionäre konnten dagegen nichts ausrichten, sie wurden einfach genauso aus dem Weg geräumt. Die Schülerin beschrieb nur eine einzige Szene, ohne historische Schlüsse oder Bezüge, aber so lebensnah geschildert, dass sie sich mir wie ein grausamer Film ins Gedächtnis einbrannte.

Manche Arbeiten zogen ungewöhnliche, fast literarische Quellen heran, etwa einen in noch kindlicher Handschrift verfassten Tagebucheintrag in einem Schulheft, der vom Urgroßvater der Wettbewerbsteilnehmerin stammte.

Er handelte von der ersten Liebe dieses jungen Mannes zu Beginn der 1920er-Jahre. Der Kommunist aus einer Arbeiterfamilie hatte sich in ein Mädchen aus einer höheren Gesellschaftsschicht verliebt – eine Adelige, die das Gymnasium abgeschlossen hatte. Schauplatz war eine kleine Stadt im Ural während des schrecklichen Hungers 1921. Mehr als drei Jahre lang hatte eine Dürreperiode die Getreideernte zwischen Wolga und Don vernichtet, Millionen Menschen waren vom Tod bedroht. Obwohl sie ihn nicht liebte, nahm sie seinen Heiratsantrag aus der Not heraus an: Er war nämlich von den sowjetischen Behörden dazu befugt, die Lebensmittel, die vornehmlich über amerikanische Hilfsorganisationen ins Land kamen, an die örtliche Bevölkerung zu verteilen. Bald entdeckte er, dass seine Frau heimlich Lebensmittel an Verhungernde weitergab. Weil ihm, wäre das publik geworden, ein Tribunal drohte, verbot er ihr, den entkräfteten Menschen zu helfen. Manche von ihnen starben noch am Eingang zum Warenlager. Seine Frau beging daraufhin Selbstmord, ganz wie in Dostojewskis Erzählung »Die Sanfte«. In einem Nachtrag zum Tagebuch schrieb der Verfasser, dass er sich vor Verzweiflung beinahe eine Kugel in den Kopf gejagt, aber im letzten Moment besonnen hätte. Er machte Karriere, entkam den Repressionen der 1930er-Jahre, heiratete noch einmal und gründete eine Familie.

Bemerkenswert war, dass man diese Notizen, die die Familie zwar aufbewahrt, aber womöglich nie gelesen hatte, diesem Mädchen von gerade einmal dreizehn Jahren anvertraute und ihm erlaubte, sie zum Wettbewerb einzuschicken. Die Offenheit, mit der die Erwachsenen plötzlich Teenagern ihre Familiengeheimnisse weitergaben, manchmal auch aus Unkenntnis der Details, verblüffte mich.

Neben solchen Erinnerungsfragmenten schickte man uns auch umfangreiche Familiensagas, mit endlosen Aufzählungen von Namen. Ehrlich gesagt lasen sie sich eher wie Telefonbücher und waren nicht sehr aufregend, wobei dahinter natürlich der sehr nachvollziehbare Wunsch stand, die eigenen Genealogien wiederherzustellen. Es waren keine Ahnentafeln, die mehrere Jahrhunderte zurückgingen und die Bewohner von Palästen und Gutshöfen auflisteten, obwohl es vereinzelt auch solche gab, vor allem aus Sankt Petersburger Adelsgeschlechtern. Die Nachfahren hatten auf wundersame Weise Revolution und Terror überlebt. Doch die überwiegende Mehrheit unserer Teilnehmer kam aus ganz gewöhnlichen Familien, die ihre Ahnenreihe nicht besonders weit zurückverfolgen konnten.

In der Regel wiesen selbst diese Stammbäume und Biografien des 20. Jahrhunderts derart viele Lücken und Verzerrungen auf, dass es nur verständlich war, wenn jemand endlich die Wahrheit erfahren wollte und sich fragte: »Wer waren meine Vorfahren und wie lebten sie?« Für die junge Generation war es unvorstellbar, dass es unter der Sowjetregierung besser sein konnte, überhaupt keine Verwandten zu haben, weil überall Gefahren lauerten – mal war die Abstammung ungünstig, mal die Nationalität. Es konnte genauso gefährlich sein, einen »falschen« Verwandten in der Familie zu haben, wie selbst an etwas beteiligt zu sein, das der Sowjetmacht verdächtig vorkam. Um der Gefahr zu entgehen, hatten Menschen ihre Namen und ihre Nationalitäten gewechselt, Geburtsjahre verändert, Verwandtschaften verschleiert, Dokumente vernichtetet, Gesichter auf Familienfotos übermalt oder ausgeschnitten.

Wenn ich durch die Sammelbände mit den Arbeiten blättere, die wir ein Vierteljahrhundert lang Jahr für Jahr veröffentlicht haben, stoße ich immer wieder auf ähnliche Aussagen: »Die Informationslage zu diesem Zeitabschnitt unserer Familiengeschichte ist sehr dürftig. Ich glaube, in meiner Familie wurde das Thema ausgespart, weil die Erinnerungen zu schmerzhaft waren. Enteignungen und Verbannungen galten außerdem als Schande für die ganze Familie.«

Und noch eine Stelle: »Ihr Leben lang hielt Anna Wassiljewna jene schrecklichen Ereignisse geheim, die sie in ihrer Jugend erleben musste. Erst kurz vor ihrem Tod hat sie endlich ihrer Tochter davon erzählt.«

Und weiter: »Viele Sowjetbürger kamen in den Gefängnissen und Lagern des NKWD um. Die Angehörigen der Toten und Verschollenen kennen bis heute weder die ganze schreckliche Wahrheit über das Schicksal ihrer Liebsten noch haben sie einen Ort, an dem sie ihren sterblichen Überresten die Ehre erweisen könnten.«

Auch das war typisch: »Ich wollte jene tragischen Ereignisse verstehen, die meine Verwandten zu ›Volksfeinden‹ gemacht hatten, einen von ihnen das Leben gekostet und den anderen die Verbannung eingebracht hatte. Wie furchtbar, wenn man sich überlegt, dass man noch vor zwanzig Jahren nicht darüber sprechen und schon gar nicht nach den Gründen fragen durfte. Meine Großmutter sagt, in Familien, die von Repressionen betroffen waren, redete man nicht über die Opfer, als ob man sie aus dem Gedächtnis streichen wollte.«

Die Jugendlichen wurden von dem Wunsch getrieben, die Wahrheit zu erfahren, die jahrelangen Ängste, die auf ihren Familien lasteten, zu ergründen und hinter sich zu lassen. Die Eltern, die ihre Kinder bei der Suche unterstützten, sahen darin eine Möglichkeit, zu ihren Wurzeln und ihrer Identität zurückzufinden. Die ältere Generation hatte sich aus Selbstschutz jahrelang hinter der Fassade eines künstlich erschaffenen Sowjetmenschen versteckt gehalten. Doch diese Fassade hatte Anfang der 1990er-Jahre zu bröckeln begonnen, und unser Wettbewerb war der beste Beweis dafür.

Stalins Kochbuch

Im Rückblick wird mir klar, dass mit den eingesandten Arbeiten und den Sammelbänden mit den Texten gewissermaßen eine Enzyklopädie des Landlebens in Russland entstanden ist. Seltsam, dass mir das erst so spät bewusst wurde, dabei lag es doch auf der Hand: Anfang des 20. Jahrhunderts lebten achtzig Prozent der russischen Bevölkerung auf dem Land, und genau das bildeten die eingereichten Familiengeschichten ab. Wir wurden sozusagen aus unserer Blase des urbanen historischen Gedächtnisses gestoßen.

Für die Bauern war die zentrale Katastrophe nicht wie für die Stadtbevölkerung der Große Terror von 1937/38. Sondern die Kollektivierung der Landwirtschaft und damit die Welle der Enteignungen, die sogenannte Entkulakisierung neun Jahre zuvor, sowie die verheerende Hungersnot, die daraufhin grassierte. Von der

Gründung der Sowjetunion am 30. Dezember 1922 bis in die frühen 1950er-Jahre hinein regierte »Zar Hunger«, der Millionen Menschen das Leben kostete. Schwerste Not herrschte 1921 nach dem Bürgerkrieg und während des Zweiten Weltkriegs, als im von der deutschen Wehrmacht belagerten Leningrad weit über eine Million Menschen verhungerten, sowie 1946 in Südrussland.

Aus den Tausenden Geschichten, die ich im Laufe der fünfundzwanzig Jahre unseres Wettbewerbs las und die ausführlich um das Thema Hunger kreisten, könnte man ein makabres Kochbuch mit Hungerrezepten aus der ersten Hälfte des 20. Jahrhunderts in der Sowjetunion zusammenstellen – einen Gegenpol zu Stalins berühmtem »Buch von der schmackhaften und gesunden Nahrung« mit Tipps zur gesunden Ernährung und Kochrezepten, das 1939 erstmals veröffentlicht wurde, nur sechs Jahre nach dem Holodomor in der Ukraine. Es erschien in millionenfacher Auflage mit zahlreichen Neuauflagen und war in den Städten so gut wie in jedem Haushalt vorhanden. Als Kind blätterte ich selbst gern darin, wegen der hübschen Bilder von festlich gedeckten Tafeln samt Kristallgläsern, gestärkten Servietten, Kaviar, Früchten und Sekt.

Eröffnet wurde das Buch mit der Losung: »Auf die sozialistische Reichhaltigkeit«, und einem Zitat von Stalin über das herrliche sowjetische Leben: »Um ein gutes und fröhliches Leben zu führen, muss das Wohl der politischen Freiheit von materiellem Wohl ergänzt werden. Eine charakteristische Besonderheit unserer Revolution ist, dass sie dem Volk nicht nur die Freiheit gebracht hat, sondern auch materiellen Wohlstand und obendrein die Möglichkeit zu einem erfüllten kulturellen Leben.«

Ferner wurde verkündet, dass es nur in der Sowjetunion, im Land des siegreichen Sozialismus, keinen Hunger, keine Mangelernährung und keine Armut gebe und dass ein Bürger des Landes der Sowjets keine Sorge um den morgigen Tag kenne. Hunger und Mangelernährung seien finstere Begleiter des Kapitalismus, denn ein hungriges, unterernährtes Dasein der überwiegenden Mehrheit der Arbeiterschaft sei das brutale Gesetz dieses Gesellschaftsmodells. Die Welt des Kapitalismus mit ihrer Spaltung der Menschheit in Reiche und Arme, in Satte und Hungrige, sei unfähig, Probleme der Ernährung des Volkes zu lösen, so Stalin in diesem Buch.[1]

Unsere Memorial-Rezeptsammlung würde da ganz anders aussehen. Im Brief eines Schülers heißt es: »Die Menschen waren aufgedunsen. Sie sammelten Sauerampfer, den sie trockneten und zerrieben. Oder Eicheln, die sie mahlten. Auch Melden pflückten sie. Daraus [aus dem Mehl der Eicheln sowie den gemahlenen Meldentrieben, dem sogenannten Grünmehl] buken sie Brot. Schon vor dem Krieg hatten sie sich nie satt essen können, und dann griffen die Faschisten an, und es wurde noch schwerer. Mit Kartoffeln wurde gespart, die kochten sie mitsamt der Schale, nur um ja nichts zu vergeuden. Aus Melden machte man Suppenpulver. Auch Wurzeln wurden gegessen und vor allem im Frühling allerlei Gräser gesammelt. Die Kinder hatten aufgeblähte Bäuche, aber sie gingen zur Arbeit: Jedes Kind hatte in der Kolchose seine Aufgabe. Sechs- oder siebenjährige Kinder mussten Wasserfässer ziehen.«

Viele Eltern versuchten, ihre Kinder in die Stadt zu schicken, damit sie dort in ein Kinderheim kämen und so vor dem Hungertod bewahrt würden. Doch auf den Bahnsteigen standen Wachleute, die die Hungernden nicht durchließen.

Erinnerungen an den Hunger sind immer furchtbar, auch wenn sie von Erwachsenen erzählt werden. Der einzige Trost war, dass die Geschichten, die die Schüler für uns aufschrieben, von ihren Großeltern stammten, sie also durch einen glücklichen Zufall überlebt haben mussten. Zum Beispiel, weil die Geheimpolizei, die den Bauern im Zuge der Kollektivierung alles wegnahm und sie damit zum Hungertod verdammte, den versteckten Vorrat nicht fand: »Aus der Erinnerung von Verwandten: 1933 war der Hunger groß. Bei uns auf dem Schüttboden hatten sie das Getreide sogar mit dem Besen leer gefegt. Das waren keine von hier, sondern Auswärtige, eine Spezialeinheit. Wir hatten einen großen Teekessel, der an die fünf Liter fasste. Mutter schüttete Getreide hinein, hoffte, es so verstecken zu können. Ein Soldat entdeckte diesen Vorrat. Aber er hatte Mitleid, als er uns Kinder sah. Er sagte, wir sollten Schnee holen und obendrauf legen, damit es so aussah, als wollten wir Teewasser aufsetzen. Das machte Vater. So wurde das Getreide nicht gefunden. Wir waren gerettet!«

Der lange Schatten der Angst

Wenn ich an das Bild des russischen Lebens zurückdenke, das sich in den ersten zehn Jahren unseres Wettbewerbs vor uns ausbreitete, dann sehe ich eine endlose Kette von tragischen Erzählungen über die Schicksale mehrerer Generationen, die schwersten Entbehrungen ausgesetzt waren. Kaum eine Familiengeschichte kam ohne den sprichwörtlichen Bettelsack, ohne Gefängnis und ohne Krieg aus. Wer seine Familiengeschichte aus den Puzzleteilen rekonstruieren wollte, musste zudem zahllose Hindernisse überwinden: nicht nur unzählige Briefe an Archive schreiben, sondern überhaupt erst herausfinden, wohin sich wenden. Das Internet steckte in den Kinderschuhen; man musste Zeitzeugen befragen, persönlich hinfahren, jeder noch so aussichtslosen Spur nachgehen. All das kostete Zeit und Kraft und nicht zuletzt Geld, das in den meisten Familien fehlte.

Die Jugendlichen leisteten enorme Arbeit, um das wiederherzustellen, was ihre Vorfahren über Jahrzehnte aus dem Familiengedächtnis verdrängt hatten. Zumal die materiellen Spuren sehr dürftig waren, denn was hätten Gulag-Häftlinge, deportierte Bauern und ganze Völker, die im Krieg evakuiert oder zur Zwangsarbeit nach Deutschland verschickt worden waren, schon aufbewahren können, außer ein paar Fotos, Briefe und Urkunden? Was konnte man mitnehmen, was über die Zeiten erhalten, wenn man vierundzwanzig Stunden Zeit zum Packen hatte, bevor man nach Sibirien deportiert wurde? Nur die Glücklichen hatten Dinge wie eine Nähmaschine von Singer oder ein Kupferkesselchen dabei, die zur Rettung wurden.

Trotzdem war das beharrliche Suchen oft von Erfolg gekrönt: In den Archiven fanden sich Dokumente und Namen, verlorene Verwandte und vergessene Gräber tauchten wieder auf und füllten die Leerstellen. Die Fundstücke waren unterschiedlichster Natur: eine Altgläubigen-Ikone, mit der die Söhne gesegnet wurden, bevor sie an die Front mussten; Texte kalmückischer Volkslieder, die während der Verbannung nicht öffentlich gesungen werden durften; ein Heft mit laienhaften Gedichten, in denen die Urgroßmutter, eine Maschinenheizerin, von ihrem Leben zu erzählen versuchte. All diesen Fundstücken gemein war das Gefühl, dass die Familientradition gewaltsam unterbrochen, die Menschen mitsamt ihren Wurzeln aus dem bisherigen Leben herausgerissen worden waren. »Woraus besteht meine Familie? Von vier Urgroßvätern wurden drei repressiert (Naum Naumow wurde erschossen, Iwan Swiridow war im Lager bei Workuta, Konstantin Panaiotidi wurde nach Sibirien verbannt.«

Die Furcht vor Repressionen hatte dazu geführt, dass die Menschen jahrzehntelang die Ungerechtigkeit und Brutalität verdrängten, zu deren Opfern und Zeugen sie geworden waren. Als Kinder und Jugendliche in den entlegensten Winkeln des Landes wie Detektive in die Suche nach der Vergangenheit ihrer Familien eintauchten, erinnerten manche ihrer eingesandten Arbeiten tatsächlich an Ermittlungsergebnisse. Der wichtigste Grund für all die Leichen im Keller, die ihnen entgegenkamen, war die Angst. Und sie war das größte Gespenst. Das Leben ihrer Vorfahren war über Jahrzehnte hinweg von ihr geprägt gewesen; die Angst hatte sie zum Schweigen verurteilt, hatte sie dazu gebracht, alles von sich abzuschneiden, was dem Lebenslauf schaden und die Behörden Verdacht schöpfen lassen könnte. Die Ermittlungen der Kinder enthielten zahlreiche Beschreibungen gefälschter Dokumente, mit korrigierten Geburtsdaten, veränderten Namen, vertuschten sozialen Zugehörigkeiten und Angehörigen im Ausland. In Datenblättern wurden repressierte Verwandte oder eine Deportation nach Deutschland während des Krieges einfach verschwiegen.

Auch in den Neunzigern gab es genug Ängste, etwa vor Armut oder Kriminalität. Doch die Angst vor dem Staat war, wie es uns damals schien, bei der jungen Generation so gut wie verschwunden. So schilderte eine Schülerin in einer Arbeit zum Tschetschenienkrieg und seinen Opfern (ein Thema, das damals oft vorkam) ihre Suche nach Informationen über Veteranen des ersten Tschetschenienkriegs. Sie wandte sich an das lokale Militärkommissariat und fragte nach den Adressen ehemaliger Soldaten. Die wurden ihr mit Verweis auf die Geheimhaltungspflicht verweigert. Also ging sie zum FSB und forderte die Listen dort an – und bekam sie prompt! So etwas wäre heute unvorstellbar.

Den Jugendlichen, die in den Achtzigern und früher Neunzigern geboren wurden, schien die stalinistische Epoche der existenziellen Angst vor Repressionen sehr lange her zu sein. Wenn sie diese Vergangenheit beschrieben, suchten sie in den Repressionen und dem Massenterror vergeblich nach Rationalität und irgendwelchen Gesetzmäßigkeiten; die Ereignisse entbehrten jeder Logik und jeden Sinns. Die Opfer in ihren Familienstammbäumen hatten nur selten tatsächlich etwas mit Politik zu tun, in der Regel waren es ganz einfache Leute. Die Frage nach dem »Warum« wurde so zur Schlüsselfrage: Warum wurde fast die ganze Familie des Urgroßvaters ausgesiedelt und ins Verderben geschickt? Warum die florierende Landwirtschaft zerstört? Warum wurden Hunderttausende Russlanddeutsche, Krimtataren, Kalmücken und unzählige andere deportiert? Warum wurden Rotarmisten, die aus deutscher Kriegsgefangenschaft zurückkehrten, in ihrer Heimat in den Gulag gesteckt?

Aus einer zufällig ausgewählten Arbeit: »Der Umstand, dass mein Ururgroßvater Tschukaschew Nikolaj Nikitisch [ein einfacher Schulwart] von einer Troika des NKWD der Tatarischen ASSR am 6. Januar 1938 zur Höchststrafe verurteilt und das Urteil bereits am 14. Januar desselben Jahres vollstreckt wurde, erschütterte mich. Gab es da kein Berufungsrecht? Keine Begnadigung? Wieso war es kein Gericht, das über Leben und Tod eines Menschen entschied, sondern diese ›Troika des NKWD‹? (…) Fassungslosigkeit, Schmerz und Zorn packten mich angesichts dieses konstruierten Verfahrens gegen einen ›Volksfeind‹. (…) Wäre diese Akte nicht gewesen, ich hätte nie gedacht, dass man einfach so, für einen achtlos hingeworfenen Satz, ja ein einziges Wort mit dem Leben bezahlen konnte. Wahrscheinlich begriff auch der Angeklagte bei seiner bereits zweiten Festnahme kaum, welches Schicksal ihn erwartete.«

Ein neuer Blick auf die Vergangenheit

Als wir all diese Berichte lasen, schöpften wir bei Memorial Hoffnung, dass die damaligen Schüler zehn Jahre nach der Perestroika die bittere, aber so unerlässliche Wahrheit verinnerlichen würden: Der sowjetische Staat, das sowjetische System war ein System von Gewalt und Terror gewesen. Damals erschien uns diese Chance zum Greifen nah.

Diese Schüler, die mit neuen, von der Sowjetpropaganda bereinigten Lehrbüchern aufwuchsen, waren Kinder der Perestroika. Nicht, dass sie bereits über ein vollständiges Bild der sowjetischen Vergangenheit verfügt hätten, aber das große Ganze schien in groben Zügen klar: Vor der Revolution gab es das russische Zarenreich, dann ergriffen die Bolschewiken unter Lenins Führung die Macht; es begann ein blutiger Bürgerkrieg; ab Ende der 1920er-Jahre dann der Schrecken der Kollektivierung und der Massenrepressionen; Stalin war ein blutrünstiger Tyrann.

Gut ein Drittel der Einsendungen erzählten auf die eine oder andere Weise von den Repressionen, auch wenn sich natürlich auch Mythen in die Narrative mischten. Allen voran das märchenhafte Bild von einem prächtigen russischen Zarenreich, an dessen Spitze die Zarenfamilie stand. Der Versuch, das mit neuen sprachlichen Mitteln zum Ausdruck zu bringen, trieb hin und wieder recht amüsante Stilblüten. So schrieb einmal eine Schülerin über den Februar 1917: »Damals verlor Russland seine ganze Größe, seinen ganzen Charme.« Zu diesem Idealbild trug natürlich bei, dass es in jenen längst vergangenen Zeiten viel ästhetisch Schönes gegeben hatte – Paläste, Gutshöfe, Kirchen, Kunst und Mode, während die Sowjetzeit für die damalige Jugend vor diesem Hintergrund trist und eintönig wirkte. Sowjetnostalgie gab es um die Jahrtausendwende noch nicht, denn der sowjetische Alltag war, vor allem in der Provinz, ohnehin allgegenwärtig: Gebäude, Denkmäler, Infrastruktur, Straßennamen, ja sogar Umgangsformen, Gebrauchsgegenstände, Interieur – es hatte sich kaum etwas verändert.

In dieses Zarenmärchen wollten sich die realen Familiengeschichten aus dem Ersten Weltkrieg nicht so recht einfügen, denn die zaristische Armee bestand ebenfalls hauptsächlich aus Bauern. Den einfachen Leuten blieb dieser Krieg als langer Kampf mit beträchtlichen Verlusten in Erinnerung, ohne dass man den Grund dafür so richtig nachvollziehen konnte. Dann kam die Revolution, auf die wiederum ein Bürgerkrieg folgte. Die Sympathien unserer Schüler galten durchgehend den Weißen; das schien paradox, waren sie doch selbst vor allem Nachkommen der Roten. Doch nun fühlten sie eindeutig mit der anderen Seite mit.

Erst nach 1921 hatte sich die Lage der Bauernfamilien für ein paar Jahre ein wenig gebessert, nachdem Lenin die sogenannte NEP, die Neue Ökonomische Politik, ausgerufen hatte, die es den Bauern erlaubte, mit ihren landwirtschaftlichen Produkten freien Handel zu treiben. Von den Auswirkungen der NEP erzählten auch viele der eingesandten Arbeiten: Der Urgroßvater kehrt aus dem Bürgerkrieg zurück, bekommt ein Stück Grund, baut ein Haus, nimmt eine Mühle in Betrieb, beginnt zu handeln und so weiter. Hier griffen die Familienmythen über den damaligen Wohlstand – mit sagenhaften Details: Was für ein tolles Haus da gebaut wurde, wie viele Fenster es hatte, was alles in den Truhen aufbewahrt wurde und wie viel Stück Vieh man besaß! Ganz egal, wie viel Wahres an diesen Kindheitserinnerungen dran sein mochte, dieser segensreichen Periode wurde nach gerade einmal fünf Jahren ein jähes Ende gesetzt. Zwischen 1929 und 1933 wurden ganze Dörfer zerstört, die Bauern enteignet und deportiert; es herrschte Hunger, die unzumutbaren Zustände rafften ganze Familien dahin. Die Hinterbliebenen hatten sich noch nicht recht erholt, als 1937 der Große Terror losbrach. Innerhalb von nur vierzehn Monaten wurden anderthalb Millionen Menschen verhaftet, fast die Hälfte von ihnen erschossen. Den Rest erwartete Sklavenarbeit im Gulag. Drei Jahre später stand der Große Vaterländische Krieg vor der Tür, von dem ausnahmslos alle betroffen waren. Es war ein Krieg mit enormen menschlichen Verlusten.

Als ich all diese Lebensläufe las, musste ich an meinen Vater denken: Er hatte 1943, im Alter von nur neunzehn Jahren, eine Infanteriekompanie befehligt. Seine Soldaten kamen ihm wie alte Männer vor, dabei waren es Bauern um die dreißig, alle Familienväter. Wie schwer es ihm gefallen war, die unbarmherzigen, oft sinnlos erscheinenden Befehle zu erteilen, weil er wusste, dass er sie alle in den sicheren Tod trieb. Das Dorf in der Nachkriegszeit war ein Dorf voller Witwen. Eine der Arbeiten, die uns zugesandt wurde, trug sogar diesen Titel: »Zeit der Witwen«.

Oft waren den Arbeiten alte Fotos beigelegt, die in der Nachkriegszeit »Montagen« genannt wurden. Vor dem Krieg war es auf dem Land ein aufwendiges Unterfangen gewesen, zum Fotografen in die nächste Stadt zu gehen, weswegen viele Familien gar keine Fotos besaßen. Dann kam der Bräutigam oder der Ehemann im Krieg um, und es gab kein einziges gemeinsames Bild. Nach dem Krieg wurden deshalb sogenannte Montagen angeboten, bei denen die Fotografen eine Aufnahme der Witwe mit einer ihres gefallenen Mannes zusammenfügten, sodass es aussah, als hätten sie sich zusammen ablichten lassen.

Die Nachkriegszeit war kaum einfacher als der Krieg selbst; die Dörfer waren entvölkert, es herrschte wieder eine Hungersnot. Die Repressionen erreichten neue Höhen, sogar Mütter mit hungernden Kindern mussten für acht Jahre ins Lager, weil sie einen Kanten Brot gestohlen hatten. Auch auf »Spekulation«, die nichts anderes war als privater Kleinhandel, standen harte Strafen. Viele Geschichten, die uns erreichten, zeugen von dieser himmelschreienden Ungerechtigkeit: »Ich finde, dass meine Urgroßmutter, die dem Land keinen ernsthaften Schaden zugefügt hat, mit der Lagerhaft in Kolyma zu streng bestraft wurde. Kann man denn eine junge Frau als ›Verbrecherin‹ bezeichnen, nur weil sie ihre hungrigen Kinder gefüttert hat? Hat sie dafür wirklich fünfzehn Jahre Straflager verdient? Ich glaube nicht. Die Verantwortung für solche ›Diebstähle‹ liegt beim Staat selbst, der seine Bevölkerung nicht mit den nötigsten Grundnahrungsmitteln versorgen konnte.«

Nach Stalins Tod, als im beginnenden »Tauwetter« das Gulag-System endlich abgeschafft wurde, stöhnten die Dörfer unter der Last gewaltiger Steuern. Chruschtschow wollte die sogenannten individuellen Landwirtschaften liquidieren, die die Kolchosbauern wenigstens halbwegs versorgt hatten. Etwas Entspannung trat erst unter Breschnews Regierung ein. Bis dahin waren die Großeltern unserer Wettbewerbsteilnehmer oft schon in die Stadt gezogen, und so schwer sie es dort auch hatten, alles war leichter als das Leben auf dem Land.

Wie kamen die Jugendlichen der 1990er- und frühen 2000er-Jahre zu ihrem Bild von der Geschichte? Einerseits spielte (und in der Provinz bis heute) das Fernsehen noch eine größere Rolle als heute. Damals transportierte es gewissermaßen einen »Perestroika-Blick« auf die Vergangenheit. Lenin war ihnen fast kein Begriff mehr, trotz des Mausoleums mit seiner aufgebahrten Mumie. Als wir 2007 die Gewinner unseres Wettbewerbs nach Moskau einluden und ihnen den Roten Platz zeigten, war dies zufällig am 7. November, dem neunzigsten Jahrestag der Oktoberrevolution. Eine Gruppe von Kommunisten unter der Führung des KPRF-Vorsitzenden Gennadi Sjuganow legte am Mausoleum Blumen nieder. Fast keiner dieser Fünfzehn- und Sechzehnjährigen konnte spontan sagen, welchen Gedenktag diese Leute begingen.

Stalin war als Figur zwar präsenter, aber eindeutig negativ belegt. Lenin und Stalin hatten Repressionen und Terror auf dem Gewissen, waren die Lenker hinter der staatlichen Gewalt, so viel war klar. Dabei spielten auch literarische Werke eine Rolle, die vor der Perestroika verboten gewesen waren und in den Neunzigern in den Lehrplan aufgenommen wurden. Die Wogen, die die Aufdeckung der dunklen Seiten der sowjetischen Geschichte schlugen, hatten sich noch nicht beruhigt, der Strom an Büchern war nicht versiegt, viele waren nun endlich erhältlich und wurden von den Pädagogen an den Schulen und vielleicht auch von Eltern gelesen. Natürlich lasen die Jugendlichen nicht Solschenizyns »Archipel GULAG«, mit seiner komplizierten und betont altmodischen Sprache, die selbst meine Studierenden nicht bewältigen konnten, aber dennoch – die Literatur hatte sehr wohl noch Gewicht. Noch war es nicht aus der Mode, Verse von Boris Pasternak, Anna Achmatowa, Ossip Mandelstam als Motto zu verwenden oder Warlam Schalamow und Michail Bulgakow zu zitieren. Das sowjetische Einheitslehrbuch als Grundlage für den Unterricht schien ein für alle Mal der Vergangenheit anzugehören, dem Lehrerkollegium war es nun selbst überlassen, welche Materialien sie im Unterricht heranzogen. Bis nur wenige Jahre später Putin das Gespenst wieder auferweckte.

Die wichtigste Quelle für die Jugendlichen damals waren jedoch die Zeitzeugen, die zum ersten Mal ihr Schweigen brachen. Menschen, für deren Vergangenheit sich niemand interessiert hatte, erzählten davon einfach denen, die sie als Erste danach fragten – ihren Enkelkindern. Die wenigsten Familien hatten bis dahin einen Weg gefunden, die Stille zu durchbrechen und über die Vergangenheit zu reden. Zu sehr hatten die Angst und die Beschwerlichkeiten des Lebens auf ihnen gelastet. Diese Menschen hatten Gulag, Krieg und Kriegsgefangenschaft überlebt und darüber geschwiegen. Und plötzlich war da jemand, der sich für ihre Erinnerungen interessierte – man muss sich nur einmal vor Augen führen, was das bedeutete. Endlich wurde der Schleier von jahrzehntelangen Lügen und Sprachlosigkeit gelüftet, Licht gelangte in die geheimen, verbotenen Räume der Vergangenheit. Die Enkelkinder halfen dabei, dass diese Generation eine Sprache für das lange Unsagbare fand, und konnten selbst endlich ein Stück weit nachvollziehen, warum es in ihren Familien so viel Unglück gab, so viel schweren Alkoholismus, die ewige Krankheit der Männer.

Manche Dinge, die wir gleich zu Beginn begriffen, determinierten unsere Tätigkeit in Russland bis zum Schluss. Sie mögen banal erscheinen, aber für uns waren das wichtige Erkenntnisse: dass sich Familiengeschichten und konkrete menschliche Schicksale am besten dazu eignen, Interesse an der Vergangenheit zu wecken; dass die Entdeckungen nicht nur Mitgefühl und Schmerz auslösen, sondern auch Fragen nach Ursachen und Konsequenzen aufwerfen.

Interessant war zu sehen, dass Dokumente aus sowjetischen Archiven mit ihrer absurden, kafkaesken Sprache oft besonders jene faszinierten, die später Jura oder Wirtschaftswissenschaften studieren wollten, wie so viele in den Nullerjahren. Wir hofften, dass sie uns im Kampf gegen die neuerliche Schließung der Archive, die sich anbahnte, beistehen würden, weil sie dank dieser Dokumente zu verstehen begannen, wie der Mechanismus der Repressionen funktionierte, der jede Rechtsstaatlichkeit mit Füßen trat.

Aus der Arbeit eines Schülers: »Mein Opa erzählte mir viel von Stalin, was für eine schreckliche Zeit das war, wie die Menschen vernichtet wurden. Man ließ sie in Lagern verrotten, nahm ihnen jede menschliche Würde, jede beliebige Person konnte zum ›Volksfeind‹ erklärt werden. Mein Urgroßvater wurde ins Gefängnis gesteckt und als ›Volksfeind‹ erschossen. Außer meinem Opa redete in der Familie niemand darüber. Ich kann den Erwachsenen nicht zustimmen, wenn sie sagen: ›Du bist noch zu jung dafür. Warte damit, bis du älter bist.‹ Wer kann überhaupt beurteilen, wann jemand alt genug ist? Es heißt, man dürfe Kindern nicht erlauben, in alldem ›herumzuwühlen‹. Vielleicht verstehen wir nicht immer alles, was in unserem Land passiert, aber uns mit den Schicksalen der Menschen zu befassen, nach Gerechtigkeit und Ungerechtigkeit zu suchen, das können wir schon.«

Damit beginnt Geschichte

Was wir in all den Einsendungen lasen, beeindruckte uns so sehr, dass wir es bald auch für andere zugänglich machen wollten. In unserer Jury saßen nicht nur Historiker, sondern auch Schriftsteller, die Memorial nahestanden und sich in ihren Werken mit ähnlichen Themen beschäftigten. Wir hofften, auch sie würden in diesen engagierten Jugendlichen sehen, was wir sahen.

Swetlana Alexijewitsch, Daniil Granin, Ljudmila Ulizkaja – sie alle waren einmal unsere Jurymitglieder. Weil nur die wenigsten Einsendungen per Internet kamen, rückten wir stets mit riesigen Taschen an. Es waren Hunderte und Aberhunderte von Seiten, die alle gelesen werden wollten. Gespannt warteten wir auf ihre Einschätzungen.

Die Literaturnobelpreisträgerin Swetlana Alexijewitsch schrieb: »Vor allem fand ich es sehr spannend, das alles zu lesen. Unerwartet spannend. Die Texte sind inspirierend. Ich habe plötzlich gesehen, wie stark das Interesse an Geschichte ist. Es heißt immer, der jungen Generation sei alles egal, aber das stimmt nicht. Diese Entfremdung, die wir bei der jungen Generation immer vermutet haben, die gibt es gar nicht. Nichts dergleichen. Was die Menschen beschäftigt, sind immer dieselben Fragen: ›Wer bin ich? Was ist der Sinn des Ganzen? Was war vor mir?‹ Indem sie ihre Familiengeschichten erzählen, erzählen die Verfasser gleichzeitig die ganze Tragödie Russlands im 20. Jahrhundert. Wir stammen alle aus einem Land, in dem das Subjekt der Geschichte ein riesiger Staat war. Wir, die Menschen, waren hingegen Sandkörner ohne jede Bedeutung. Einfach nur Sand, der Humus der Geschichte. Und plötzlich prägt sich den Kindern, dieser Generation und dem gesellschaftlichen Bewusstsein der Gedanke ein, dass Geschichte etwas sehr Persönliches ist: meine Mama, mein Papa, meine Oma und ich, weil bald auch meine Zeit kommen wird. Das ist ein sehr wichtiger Gedanke. Damit beginnt die Geschichte der Privatperson, die wir lange nicht hatten. Wir haben vergessen, was das überhaupt bedeutet. Nämlich: ›Meine Familie – das ist die Geschichte der Entkulakisierung‹ oder ›Meine Familie – das ist die Geschichte der Russlanddeutschen‹ und so weiter. Aber an erster Stelle steht das ›Ich‹.«

Mit dem 1919 geborenen Daniil Granin hatten wir das Glück, einen Schriftsteller an unserer Seite zu haben, der den Zweiten Weltkrieg als Soldat miterlebt und über seine Erfahrungen geschrieben hatte und der großen Wert auf das Gedenken an den Krieg und auf die Geschichte des damaligen Alltagslebens legte. Er sah darin einen Schlüssel zum Verständnis der Vergangenheit: »Der Wettbewerb stellte die Schüler vor eine wichtige Aufgabe: Sie mussten eine Geschichte des Alltags schreiben. Ihr Interesse galt der normalen, alltäglichen Existenz der Menschen mit allem, was sie umgab: ihre Lebensweise, ihr Umfeld, ihr kultureller Hintergrund, die Sprache, die sie sprachen … Das ist eine andere Geschichte als die in den Lehrbüchern, obwohl die Verfasser dieser Aufsätze darauf achten, das Privatleben der Menschen mit den historischen Ereignissen in Beziehung zu setzen. Sonst wäre vieles auch nicht zu verstehen. Zum Beispiel können die Jungen schwer begreifen, wie die Menschen sich den Umständen anpassten, warum sie nicht protestierten, sich nicht widersetzten, wenn die Umstände es doch eigentlich erfordert hätten. Oder wie sie es umgekehrt schafften, auf unfassbare Weise ihre natürliche Angst zu überwinden und Heldentaten zu vollbringen. Nach mehreren Generationen, die sich nicht mit ihrer Vergangenheit auseinandergesetzt hatten, kehren sie nicht nur zur Geschichte ihrer Vorfahren, ihrer Angehörigen zurück, sondern auch zur Geschichte ihres Landes. Die extrem kompliziert und schwer verständlich ist. Wer bin ich? Woher komme ich? Von diesem Wissen hängt auch in besonderem Maße ab, wie du dein Leben gestaltest und was du hinterlässt.«

Die Schriftstellerin Ljudmila Ulizkaja erklärte sich sogar bereit, den Juryvorsitz unseres Wettbewerbs zu übernehmen, obwohl diese Aufgabe viel Zeit und Mühe kostete. In einer Zeit, als die Situation immer schwieriger und die Wolken über Memorial immer dichter wurden, spendeten die Stimmen der Jugendlichen Hoffnung, dass in Russland doch noch nicht alles verloren sei.

Ulizkaja schrieb viel über unseren Wettbewerb, und sie betonte stets die Verbindung zwischen den Zeiten: »Die Geschichte des 20. Jahrhunderts ist in unserem Land eine Geschichte des Vergessens, der Verzerrung, der Auslöschung. Abgesehen von der großen offiziellen Geschichte, die täglich geschrieben, umgeschrieben und angepasst wird, gibt es auch die kleine Geschichte der Familie, die man ebenfalls vergessen, die man aber auch wieder hervorholen kann, solange die letzten Zeugen dieser nicht allzu weit zurückliegenden Vergangenheit nicht gestorben sind. Diese ›Mikrogeschichte‹ sind die Abenteuer eines kleinen Sandkorns in einem riesigen Sandhaufen. Doch jedes Sandkorn – jedes Individuum mit seiner einzigartigen Geschichte – trägt den Abdruck seiner Zeit.

Jene ›Zeit aus den Fugen‹, wie es bei Shakespeare heißt, wird von zwei Dingen zusammengehalten: Blut und Erinnerung. Das Blut sind unsere Gene, das, was wir von den Eltern erben – äußerliche Ähnlichkeit, ein besonderes Temperament, Mimik, aber auch Erbkrankheiten. Wir können uns davon nicht lossagen, selbst wenn wir wollten. Die Lossagung von der Vergangenheit war das Gesetz des Kommunismus, es verlangte, alles zu vergessen: Großeltern und Urgroßeltern, die Namen der Dörfer, aus denen sie stammten; die Schlachten, in denen sie gekämpft hatten; die Lager, in denen sie endlose Haftstrafen verbüßten. Der erbarmungslose Staat zermalmte in seiner gewaltigen Presse das Volk, und nur eine Familie, eine treue, liebende Familie, gab einem einzelnen Menschen die Chance zu überleben.«

Sehr bald avancierte die Preisverleihung in Moskau zum wichtigsten Ereignis des Jahres für Memorial. Der ganze Theatersaal war stets brechend voll, Persönlichkeiten des öffentlichen Lebens kamen, um unseren Gewinnern zu gratulieren und Reden zu halten. Unter den begeisterten Gratulanten waren damals noch Staatsbeamte, zum Beispiel Ella Pamfilowa. Die Vorsitzende der Menschenrechtskommission und des Menschenrechtsrats beim russischen Präsidenten war mehrfach bei Memorial zu Gast und machte mitsamt ihrer Biografie einen durchaus sympathischen Eindruck. Sie hatte als Ingenieurin in einer Fabrik gearbeitet, war seit Beginn der Perestroika in der Gewerkschaft aktiv, in Gaidars Regierung für die Sozialpolitik zuständig, kandidierte 2000 sogar für das Präsidialamt. Kurz gesagt, sie wirkte wirklich wie eine Beamtin mit menschlichem Antlitz. Sie hielt eine emotionale Rede über die Bedeutung von Wahrheit und Gedenken, in der sie auch die tragische Geschichte ihrer eigenen Familie erwähnte, die enteignet und in die Verbannung geschickt worden war. Damals wirkten ihre Worte aufrichtig.

Wer hätte ahnen können, dass der Name Pamfilowa einmal so negativ konnotiert sein würde? 2016, nachdem sie den Vorsitz der Wahlkommission übernommen hatte, wurde sie – wie schon ihr Vorgänger Wladimir Tschurow – zum Symbol für ungenierte Wahlfälschungen, für himmelschreienden Lug und Trug. Oppositionelle wie Alexej Nawalny forderten ihren Rücktritt.[2] Wer hätte ahnen können, dass sie einmal so unablässig ihre grenzenlose Liebe und Ergebenheit Putin gegenüber beteuern würde? Dagegen wirkte George Orwells »1984« plötzlich wie ein Kinderbuch, denn wir hatten es nicht mit fiktiven literarischen Helden zu tun, sondern mit echten Menschen, die vor unseren Augen buchstäblich zu Monstern mutierten.

Der Wettbewerb als Barometer

Wie sahen die Teenager aus, die wir als Wettbewerbssieger nach Moskau einluden? Viele von ihnen entstammten der Intelligenzija auf dem Land und in der Stadt, ihre Familien waren alles andere als reich. Sie bemühten sich sehr um festliche Kleidung, denn die bescheidenen Preise, die wir ihnen verleihen konnten, waren ihnen sehr wichtig. Jeweils vierzig Arbeiten wurden ausgezeichnet, für den ersten Platz gab es einen Laptop, für die darauf folgenden Bücherpakete, Rucksäcke, T-Shirts mit unserem Logo und andere kleine Dinge. Später gab es auch Geldgeschenke, wobei die Summen immer kleiner wurden. Wir gaben uns Mühe, sie gut zu versorgen und ihnen Moskau zu zeigen. Nur die wenigsten von ihnen waren je in der Hauptstadt gewesen, vor allem wenn sie von weit herkamen. Die Reisestrapazen waren manchmal unvorstellbar: aus einem entlegenen sibirischen Dorf mit dem Hubschrauber zum nächsten Bahnhof, dann mit dem Zug nach Krasnojarsk und von dort mit dem Flugzeug nach Moskau.

Dass die Zeiten sich geändert hatten, wurde mir klar, als ein Mädchen während einer Diskussionsrunde über sich sagte, sie komme aus einer armen Familie. Eine solche Äußerung wäre in der Sowjetzeit undenkbar gewesen, damals hätte niemand so unverblümt über Armut gesprochen. Das bedeutete natürlich ganz und gar nicht, dass es in der UdSSR keine armen Leute gegeben hätte – sie waren eher die Mehrheit. Aber man griff zu Euphemismen und sagte zum Beispiel in der Schule, man stamme »aus minderbemittelten Verhältnissen«. Die ideologische Vorgabe der Propaganda war, dass die Armen von Natur aus gut seien, die Reichen schlecht. Auf diesem Prinzip basierte beinah die gesamte sowjetische Kinderliteratur.

In den Neunzigern kehrte sich das Bild plötzlich um: Jetzt galten die Reichen als schlau und erfolgreich, die Armen als faule Verlierer. Insofern hatte die Äußerung des Mädchens etwas Provokantes und Demonstratives. Sie hatte einfach laut ausgesprochen, was viele empfanden, die an unserem Wettbewerb teilnahmen. Viele hatten, so wie sie, keine Väter, obwohl ihre Eltern noch relativ jung sein mussten und kein Krieg herrschte. In der Regel lagen die Gründe in einem tief liegenden sozialen Scheitern. Da waren Geschichten von Kriegsrückkehrern aus Afghanistan und Tschetschenien, von Liquidatoren des Atomreaktors in Tschernobyl, die sich in Alkohol und Drogen geflüchtet hatten und daran zugrunde gegangen waren. Es gab auch Opfer von organisierter Kriminalität. Doch meistens waren es der Verlust des Arbeitsplatzes und die Unfähigkeit, sich an die neuen Lebensumstände anzupassen, die auf unterschiedliche Art in den Ruin führten oder die Familien auseinanderbrechen ließen. Manchmal wurden in den eingereichten Texten solche Dinge geradeheraus und mit großer Offenheit geschrieben. Viele der Teenager hatten mit ihren Familien aus den zentralasiatischen Republiken nach Russland ziehen müssen und waren hier mit großen Problemen konfrontiert. Auf einmal sahen sie, was sich hinter der Fassade der »Völkerfreundschaft«, von der ihre Großeltern so nostalgisch schwärmten, tatsächlich verbarg.

Möglicherweise brachte manchmal ein niedriger sozialer Status die Motivation mit sich, an unserem Wettbewerb teilzunehmen: Kinder aus finanziell schwachen Familien witterten eine Gelegenheit zum Ausbruch, über eine zwar kleine, aber doch eine Stufe in eine andere Welt. Eine Welt, von der sie hofften, dass vieles von ihnen selbst abhängen würde, dass sie ein Geschäft eröffnen oder sich vielleicht sogar politisch engagieren und mitgestalten können.

Ich erinnere mich gut an eine der ersten Einreichungen zum allerersten Wettbewerb. Es ging um die ungewöhnliche, dramatische Geschichte einer alten Frau, genauer um ihre Kindheit im äußersten Nordosten der UdSSR in den 1930er-Jahren. Mit akribischer Genauigkeit wurde der Alltag beschrieben, die Zerstörung des Lebensraums und der traditionellen Lebensweise der ethnischen Minderheit durch die sowjetische Zivilisation. Die Arbeit beeindruckte uns so sehr, dass wir überprüfen wollten, ob der Junge, der in Moskau lebte, sie auch wirklich selbst geschrieben hatte. Wir luden ihn zu Memorial ein. Er war fünfzehn Jahre jung, sportlich, hübsch, ein Musterschüler. Seine Eltern waren erst kurz zuvor nach Moskau gezogen, die Familie lebte in einem Wohnheim. Sie hatten es nicht leicht, doch der Junge wirkte optimistisch und voller Vertrauen in seine Kräfte und Fähigkeiten. Auf meine Standardfrage, was er werden wolle, gab er eine überraschende Antwort: Gouverneur. Das sagte er mit absoluter Überzeugung. Natürlich wollte er sich durch freie Wahlen dazu wählen lassen. Wenige Jahre später schaffte Putin die Gouverneurswahlen in den Regionen ab und setzte solchen Kinderträumen ein Ende. Und auch wenn sie 2012 wieder eingeführt wurden, konnte von wirklich freien Wahlen keine Rede mehr sein.

Indessen wurde dieser talentierte und einfach in jeder Hinsicht herausragende Junge das Gesicht unseres Wettbewerbs. Er wurde von Schulen im Ausland eingeladen und gab Journalisten kluge Interviews. Nach dem Abitur ging er ans Institut für Kinematografie. Er wollte Filmregisseur werden, sein Abschlussfilm war an das Thema seiner damaligen Schülerarbeit angelehnt. Und dann passierte etwas, das zu unserem großen Bedauern genau in den veränderten Kontext jener Zeit passte: Einem so tüchtigen und sympathischen jungen Mann standen viele Wege offen. Auch Macht und Einfluss lockten, und diese Versuchung war offenbar zu groß. Schritt für Schritt stellte er sich in den Dienst des Staates, heute entscheidet er über die Förderung von Jugendfilmprojekten. Was er selbst drehte, war harmlos, patriotisch, inhaltsleer.

An der Schwelle des Elternhauses in Moskau in den 1990er-Jahren

Die letzte Aufnahme vor dem Krieg: mein Mann und ich in unserer Wohnung in Moskau, Februar 2022

Mit meiner Tochter in unserer Moskauer Wohnung, Mitte der 1990er-Jahre

Mit Tanja Bek auf einer Veranstaltung im Haus der Literaten, 2002

Agnessa mit Sergej Mironow Mitte der 1930er-Jahre

Postkartenansicht von Jewpatorija aus dem Jahr 1957

Eingesandte Gegenstände für unsere Memorial-Sammlung in Moskau

Unser Memorial-Archiv in Moskau, gefüllt bis unter die Decke

Unzählige Briefe aus unserer Memorial-Sammlung in Moskau erzählen vom Schicksal der Opfer des Terrors

Handschellen an einer verschlossenen Tür des Memorial-Büros in Moskau, 14. Oktober 2021

Die ersten Demonstrationen von Memorial im Jahr 1989

Die Polizei durchsucht die Mitglieder von Memorial vor der Gerichtsverhandlung, Februar 2022. Text auf dem Plakat: »Wir werden immer da sein.«

Mein letzter Arbeitstag im Büro von Memorial am 7. März 2022

Nach der Ankunft in Israel

Die Memorial-Delegation am Tag der Nobelpreisverleihung in Oslo am 10. Dezember 2022

Ich spreche bei der feierlichen Immatrikulation der Erstsemester der Matrikel 2022/ 2023 der Friedrich-Schiller-Universität Jena am 28.10.2022 im Volkshaus Jena

Er brach seinen Kontakt zu Memorial nicht sofort ab, dazu war er zu höflich und verspürte sicher auch eine gewisse Dankbarkeit uns gegenüber. Als 2016 Memorial zum »ausländischen Agenten« erklärt wurde, waren Verbindungen zu uns nicht ungefährlich. Er kam nicht mehr zu uns, entfernte mich aber auch nicht aus seinen Kontakten auf Facebook, und manchmal tauchten seine Fotos in meinem Feed auf. Ständig glänzte er auf diversen Festivals, immer umgeben von jungen Gesichtern, die betont glücklich dreinschauten. Als mich dann in der Nacht auf den 24. Februar die Nachricht von den Bomben auf Kyjiw weckte und ich voller Entsetzen durch mein Handy scrollte, stolperte ich plötzlich über einen Post unseres ehemaligen Preisträgers: Er teilte seine Freude darüber mit, dass die Ukraine endlich von den Faschisten befreit und in den heimischen Hafen zurückkehren würde.

Das war mir zu viel. Ich musste daran denken, dass er uns für den zweiten Wettbewerb die Geschichte seiner anderen, ukrainischen Großmutter geschickt hatte, ebenfalls eine ganz herausragende Arbeit. Wie ging das zusammen? Spontan schrieb ich ihm eine Nachricht, die in jenen Tagen so oder so ähnlich wahrscheinlich oft geschrieben wurde. Ich appellierte an sein Gewissen: »Wie kannst du, um Gottes willen, so etwas sagen? Du bist noch jung, hast dein Leben noch vor dir. Denk dran, dass du dich später nicht mehr reinwaschen kannst.« Prompt kam eine Antwort: »Irina Lasarewna, darf ich Sie anrufen?« Ich bejahte, aber leider rief er nie an.

Jetzt ist er nicht mehr auf Facebook, aber wenn man seinen Namen googelt, dann erscheinen Hunderte von Links zu Veranstaltungen und Festivals, die von Putin-treuen Kulturschaffenden organisiert werden. Wenn ich heute sein selbstgefällig lächelndes Gesicht sehe, muss ich immer an den Jungen von früher denken.

Unter den fast 50000 Jugendlichen, die uns in den fünfundzwanzig Jahren seit Beginn des Wettbewerbs ihre Arbeiten zugeschickt hatten, war er leider nicht der Einzige, der schließlich eine ganz andere Richtung einschlug. Und dennoch: Ganz egal, wie schlimm es um uns stand, egal, wie sehr wir im Fernsehen durch den Dreck gezogen wurden, nie hat auch nur ein einziger unserer ehemaligen Wettbewerbsteilnehmer etwas Schlechtes über uns geschrieben oder gesagt. Und natürlich gab es auch diejenigen, die uns als Freiwillige unterstützten. Andere, oftmals Juristen, stießen nach ihrem Studium als Mitarbeiter zu Memorial. Viele verließen nach Kriegsbeginn das Land, und heute passiert es oft, dass ich in verschiedenen Städten Europas ehemalige Wettbewerbsteilnehmer treffe, die nun dort leben.

Kampf um die Deutung

Ab 2005 hatten wir immer deutlicher gemerkt, wie Putins ideologischer Trend zum Patriotismus auch in die Schulen drang. Unsere Teilnehmer waren offenbar gespalten – zwischen ihren eigenen tragischen Familiengeschichten und den immer unverhohleneren Bemühungen der Staatsmacht, die Geschichte Russlands im 20. Jahrhundert nicht als Geschichte von Massenrepressionen und Staatsterror darzustellen, sondern als Geschichte der Siege.

Die Schulen wurden Austragungsorte eines Kampfs um die Geschichtsdeutung, an dessen Beginn eine Debatte um die Einführung eines einheitlichen Geschichtslehrbuchs stand. Das Lehrbuch, das 2005 vorgelegt wurde, war noch eine vergleichsweise milde Version. Die Repressionen fanden immerhin Erwähnung, auch wenn das sowjetische System immer wieder in Schutz genommen, seine Methoden gerechtfertigt wurden. Das Totschlagargument war der Sieg im Zweiten Weltkrieg, den nur ein starker Staat unter Stalins Führung habe erringen können. 2005 jährte sich der Große Sieg zudem zum fünfzigsten Mal, das Jubiläum wurde in Moskau mit überwältigendem Pomp begangen. Bereits damals gingen die Feierlichkeiten mit einer fast unverhohlenen

Verehrung Stalins einher. Wir beobachteten das Ganze mit großer Sorge.

Und so verschob sich allmählich auch der Fokus bei den Wettbewerbseinsendungen: Die wichtigsten Zeitzeugen – die Großeltern – erzählten immer weniger von ihrer schweren Kindheit, die von Repressionen, Kollektivierung und Hunger geprägt war, sondern sehnten sich immer häufiger in die Stabilität der Breschnew-Ära zurück, die in immer rosigeres Licht getaucht wurde. Die Perestroika und die Neunziger waren hingegen fast immer negativ gefärbt. Aber auf Fragen wie: »Warum zerfiel die Sowjetunion überhaupt?«, »Warum stürzte das Land daraufhin in eine so tiefe Wirtschaftskrise?«, hatten weder die Gesellschaft noch die Schulen Antworten parat.

Nach fünf Jahren Putin waren Stalin und der Große Sieg auf einmal wieder da, als hätte man einen Geist aus der Flasche gelassen. Bei einer Diskussionsrunde im Rahmen unserer Preisverleihung meldete sich ein Mädchen und setzte zu einem ziemlich verworrenen Statement an.

Ich stellte ihr eine simple Frage: »Was hältst du denn von Stalin?« Sie überlegte eine ganze Weile und sagte dann: »Stalin war ein effektiver Manager.« Ich war platt und konnte mir nicht verkneifen, ihr sarkastisch zu entgegnen: »In Bezug auf deine Familie war er das bestimmt.«

Ich kannte ja die Geschichte ihrer Familie, die sie uns geschickt hatte. Sie kam aus einem kleinen Ort in Sibirien. Ihr Großvater war aus Litauen dorthin deportiert, ihre Großmutter aus der Westukraine in die sibirische Verbannung geschickt worden. Bei diesem Gespräch war auch die Presse anwesend, und so wurde aus dem »effektiven Manager Stalin« ein Internet-Meme. Es spiegelte sehr präzise den Zeitgeist wider, in dem es überall von Managern, Offices und Investmentbankern nur so wimmelte. Damals scherzten wir, dass die berühmte Statue »Arbeiter und Kolchosbäuerin« von Wera Muchina aus dem Jahr 1937 heute wohl »Manager und Administratorin« heißen müsste.

Wir konnten zusehen, wie der neue Patriotismus und die immer stärkere »Verstaatlichung« der Geschichte um sich griffen; wie der Druck, der auf die Schulen ausgeübt wurde, und die veränderte gesellschaftliche Agenda Wirkung zeigten. Die Legenden vom stabilen und sogar glücklichen sowjetischen Leben nahmen an Fahrt auf, genau wie die patriotische Rhetorik. Manche Einreichungen begannen nun mit einem patriotischen Vorwort und der obligatorischen Liebeserklärung an die Heimat, die einen absurden Kontrast bildeten zu den danach folgenden Erzählungen über das tragische Schicksal von Familien oder einzelnen Personen.

Gleichzeitig wurden die Augenzeugen der blutigsten Jahre unter Stalin immer weniger; statt jener Zeit des Terrors, der Gewalt und Repression drängte sich die relativ stabile Breschnew-Zeit als Bild von der Vergangenheit in den Vordergrund. All das ging mit einer schärferen Überwachung der Schulen und der Lehrer und einem erschwerten Zugang zu den Archiven einher. Diejenigen, die dort noch recherchieren konnten oder dies in der Vergangenheit getan hatten, standen vor dem großen Problem, wie sich die dunkle Seite des Stalinismus mit dem Bild des großen Siegers vereinen ließ. Klickte man auf die eine Datei, öffnete man den einen Ordner, stieß man auf den glorreichen Stalin; klickte man die nächste an, schlug den nächsten Ordner auf, stieß man auf Unterdrückung und Repression. Diese wachsende Verwirrung in den Köpfen der Jugendlichen, die schrittweise Zerstörung jener Erzählung, die sich bis Ende der Neunziger über den Stalinismus herausgebildet hatte, bereiteten uns am meisten Sorge.

Wir sahen aber auch Widerstand von den Jugendlichen, denen bewusst war, woher der Wind wehte: »Ich finde, bevor man Stalin einen ›effektiver Manager‹ nennt, sollte man die Geschichte seiner Taten kennen. Aber wo erfährt man als ganz normaler Schüler diese Geschichte, wenn die Lehrbücher so vieles verschweigen? Im Fernsehen habe ich kürzlich gehört, es sei Stalin, dem unser Land seine Größe zu verdanken habe. Das ist doch furchtbar.«

Uns war es immer ein Anliegen, dass die Jugendlichen am konkreten Beispiel ihrer Vorfahren zwei Dinge verstanden: zum einen, wo die Gründe für das allgemeine Verdrängen und Vergessen der Vergangenheit lagen, und zum anderen, wo die unendliche Duldsamkeit, die Schicksalsergebenheit und Anpassungsfähigkeit der russischen Bevölkerung herrührten. Es ist ja nicht so, dass die Menschen damals die Vorgehensweise des Staates als gerecht empfunden hätten. Aber ihr Dasein war ohnehin ein einziger Kampf ums Überleben – um noch mehr zu kämpfen, dafür hatte schlicht niemand die Kraft. Die Ungerechtigkeiten und Entbehrungen still zu erdulden, war auch eine Selbsterhaltungs-, ja Überlebensstrategie: Man ertrug das Leben viel leichter, wenn man das, was außerhalb der Grenzen des eigenen Dorfes oder Landstrichs passierte, nicht an sich heranließ. Doch indem sie nicht aufbegehrten, sondern jene Ungerechtigkeit hinnahmen, ohne sie zu bewerten und zu verurteilen, verdammten sie sich gleichzeitig selbst zu bedingungslosem Gehorsam.

Dieses Verhaltensmuster hat sich über Generationen etabliert, tradiert und verfestigt. Es hat die russische Gesellschaft tief geprägt und ist bei genauerem Hinsehen auch das, was heute im Hinblick auf den Krieg in der Ukraine passiert.

Druck von allen Seiten

Unser Wettbewerb war der Staatsmacht, genauso wie alle Aktivitäten von Memorial, zunehmend ein Dorn im Auge. Nach und nach wurde er immer mehr zur Zielscheibe für Angriffe. Noch bevor Memorial 2016 zum »ausländischen Agenten« erklärt wurde, zogen rund um den Wettbewerb Gewitterwolken auf. Die Kreml-Ideologen nahmen die Jugend zunehmend ins Visier, und so klein unsere Organisation auch war, unser Aufruf zur Beschäftigung mit der Vergangenheit rief immer mehr Unmut hervor. TV-Reporter lauerten mir im Gebüsch auf und bedrängten mich mit Fragen wie der, wer uns dafür bezahle, dass wir Kinder in die Irre führten und die Geschichte verzerrten.

Eine Szene hätte aus einem Film sein können: Wir waren zu einem kleinen Empfang beim amerikanischen Botschafter geladen. Als wir uns der Residenz näherten, stellten sich uns Leute mit Kameras in den Weg – von Rossija 24 oder vielleicht auch NTW. Sie bombardierten uns mit ihren Standardfragen: »Wieso besuchen Sie die amerikanische Botschaft?« »Bekommen Sie Instruktionen?« In solchen Fällen war es am besten, die Contenance zu bewahren und die Störenfriede nicht weiter zu beachten. Aber am Ende des Dinners kam ein Mitarbeiter der Security auf mich zu und sagte: »Sie warten immer noch auf Sie.« Draußen hatte es wohlgemerkt -15°C. »Wir können Sie über den Hinterausgang mit einem Botschaftswagen wegbringen«, bot er an. Ich malte mir amüsiert aus, wie wir ganz wie in einem Spionagekrimi in einem Auto mit getönten Fensterscheiben durch die Nacht davonbrausten. Doch wir lehnten dankend ab und versuchten, die »Journalisten« abzuschütteln wie lästige Fliegen.

Mit absurden Fragen bombardiert zu werden, darin hatten wir inzwischen Routine. Aber es gab auch wirklich bedrohliche Situationen. Bei der Preisverleihung 2016 im »Haus des Kinos« mitten in Moskau beispielsweise nahm uns ein Trupp von »Gopniks«, eine Horde widerlicher Schläger, in Empfang. Sie trugen Militärklamotten aus dem Kostümverleih, grölten sowjetische Lieder zur Ziehharmonika und hielten Plakate in die Luft: »Wir lassen uns nicht für US-Geld die Geschichte umschreiben!«

Sie versperrten uns den Weg zum Saal und fingen an, mit »Seljonka«, Brillantgrün, um sich zu spritzen. Eigentlich ein Mittel zur Wunddesinfektion, wird es häufig bei Attacken auf Oppositionelle und andere Kritiker verwendet, um sie als Gegner zu brandmarken: Das Mittel ist nur schwer abwaschbar und hinterlässt lange sichtbare blaugrüne Spuren auf der Haut. Sie erwischten damit ein paar Lehrer, Ljudmila Ulizkaja und andere Gäste. Mit einer großen Portion Glück bewahrten wir den deutschen Botschafter Rüdiger von Fritsch vor der Attacke, indem wir uns schützend vor ihn stellten. Die Polizei ließ lange auf sich warten, und als sie endlich da war, hatte sie keine Eile, für Ordnung zu sorgen. Die Beamten standen eindeutig auf die Seite der Angreifer und behandelten uns wie verdächtige Subjekte. In der Folge blieben alle unsere Anzeigen bei der Polizei ergebnislos, obwohl wir ahnten, dass alles vom Geheimdienst geplant und organisiert wurde. Von da an passten sie uns vor diversen Veranstaltungen ab und sorgten für Skandale, manchmal mit Fernsehteams im Schlepptau.

Kurz gesagt, ab 2016 kam der Druck von allen Seiten. Für die feierliche Preisverleihung mussten wir ein ganzes Sicherheitssystem organisieren; es wurde so gut wie unmöglich, einen Saal für die Veranstaltung aufzutreiben. Wo wir auch anfragten, und selbst wenn wir bereit waren, Unsummen zu zahlen – es regnete Absagen, wenn auch mit unterschiedlichen Begründungen. Vor allem aber machten wir uns Sorgen um die Jugendlichen und ihre Lehrer, wir fürchteten ernsthafte Konsequenzen. Sie bekamen Besuch von dubiosen Leuten, mal in der Schule, mal zu Hause. Manchmal stellten sie sich als Beamte der regionalen Bildungsbehörde vor, doch es war offensichtlich, dass sie ganz anderen Organen angehörten. Sie stellten Fragen zum Wettbewerb, wollten die eingereichten Arbeiten sehen und drohten mit schlechten Noten und Zeugnissen. Eltern und Lehrer wurden massiv unter Druck gesetzt. Sie erzählten uns zwar, was passierte, wollten aber anonym bleiben. Ihre Angst war fast physisch spürbar, niemand glaubte, dass die Presse oder wir sie auch nur irgendwie schützen könnten.

Auch wenn wir es nicht schafften, eine ordentliche Verteidigungskampagne hochzufahren, hielten wir den Wettbewerb bis zur Auflösung von Memorial im Dezember 2021 aufrecht, auch unter den schwierigen Bedingungen der Coronapandemie. Diese letzten Jahre waren ein einziger Kampf, aber wir führten ihn gemeinsam bis zum Schluss. Selbst nach der Liquidierung erreichten uns noch neue Einsendungen.

Dass unser Wettbewerb mehr als nur ein Dorn im Auge des Regimes war, dass er tatsächlich eine Gefahr für die staatliche Geschichtsdeutung darstellte, zeigte das Plädoyer des Staatsanwalts im Liquidierungsprozess vor dem Obersten Gericht. Ein Mitarbeiter von Memorial hatte die folgenden Worte aufgezeichnet, eine öffentliche Berichterstattung gab es nicht: »Memorial zielt darauf ab, das historische Gedenken zu entstellen, vor allem das an den Großen Vaterländischen Krieg. Mit Spekulationen zum Thema politische Repressionen zeichnet Memorial International ein fehlerhaftes Bild der UdSSR, indem es sie als terroristischen Staat darstellt. Memorial führt Bildungsprojekte durch (...) An diesen Projekten haben sich 44 000 russische Schüler beteiligt. Wie soll man von einem Nutzen für die Jugend sprechen, wenn eines der Mitglieder von Memorial erklärt, es würde die Heimat nicht lieben, und behauptet, Patriotismus sei Obskurantismus?«

Nach dem 24. Februar 2022 sahen sich viele aus dem Organisationsteam des Schülerwettbewerbs gezwungen, Russland zu verlassen. Unsere Jury-Vorsitzende Ljudmila Ulizkaja ging ins Exil; sie war genauso wie andere Jury-Mitglieder zur »ausländischen Agentin« erklärt worden. Ihre Bücher verschwinden in Russland nach und nach aus den Buchläden und Bibliotheken. Oleg Orlow, Gründungsmitglied von Memorial, der in den letzten Jahren für die Sicherheit des Wettbewerbs gesorgt hatte, wurde wegen öffentlicher Äußerungen gegen den Ukrainekrieg zu zweieinhalb Jahren Haft verurteilt. Im August 2024 kam er im Rahmen eines Gefangenenaustauschs zwischen Russland und westlichen Staaten frei und nach Deutschland. Die Regisseurin Schenja Berkowitsch, die unsere Preisverleihung 2017 inszeniert hatte, wurde zu sechs Jahren Haft verurteilt, angeblich wegen der Aufführung eines Theaterstücks, das den »Terrorismus rechtfertigt«, aber in Wirklichkeit wegen ihrer Anti-Kriegs-Gedichte.

Manchmal höre ich etwas von unseren ehemaligen Wettbewerbsteilnehmern. Eine Schülerin wurde zum Beispiel eine bekannte Politologin, ich sehe sie oft in unseren unabhängigen Medien. Manche versuchen nach wie vor, in Russland etwas zu bewirken. Die vielen großartigen Geschichtslehrer, ohne die wir den Wettbewerb nie hätten durchführen können, müssen nun nach einem Lehrbuch unterrichten, das aus einem verlogenen, propagandistischen Sud besteht und den Krieg gegen die Ukraine rechtfertigt. Einem der Verfasser zufolge dürfte sie überhaupt nicht existieren.

Und wir versuchen nun im Exil, unseren Wettbewerb wieder aufzunehmen. Diesmal über alle Grenzen hinweg.

Kapitel 6

SAMMELN UND BEWAHREN

Letztens habe ich geträumt, dass ich in Moskau bin und ins Büro gehe, aber nicht in die Räumlichkeiten, in denen wir in den letzten Jahren gearbeitet hatten, sondern in das alte Häuschen in der Maly-Karetny-Gasse. Es war Anfang des 20. Jahrhunderts in der verwinkelten Gasse als Mietshaus errichtet und Memorial offiziell nach dem missglückten Putsch gegen Gorbatschow im August 1991 von den Behörden zur langfristigen Miete überlassen worden. Für einen kurzen Moment schien es, als hätten wir, die Demokraten, endlich gesiegt. Es gibt ein Foto aus dieser Zeit, auf dem ein Soldat in der offenen Luke seines Panzers vor dem Weißen Haus in Moskau ein Flugblatt gegen die Putschisten liest – Memorial hatte es herausgegeben. Doch 2016 schmierte einer unserer »Fans« in riesigen weißen Lettern »Hier sitzt ein ausländischer Agent« an die Wand des Hauses.

In der Enge

Wenn es etwas gibt, dem ich wirklich hinterhertrauere, dann ist das wohl mein Schreibtisch in diesem alten Haus. Man fand dort kaum einen freien Stuhl, geschweige denn etwas, das man stolz einen Arbeitsplatz hätte nennen können. Selbst das Treppenhaus war immer voll – mit den Rauchern, und dazu gehörte damals fast die komplette Memorial-Belegschaft. Immerhin hatte der Rest sie irgendwann dazu genötigt, nur noch im Treppenhaus zu rauchen. An den Wänden hingen Porträts von Dissidenten und Gründungsmitgliedern wie Andrej Sacharow, Lew Kopelew und anderen. Die ganze Atmosphäre erinnerte an die Wohnungen der Intelligenzija, in denen wir in unserem früheren sowjetischen Leben so viel Zeit verbracht hatten. Das, was wir voller Stolz Bibliothek nannten, waren anderthalb Zimmer, in denen auf magische Weise Tausende von Büchern Platz fanden, und es wurden täglich mehr. Wir verfügten über eine einzigartige Sammlung zu politischen Repressionen. Natürlich gab es einen Recherchekatalog und Karteikästen, aber man hatte stets das Gefühl, dass sich nur unser »Herr der Bücher« Boris Belenkin in diesem Labyrinth zurechtfand. Unsere Bibliothek hielt einfach alles bereit – von Kinoprogrammen aus den 1930er-Jahren bis hin zu den erstaunlichsten Tageszeitungen. Als wir anlässlich einer Ausstellung den Hitler-Stalin-Pakt illustrieren wollten, fanden sich in unserem Bestand zwei Zeitungen, die beide am selben Tag erschienen waren – die sowjetische *Prawda* und der deutsche *Völkische Beobachter* vom 24. August 1939, der auf seltsamen Wegen in unser Archiv gelangt sein muss. Auf dem Titelblatt die Konterfeis der jeweiligen Führer, die in ihrem geheimen Zusatzprotokoll untereinander halb Europa aufgeteilt hatten.

Manchmal stellte ich mir vor, wie all diese Regale über uns einstürzen und wir unter Tonnen von Büchern und Papier vergraben werden. Wir saßen in Zimmern mit dicken Wänden und schmalen Fenstern, an Tischen, auf denen Archivdokumente ausgebreitet lagen, und auch die Besucher, die unablässig zu uns strömten, wurden dort empfangen. Kaum vorzustellen, aber in dem kleinen Raum, in dem wir normalerweise zu viert arbeiteten, manchmal auch zu sechst, drängten sich manchmal bis zu dreißig Leute. Das Spektrum unserer Gäste reichte von Schülern, Lehrern und Studenten über Bundestagsabgeordnete bis zu Stadtverrückten, die von öffentlichen Institutionen stets magisch angezogen werden. Es kamen Memorial-Mitarbeiter aus den verschiedensten Standorten, die auf der durchgelegenen Couch im Flur zwischen Archivschränken übernachteten und mit Taschen voller Bücher wieder abreisten. Auf Klappstühlen nahmen Historiker aus der ganzen Welt Platz, die kamen, um in unserem Archiv zu recherchieren.

Genau wie einst in den Moskauer Küchen, in denen sich unser Leben abspielte, wurden auch in unserem Memorial-Alltag die Papiere flugs beiseitegeschoben und der Tisch für ein gemeinsames Mittagessen gedeckt. Nach drei Jahren gelang es unserem unermüdlichen Büroleiter, der immer wieder regelrechte Wunder vollbrachte, mir einen eigenen Schreibtisch zur Verfügung zu stellen – das war ein echtes Privileg. Im Keller gab es zum Glück einen Raum mit Platz für vierzig Personen. Dort führten wir unsere Versammlungen und Seminare durch, zuweilen sogar Ausstellungen.

Indessen wurden ab Mitte der 1990er-Jahre in Moskau immer mehr funkelnde Bürotürme gebaut, die um uns herum in den Himmel ragten. Ich werde nie vergessen, wie wir bei einer Bildungskonferenz in einem riesigen Hochhaus waren, in dem Yukos seinen Sitz hatte, der Ölkonzern von Michail Chodorkowski. Er war der einzige russische Milliardär, der unseren Schulwettbewerb unterstützte und in Bildungs- und Aufklärungsprojekte investierte. Aber der frappierende Unterschied zwischen unserem winzigen Häuschen und der neureichen Businesswelt illustrierte anschaulich den Stellenwert, den die Beschäftigung mit dem Massenterror und den Repressionen hatte. Wie anachronistisch unsere Arbeit den Tausenden Büroangestellten erschien, die in den wie die Pilze aus dem Boden schießenden neuen Businesszentren saßen. Yukos stand ganz oben an der Spitze dieser funkelnden Pyramide. Wer hätte gedacht, dass dieses Öl-Imperium sehr bald zerschlagen und geplündert werden würde. Dass Michail Chodorkowski verhaftet, nach einem kafkaesken Prozess eine langjährige Haftstrafe absitzen und Memorial Lesungen veranstalten würde, damit man diesen politischen Gefangenen nicht vergaß.

Unsere Unterstützer befanden irgendwann, dass sich in der Maly-Karetny-Gasse nicht nur zu viele Menschen auf engstem Raum tummelten, sondern auch die unschätzbaren Dokumente und Gegenstände aus dem Gulag, die sich in unserer Sammlung befanden, unter völlig unangemessenen Bedingungen gelagert würden. Schließlich stellten uns die westlichen Stiftungen, die uns unterstützten, Mittel für neue Räumlichkeiten zur Verfügung. Das war wundervoll, aber in Moskau boomte der Wohnungsmarkt, und es war praktisch unmöglich, zu einem vernünftigen Preis und noch dazu legal irgendetwas zu kaufen. Die Verkäufer wunderten sich, warum wir es nicht so machten wie alle: Einen Teil der Summe einfach schwarz bezahlen. Eine Win-win-Situation, versuchten sie uns zu überzeugen: »Wir haben mehr Geld und Sie zahlen weniger Steuern.« Das kam natürlich nicht infrage, und so blieben all unsere Bemühungen lange Zeit fruchtlos.

Besonders gut erinnere ich mich an eine Besichtigung im Wollforschungsinstitut, das damals zum Verkauf stand. Es war in jeder Hinsicht eine Zeitreise. Das Institut befand sich auf einem recht großen Gelände in einem alten Moskauer Bezirk. Auf dem Areal fand nicht nur das mehrstöckige Gebäude des Instituts Platz, sondern auch Forschungslabore. Als wir vor dem Tor warteten, fuhr ein schwarzer Mercedes vor, aus dem eine junge Blondine im kurzen Nerzmantel und hochhackigen Stiefeln flatterte, die uns zielstrebig durch den matschigen Schnee zum Hauptgebäude führte, einem Bau in der typischen Staatsarchitektur der Siebziger und Achtziger.

Wie in einer Filmkulisse standen wir plötzlich in einem sowjetischen Institut, in dem inzwischen das Chaos die Herrschaft übernommen hatte. Über der riesigen Treppe hing eine ebenso riesige, aus Wolle gewebte Wandtafel mit einer Karte der UdSSR, auf der die einzelnen Wollproduktionsstätten verzeichnet waren. Neben der Treppe befand sich eine Art Bar – eine moderne Errungenschaft der frühen Achtziger –, in der man hinter der Theke verstaubte leere Flaschen sowjetischer Import-Spirituosen erspähen konnte, die die ältere Generation noch kennt, wie kubanischen Rum und bulgarischen Brandy.

Wir stiegen die Treppe hoch und standen in einer großen Aula. Sofort sahen wir vor uns, wie wir hier Abendveranstaltungen und Konferenzen abhalten würden. In dem ganzen riesigen Gebäude war keine Menschenseele, nichts als die Spuren der verschwindenden sowjetischen Zivilisation und einer nebulösen kommerziellen Tätigkeit in den Neunzigern. Es war, als hätte ein Tornado gewütet und alle mitgenommen, die einst diese Büros bevölkert hatten. Doch plötzlich regte sich etwas. Hinter einer halb geöffneten Tür sahen wir mehrere Plastiksäcke stehen – voll mit Knöpfen. Wir spähten in den Raum und entdeckten zwei junge Männer, die vor Rechnern saßen und uns nach einem Blick in unsere überraschten Gesichter gelangweilt mitteilten, sie hätten einen Vertrieb für Knöpfe, würden aber in den nächsten Tagen ihren Platz hier räumen.

Wieder unten im Erdgeschoss schlug uns bei der Garderobe ein beißender Gestank entgegen. »Keine Sorge«, zwitscherte die betörende Blondine, »hier war mal ein Raum an eine Fischräucherei vermietet. Aber die sind schon weg.« Mit diesen Worten verabschiedete sie sich, nicht ohne uns zu ermahnen, wir sollten uns mit der Entscheidung nicht zu lang Zeit lassen, denn die Interessenten stünden Schlange. Wir traten an die frische Luft und gingen Richtung Metro, auf dem Weg in Fantasien schwelgend, wie viel Platz wir auf einmal hätten und wie erstaunlich günstig angesichts der Moskauer Preise dieses riesengroße Gelände war. Wir malten uns bereits eine rosige Zukunft für Memorial im ehemaligen Wollforschungsinstitut aus, aber wie man sich vorstellen kann, erwartete uns auch hier eine herbe Enttäuschung. Am Preis änderte sich zwar nichts, aber ein Drittel der Summe sollten wir auf ein Offshore-Konto auf den Cayman Islands überweisen.

So ging es einige Jahre, und alle versicherten uns, ein einwandfreier Kauf wäre in Moskau momentan ausgeschlossen. Und in der Tat, man konnte mit bloßem Auge zusehen, wie die Stadt ausverkauft wurde, Immobilienspekulanten ungehindert ihr Unwesen trieben. Links und rechts wurden historische Gebäude abgerissen – wie sich herausstellte, war die Stadtverwaltung in die Sache verwickelt –, um sie durch billige Kopien zu ersetzen; 2004 brannte mitten in Moskau die Manege nieder, ein klassizistisches Baudenkmal nahe dem Kreml. Die Behörden sprachen von einem Kurzschluss als Ursache, viele Bürger und die Presse vermuteten Brandstiftung und erinnerten daran, dass eine Investorengruppe, unterstützt vom Bürgermeister, die Manege durch einen Neubau mit Tiefgarage ersetzen wollte.

Und dann geschah doch noch ein Wunder: Wir fanden ein Gebäude buchstäblich um die Ecke, in der Karetny Rjad, wo wir zwei Stockwerke zur freien Verfügung haben würden. Mit beträchtlichem Aufwand richteten wir ein echtes Archiv ein, wo die Zigtausenden Dokumente, die sich über die Jahre angesammelt hatten, sowie unsere Museumskollektion Platz fanden – die weltgrößte Sammlung von Zeugnissen politischer Repressionen in der UdSSR.

Als wir 2008 endlich die Gelegenheit zum Umzug hatten, trauerten wir aber doch unserem gewohnten Leben nach. Etwas Ähnliches berichteten manchmal Menschen, die in den Fünfzigern, als das Chruschtschow-Tauwetter einsetzte und billige Wohnungen in neuen Vierteln gebaut wurden, aus den Gemeinschaftswohnungen in Einzelwohnungen umzogen. Auch wir dachten daran zurück, wie schön diese Enge auf eine Art gewesen war, wie schnell sich so auf dem denkbar kürzesten Weg Fragen klären oder Probleme lösen ließen. Jetzt würden wir in richtigen Büros weit weg voneinander hinter verschlossenen Türen sitzen. Doch schon bald sollte der Platz auch an der neuen Adresse vorne und hinten nicht mehr ausreichen, und wir saßen wieder zu mehreren in einem Raum, nur dass der jetzt deutlich größer war. Dafür hatten wir jetzt einen eigenen Veranstaltungssaal und im Keller fast hundert Quadratmeter für Ausstellungen zur Verfügung. Bald entwickelte sich unser Büro zu einem Treffpunkt für Gleichgesinnte, denn für die Gegner des Putin-Regimes gab es solche Orte immer weniger.

Gräber, Listen und das »Gift der totalitären Archive«

Wie schon im alten Büro stand mein Tisch aus der Maly-Karetny-Gasse auch im neuen so, dass ich mit dem Rücken zur Tür saß, sodass mir über die Zeit quasi ein zweites Paar Ohren und Augen am Hinterkopf wuchsen. Es kamen ja ständig Leute in unser Archiv.

Dass wir dieses Archiv überhaupt hatten, war in den Anfängen von Memorial nicht abzusehen gewesen. Memorial war ursprünglich als Initiative entstanden, um den Opfern der Repressionen ein Denkmal zu errichten, denn bis zur Perestroika gab es nichts, was im öffentlichen Raum an diese Menschen erinnert hätte. Noch bevor man aussagekräftige Zahlen hatte, das Ausmaß der Verfolgungen kannte, war klar, dass es sich um Millionen handeln musste.* Auch deshalb forderte Memorial vom Staat, endlich die Wahrheit zu sagen und die Geheimarchive zu öffnen. Was man darin überhaupt vorfinden würde, wusste keiner so recht; schließlich hätten diejenigen, in deren Händen sie sich befanden, ja auch jahrelang die Möglichkeit gehabt, Archivmaterial zu vernichten.

Dass zum Glück das meiste erhalten geblieben war, zeigte sich nach dem Inkrafttreten des Gesetzes über die Öffnung der Archive, das 1992 nicht ohne unsere Mitwirkung beschlossen wurde. Endlich sollten die Geheimdokumente zu politischen Repressionen von Organen wie dem KGB, dem Innen- und Außenministerium ins Staatsarchiv überführt und öffentlich zugänglich gemacht

* Im engeren Sinne des Wortes wurden etwa zwölf Millionen Menschen zu Opfern. 4,5 Millionen wurden verhaftet, kamen in Untersuchungsgefängnisse und wurden verurteilt. Rund eine Million wurde nach dem Urteil erschossen, die übrigen kamen in den Gulag. Etwa sechs Millionen Menschen wurden enteignet und in entlegene Regionen der Sowjetunion deportiert. Dort wurden sie in Sondersiedlungen gepfercht und mussten Zwangsarbeit leisten. Nicht eingerechnet in diese Zahlen sind jene Millionen Menschen, vor allem in der Ukraine, Kasachstan und im Süden Russlands, die an Hunger (auch infolge der Zwangskollektivierung der Landwirtschaft in den Jahren 1932–1933) starben oder Opfer des »Roten Terrors« im Bürgerkrieg wurden.

werden. Der nächste entscheidende Schritt folgte, als Jelzin am 23. Juni 1992 den Erlass »Über die Beseitigung der restriktiven Kennzeichnungen von Gesetzen und anderen Akten, die als Grundlage für Massenrepressionen und Menschenrechtsverletzungen dienten« unterzeichnete. Damit wurde die Offenlegung aller Dokumente über Repressionen und Menschenrechtsverletzungen in den Staats- und Bezirksarchiven angeordnet, unabhängig von ihrem Alter. Mit anderen Worten: Die Dokumente der gesamten Periode der Sowjetherrschaft von 1917 bis 1991 sollten freigegeben werden. Unsere Aufgabe sahen wir nun darin, anhand der Listen von Repressions- und Hinrichtungsopfern und mithilfe der erstmals einsehbaren Dokumente die Mechanismen und das Ausmaß der Repressionen zu beschreiben. Und herauszufinden, wo die Erschießungen stattgefunden hatten, wo die Tausenden, Millionen von Opfern begraben lagen.

Ende der 1980er-Jahre, auf dem Höhepunkt der Perestroika und der öffentlichen Aufmerksamkeit, waren immer mehr Zeugen und Beweisstücke aufgetaucht. Jemand hatte etwas gehört, mitbekommen, gefunden. Schon früher, in den Sechzigern und Siebzigern, waren im Zuge von Bauarbeiten ständig Menschenknochen freigelegt worden, aber damals war es natürlich streng verboten, darüber zu reden. Dann, 1989, sorgte ein Schreckensfund nach dem anderen für Aufsehen. Zum Beispiel das Massengrab auf der Solotaja Gora, dem Goldenen Berg, in Tscheljabinsk im südlichen Ural: In einer verlassenen Kohlegrube lagen die Überreste von Erschießungsopfern aus der Zeit des Großen Terrors. Kurz vor seinem Tod besuchte Andrej Sacharow die Stätte. Eine Kinochronik aus jener Zeit zeigt in Großaufnahme, wie menschliche Schädel mit Einschusslöchern aus der Erde geborgen werden und wie Hunderte von Menschen über dem Massengrab in der freigelegten Grube stehen.

Solche Massengräber wurden überall in der UdSSR gefunden, aber längst waren nicht alle Orte bekannt. An denen, die entdeckt wurden, entstanden spontane Gedenkstätten, die Menschen brachten Fotos von ihren Familienangehörigen, befestigten sie an den Bäumen, zündeten Kerzen an ... Später wurden Gedenksteine aufgestellt, sorgsam gepflegt von lokalen Memorial-Aktivisten, bis in den 2010er-Jahren fast überall eine seltsame Geschäftigkeit um diese Orte einsetzte. Ständig hörte man von Baustellen, neuen Straßen, die ausgerechnet durch diese Gebiete führen sollten. Auch die Gedenkstätte auf dem Goldenen Berg bei Tscheljabinsk soll einer Schnellstraße weichen. Bei Jekaterinburg, wo in der Nähe der Autobahn nach Moskau fast 20 000 Erschießungsopfer liegen, geriet die Gedenkstätte buchstäblich ins Visier: Ganz in der Nähe entstand plötzlich eine Trainingstrecke für Biathleten und ein Schießstand. Wenn man heute durch den Wald läuft, hört man die Schüsse der Sportler knallen – es wirkt wie eine makabre Inszenierung.

Immer häufiger sind Leute, die sich jahrelang der Suche und der Identifizierung der Opfer gewidmet haben, der Verfolgung ausgesetzt. Zum Beispiel Juri Dmitrijew von Memorial in Karelien, der 2017 aufgrund einer falschen Anschuldigung zu einer jahrelangen Haftstrafe verurteilt wurde. Unter den Opfern der Massenbegräbnisstätte in Sandarmoch, um die sich Dmitrijew kümmerte und in der zwischen 1937 und 1938 Hunderte von Menschen aus dem nahe gelegenen Sonderlager Solowezki hingerichtet wurden, waren auch viele Ukrainer und Polen. An den Gedenktagen kamen alljährlich Delegationen aus Polen, der Ukraine und anderen Ländern. Vor dem Hintergrund des Krieges in der Ukraine und der antiwestlichen Stimmungen kommt es heute an Gedenkstätten in Russland immer wieder vor, dass mal polnische, mal finnische Kreuze entfernt werden.

In den ersten Jahren unserer Arbeit Anfang der 1990er-Jahre standen wir gewissermaßen vor einer riesigen Umrisskarte der Vergangenheit, auf der wir all das abbilden mussten, was viele Jahrzehnte lang ausgelöscht und unsichtbar geblieben war. Uns trieb das Gefühl an, dass wir uns mit dieser Aufgabe beeilen mussten, als ahnten wir bereits, dass die Öffnung der Archive nicht von

Dauer sein würde, dass wir es mit einem kleinen Zeitfenster zu tun hatten. Diese Ahnung sollte sich bewahrheiten, wenn auch nicht so schnell wie befürchtet. Es kursierte sogar ein Spaßgedicht, eine Parodie auf Puschkin, die mich ziemlich aufregte, weil sie auf mich wie eine Formel für Menschen wirkte, die an nichts glauben und vor allem Angst haben. Das Gedicht ging in etwa so: »Jetzt haben wir noch Glasnost / doch die ist bald passé / und jeder unsrer Namen / scheint auf beim KGB.« Heute muss ich mir eingestehen, dass es durchaus prophetisch war.

Eine Gruppe von Forschern bei Memorial arbeitete an einem Nachschlagewerk, in dem das sowjetische Lagersystem erstmals beschrieben werden sollte. So entstand auch unsere Karte der Gulag-Standorte, die wie ein dichtes Netz das gesamte Riesenreich überspannten. Andere Wissenschaftler erforschten die Mechanismen der Massenrepressionen und erstellten Listen ihrer Organisatoren. Ende der Neunziger erschien erstmals ein Band mit den Kurzbiografien der Personen, die zur Zeit der stalinistischen Repressionen die Organe der Staatssicherheit leiteten.

Auf der Gründungskonferenz von Memorial 1989 hatte Andrej Sacharow, der zum ersten Vorsitzenden gewählt wurde, gesagt: »Wir müssen bis zu jedem einzelnen Schicksal vordringen.« Damals klang das für mich, ehrlich gesagt, nach einer schönen Utopie. Aber nach und nach erstellten die Menschen an zahlreichen Orten Gedenkbücher, bestehend aus Listen mit den Namen der Opfer und kurzen biografischen Angaben. Sie waren die Grundlage für eine Datenbank, in der Memorial im Laufe von dreißig Jahren Daten zu 3,5 Millionen Menschen erfasste. Auch wenn das nur etwa einem Viertel der rund zwölf Millionen Opfer der stalinistischen Repressionen entsprach, konnten wir trotzdem sehr oft weiterhelfen, wenn sich jemand mit einer Suchanfrage an uns wandte.

Die Öffnung der Archive kam einem unwirklichen Traum gleich. Und ich, die ich jahrelang die Erinnerungen ehemaliger Häftlinge aufgeschrieben hatte und mir sicher war, niemals Zugang zu den Geheimarchiven zu bekommen, ließ alles andere stehen und liegen, um Stunden und Tage in den Akten zu lesen. Aber nach und nach stellte sich ein Gefühl ein, das ich für mich als das »Gift der totalitären Archive« bezeichnete.

Als ich im Frühjahr 1991 im KGB-Archiv in der Ljubjanka stand und zum ersten Mal die Ermittlungsakten sah, begriff ich, dass von all diesen unzähligen Menschen nur das übrig geblieben war, was das staatliche Repressionssystem für erhaltenswert befunden hatte. Ja, man konnte darin menschliche Spuren finden, die als angebliche Beweisstücke für eine angebliche Schuld konfisziert worden waren – Tagebücher, Fotografien, zufällige Dokumente, Denunziationen und Beschwerdebriefe. Doch das war eher die Ausnahme. Vor allem aber dienten diese »Beweisstücke« dazu, den Menschen im Zerrspiegel der Repressionsmaschine zu zeigen, die ihr Opfer auffrisst. Es ist der Blick der Henker, den einnehmen sollte, wer auch immer sich mit Dokumenten beschäftigte. In einer Ermittlungsakte spielt das Individuum eine ihm aufoktroyierte Rolle in einem grausamen Spektakel, bei dem es die Aufgabe des Regie führenden Henkers ist, diesen einzelnen Menschen in einem möglichst üblen Licht dastehen zu lassen. Wir können nur vermuten – denn schriftliche Spuren gibt es nicht –, dass die Opfer, die nicht nur gegen sich selbst, sondern auch gegen nahe Angehörige aussagten, dies unter Folter getan haben. Am schwersten zu lesen waren Verhörprotokolle, in denen die Verhafteten gezwungen wurden, gegen die engste Familie auszusagen – Mütter, Väter, Ehegatten, Kinder. Sie sagen beispielsweise Dinge wie: »Mein Mann arbeitete im Verlag für ausländische Werktätige in Moskau und in der Komintern. Er schrieb eine Menge über Bucharin-Anhänger und Saboteure auf. Ich erinnere mich, dass mein Mann diese Informationen im Winter '37 auf dem Puschkin-Platz im Café Moskwa vor meinen Augen einem Mann gegeben hat, der für den NKWD arbeitet. Ich habe das alles mehrfach auf der Schreibmaschine abgetippt, und mein Mann hat es diesem Mann übergeben.«

Aus der Akte eines Achtzehnjährigen, verhaftet zusammen mit seiner Mutter, einer deutschen Politemigrantin: »Frage. Wissen Sie etwas über die Spionagetätigkeit Ihrer Mutter auf dem Gebiet der UdSSR? Antwort. Konkrete Fakten über eine Spionagetätigkeit meiner Mutter kann ich nicht vorbringen, aber die folgenden Momente in ihrem Verhalten bringen mich auf den Gedanken, dass sie eine Spionagetätigkeit auf dem Gebiet der UdSSR ausgeübt hat. Sie hat mich zur Produktion der Fabrik befragt, obwohl sie genau wusste, dass ich nicht darüber sprechen darf. Außerdem hatte sie in letzter Zeit große Geldsummen in ihrer Tasche.«

Aus einem anderen Verhörprotokoll eines Zwanzigjährigen, der Anfang der 1930er-Jahre mit seinem Vater in die Sowjetunion gekommen war: »Frage. Der Ermittlung liegen Informationen vor, denen zufolge Ihr Vater antisowjetisch eingestellt und feindselig gegen die sowjetische Regierung ist. Können Sie diese Informationen bestätigen? Antwort. Ja, ich bestätige, dass mein Vater antisowjetisch eingestellt und feindselig gegen die sowjetische Regierung ist.«

Aus einem weiteren Verhörprotokoll ging hervor, dass ein junges Paar gegen Ende der 1930er-Jahre vom NKWD verhaftet worden war: »Frage. Sie haben also ihre Frau geheiratet, um sie für Ihre Spionagetätigkeit einzusetzen, richtig? Welche Spionage-Informationen haben Sie von ihr erhalten? Antwort. Sie hat mir Spionage-Informationen zum Truppenübungsplatz der Roten Armee geliefert, wo sie gearbeitet hat.«

Unsere anfängliche Sorge, das Regime hätte solche Zeugnisse womöglich vernichtet, um das Ausmaß des Terrors zu vertuschen, entpuppte sich als naiv. Im Gegenteil, sie wurden als Beweis seiner Legitimität aufbewahrt. Rein optisch wirkte vieles sehr nachlässig: Die Dokumente strotzten von Grammatikfehlern, die auf den niedrigen Bildungsgrad der Beamten hinweisen, von Tinten- und anderen Flecken; die Belege über die Vollstreckung der Hinrichtung durch Erschießungskommandos waren schlampig auf kleine Zettel gedruckt. Doch auch das illustrierte letztlich nur eindrucksvoll, wie wenig in diesem Bürokratieapparat ein Menschenleben zählte.

Je tiefer ich in die Lektüre eintauchte, desto mehr wurde mir klar, wie wichtig die Idee von Memorial war, ein Archiv aufzubauen, das es in dieser Form in Russland nie gegeben hatte: Es sollte dem Leben und Schicksal der Menschen gewidmet sein. Ein Archiv, in das man die Bruchstücke der eigenen Familiengeschichte bringen konnte, um sie so mit Tausenden anderen zu verbinden. Natürlich wussten wir, dass von den Dokumenten und Habseligkeiten der Menschen, die den Repressionen zum Opfer gefallen waren, wenig übrig war. Eine Verhaftung ging in der Regel mit einer Hausdurchsuchung einher, bei der vor allem persönliche Papiere konfisziert wurden. Briefe, Tagebücher, Notizhefte – alles, was als Beweisstück dienen konnte. Mein Großvater, dem diese Gefahr sehr wohl bewusst war, bewahrte seine akribisch geführten Telefon- und Notizbücher zwar trotzdem auf, riss aber vorsorglich mehrere Seiten heraus. Aus dem gleichen Grund wurden auch Gesichter von verhafteten Familienmitgliedern auf Fotografien unkenntlich gemacht oder ausgeschnitten, wurden Aufnahmen von Uniformierten der vorrevolutionären Epoche vernichtet – solche manipulierten Bilder gab es später in unserer Kollektion zuhauf. Oft waren eine Handvoll Briefe, wenige Fotos und Dokumente, aufbewahrt in einer Keksdose oder einer alten Aktentasche, die einzige Erinnerung an verfolgte Familienangehörige.

Unser Aufruf, sich auf die Suche nach den Überresten der Familienarchive zu begeben, führte zu einem regelrechten Massenandrang bei Memorial. Zum ersten Mal wurden heimlich verfasste Erinnerungen an Gefängnis- und Lageraufenthalte ans Licht geholt, Fotos und Briefe aus den Lagern, Notizzettel, die Menschen aus Gefängnistransporten geworfen und die wie durch ein Wunder ihre Adressaten erreicht hatten. Auch Gegenstände aus dem Gulag wurden aufbewahrt – selbst gebastelte Köfferchen aus Spanplatten, wattierte Westen mit Nummern, geschnitzte Holzlöffel, Teekessel und Schüsseln, die den Gefangenen in den langen Jahren der Inhaftierung gedient hatten. Auch kunstvolle Stickereien, Zeichnungen und Aquarelle wurden uns gebracht, die in den Gefängnisbaracken entstanden waren und die regelmäßigen Durchsuchungen überlebt hatten. Es war erstaunlich: Wir bekamen diese Dinge anvertraut, obwohl wir offensichtlich keine besonderen Vorrichtungen besaßen, um halb zerfallene Briefumschläge aufzubewahren oder Basteleien, die buchstäblich aus Lagerabfall, herausgerissenen Fäden und Stofffetzen hergestellt wurden. Offenbar war es den Besitzern ein Anliegen, diese Gegenstände immerhin in wohlwollenden Händen zu wissen.

Anfang der 1990er-Jahre gab es unter unseren Besuchern noch viele, die selbst durch die stalinistischen Lager gegangen waren. Dann waren es mehr und mehr deren Kinder, die zu uns kamen. Und schließlich ihre Enkelkinder. Was suchten diese Menschen bei uns? Warum brachten sie uns ihre Familienarchive? Dafür gab es mehrere Gründe: Eine wichtige Rolle spielte die Tatsache, dass sie so viele Jahre gezwungen gewesen waren, zu schweigen und ihre Vergangenheit zu verheimlichen. Oder sie nur einem sehr kleinen Kreis anvertrauen konnten. Und plötzlich interessierte sich jemand für ihr Leben oder einen großen Teil davon. Sie wollten endlich gehört werden, freuten sich, dass jemand etwas Bedeutendes in diesen Papierfetzen sah, die sie jahrzehntelang nicht nur vor fremden Blicken, sondern oft auch vor den engsten Angehörigen versteckt hatten. Endlich war da jemand, der die Bedeutung der kurzen Schnur erkennen konnte, an deren Enden Stöckchen befestigt waren. Sie hatte dazu gedient, die Brotration in gleiche Teile zu teilen – eine überlebenswichtige Aufgabe, die nur einem aufrichtigen und in der ganzen Lagerbaracke geschätzten Menschen anvertraut werden konnte. Einem wie dem deutschen Kinderarzt, dem diese Schnur gehört hatte und der nach Ausbruch des Krieges im Gulag gelandet war. Oder die winzige schwarze Puppe, die junge Studentinnen aus abgetrennten Fäden geflochten hatten, um sie einer älteren »Alteingesessenen« aus ihrer Zelle zu schenken, die sich so aufopferungsvoll um sie kümmerte, als sie in die Fänge der Repressionsmaschine geraten waren. Oder der streichholzschachtelgroße Brief, der winzig zusammengefaltet in einem Jackenknopf versteckt wurde und zu unseren wichtigsten Ausstellungsstücken gehört. Der Verfasser hatte es irgendwie geschafft, ihn seinen Angehörigen in die Freiheit zu übermitteln, bevor er erschossen wurde. Uns war natürlich klar, dass diese Objekte, egal, wie viele davon zu uns gelangten, niemals das ganze Ausmaß des Schreckens abbilden konnten. Aber als Erinnerungsstücke erzählten sie nicht nur etwas über den Gulag, sondern auch viel über die Menschen, die sie all die Jahre aufbewahrt hatten.

Familienbande in Zeiten des Terrors

Ich erinnere mich gut an diese vielen Menschen, die buchstäblich hinter meinem Rücken ihre Geschichten erzählten. Wie aufmerksam unsere Archivarinnen zuhörten, wie sie halfen, die mitgebrachten Zettelchen zu entziffern. Ich wusste aus meinen eigenen langen Erfahrungen mit ehemaligen Gulag-Häftlingen, wie viel Anteilnahme und Verständnis sie brauchten. Das Telefon klingelte ununterbrochen, und ich wurde nicht müde, das Durchhaltevermögen unserer Archivarinnen Irina Ostrowskaja und Alena Koslowa zu bewundern, die mehrere Rollen auf einmal erfüllen mussten – sie sammelten, katalogisierten, interviewten und leisteten psychologischen Beistand.

In unserem Büro konnte niemanden ein Telefongespräch wie das folgende schockieren: »Dann basteln Sie am besten einen Aluhut und setzen den auf. Wenn das nicht hilft, nehmen Sie einen Topf. Haben Sie denn Ihre Medikamente heute schon genommen?«, hörte man zum Beispiel Irina sagen. Ein Außenstehender hätte vermutlich gedacht, er sei im Irrenhaus gelandet. Aber wir wussten: Am anderen Ende war unser langjähriger Schützling, der manchmal an der wahnhaften Vorstellung litt, der FSB würde seinen Kopf schädlichen Strahlen aussetzen. Er war in den 1930er-Jahren in der Verbannung geboren worden, in dem kurzen Zeitraum, in dem sein Vater in Freiheit gewesen war. Bis man ihn wieder verhaftete und 1942 in Kolyma erschoss. Der Sohn kümmerte sich rührend um das Andenken seines Vaters, den er kaum gekannt hatte, aber hin und wieder überkam es ihn ... Grundsätzlich leiden die Nachkommen häufiger unter den psychischen Folgen als die Betroffenen selbst. Diese Kinder der Dreißiger waren bereits alt und grau, aber der Verlust der Eltern, die Erfahrungen im Waisenhaus blieben für immer. Fast alle von ihnen brauchten Hilfe und Unterstützung, oft auch medizinische. Es gab viele tragische Geschichten. Zum Beispiel eine Frau, die im Alter von sechs Jahren nach der Verhaftung ihrer Eltern ins Waisenhaus gekommen war, acht Jahre dort verbracht hatte und sich an nichts aus dieser Zeit erinnern konnte. Es gab sogar Fotos, die sie beispielsweise bei einer Theateraufführung zeigten, doch für sie blieben diese acht Jahre einfach ein blinder Fleck. Sie war bei mehreren Psychologen gewesen, keiner hatte ihr helfen können. Und so führte ihr Weg sie eines Tages zu uns; sie wollte wissen, ob wir noch mehr Menschen kannten, die an einer solchen besonderen Amnesie litten.

Die Menschen, die zu uns kamen, waren sehr unterschiedlich. Manche konnten gar nicht über sich selbst sprechen, immer nur über andere. Andere redeten ausschließlich von sich, überzeugt, dass sie nur dank ihrer besonderen Eigenschaften überlebt hätten. Manche Geschichten waren voller Lücken und Legenden, andere erinnerten sich noch Jahrzehnte später an jedes Detail. Manche blieben ungeachtet ihres so schwierigen Schicksals überzeugte Sowjetmenschen und fanden unsere ganze Arbeit entbehrlich, viel wichtiger sei für die Opfer doch humanitäre Hilfe. Besonders argwöhnisch beäugten solche Besucher, vor allem in den Anfangsjahren von Memorial, unsere Computer. Sie sahen in alldem keinen Sinn.

Die meisten hatten jedoch Vertrauen in unsere Idee, ein Archiv und ein Museum aufzubauen. Am spannendsten war zu sehen, wie all die Geschichten ineinandergriffen, wie sich ein Netz aus Freundschafts- und Verwandtschaftsbeziehungen zwischen den Menschen spannte, die durch den Gulag gegangen waren. So wurden verlorene Familienangehörige wiedergefunden, tauchten verschollene Dokumente auf. Dank dieses Netzwerks konnte eine unserer Besucherinnen zum ersten Mal im Leben das Gesicht ihres Vaters sehen – sie selbst hatte kein einziges Foto von ihm besessen. Um die Fäden zusammenzuführen, musste man Hunderte von Moskauer Familiengeschichten kennen und im Kopf haben. Die meisten Dokumente und Beweisstücke kamen ja aus den Familienarchiven der Moskauer zu uns. Unsere Archivarinnen wussten mit ihrem erstaunlichen Erinnerungsvermögen oft besser über die komplizierten familiären Verflechtungen Bescheid als die Familienmitglieder.

Wie sahen diese Familiengeschichten aus, mit denen wir zu tun hatten? Wie Beziehungen in Zeiten des Terrors? Die bolschewistische Revolution führte auch zu einem massiven Eingriff in die traditionellen russischen Familienstrukturen. Das Scheidungsrecht wurde vereinfacht, das Erbrecht faktisch liquidiert, Schwangerschaftsabbrüche wurden legalisiert und so weiter. Der Bürgerkrieg spaltete auf dramatische Weise Familien, indem er die Gesellschaft in Rot und Weiß unterteilte, Familienmitglieder wurden von den Bolschewiken als Geiseln missbraucht und für die falsche Abstammung ihrer Verwandten, für deren Dienst in der Weißen Armee und vieles mehr verantwortlich gemacht. Aber auch nach dem Ende des Bürgerkriegs fand diese Praxis der Sippenhaft breite Verwendung. Sogar Kinder mussten für die soziale Herkunft, die Stellung und den Status ihrer Eltern vor der Revolution geradestehen. Sehr schnell wurde deutlich, auf welch drastische Weise die Sowjetmacht mit ihrem Anspruch auf die totale Kontrolle über die Gesellschaft in die Familien eingriff. All das spielte sich vor dem Hintergrund eines harten Alltags und einer massiven

Wohnungskrise ab – die Mehrheit der Großstadtbewohner hauste bis in die Tauwetterperiode der Sechziger unter Chruschtschow in überfüllten Gemeinschaftswohnungen, wenn nicht gar in Baracken.

Besonders schwerwiegend war die Sippenhaft jedoch während des Großen Terrors, als auf direkten Befehl des NKWD vom August 1937 die Ehefrauen und Kinder von »Volksfeinden« unmittelbar Repressionen ausgesetzt wurden. Dabei entlastete das Regime jene Ehefrauen, die die »feindlichen Aktivitäten« ihrer Ehemänner von sich aus meldeten. Sogar Kinder wurden für Denunziation »belohnt« beziehungsweise dazu ermutigt. Die Briefe aus den Gefängnissen und Lagern veranschaulichen, wie sich unter diesen Bedingungen die Beziehungen innerhalb der Familien gestalteten: Welche Rolle spielten die Väter, welche die Mütter? Wie wirkte sich dies auf die Kinder aus, die praktisch ohne elterliche Fürsorge aufwuchsen?

Gewöhnliche Alltagsbegebenheiten wuchsen sich vor dem Hintergrund von Gefängnis und Lager manchmal zu echten Dramen aus. Für Eltern und vor allem für Väter – Männer wurden deutlich häufiger verhaftet als Frauen – war es wichtig, den Kontakt zu ihren Kindern aufrechtzuerhalten, die im Alltag ohnehin oft zu kurz gekommen waren. Daher machen Briefe einen überaus wertvollen Teil unserer Archivsammlung aus. In ihrer Mehrheit handelt es sich dabei um die letzten Worte von Vätern an ihre Kinder, denn fast keiner von ihnen kehrte aus Lagern und Gefängnissen zurück. Im Gegensatz zu Tausenden anderen, die während des Großen Terrors von 1937/38 unmittelbar ums Leben kamen, konnten sie immerhin noch eine Zeit lang Briefe mit ihren Liebsten austauschen. Einige der Verfasser waren in den frühen 1930er-Jahren verhaftet und nach mehrjähriger Haft erschossen worden, andere starben in den 1940er-Jahren im Gulag an Hunger und Krankheit.

Die Briefe machen deutlich, wie wichtig für die Häftlinge der Kontakt zur Familie war, wie sehr er ihren Überlebenswillen im

Lager zu stärken vermochte. Gleichzeitig hatten die Opfer große Angst, den moralischen Rückhalt von außen zu verlieren, denn die Unterstützung und Solidarität der Angehörigen war praktisch das Einzige, was sie der staatlichen Vernichtungsmaschinerie entgegensetzen konnten. So schrieb Alexej Wangenheim, der Begründer des russischen meteorologischen Dienstes, 1936 in einem Brief aus dem Solowezki-Lager: »Alles erscheint mir düster, bange, in vielerlei Hinsicht hoffnungslos, und nur mein Zuhause mit meinen Liebsten erscheint mir … als der Stern, der meinen Weg erhellt.« Seine Zeit im Lager verbrachte er damit, seiner kleinen Tochter kunstvoll gebasteltes Lehrmaterial aus getrockneten Blättern und Muscheln zu schicken, die er auf der Insel fand. Bald darauf wurde er erschossen.

Um den Kontakt zur Familie aufrechtzuerhalten, musste man mitunter zunächst Frau und Kinder von seiner eigenen Unschuld und Aufrichtigkeit überzeugen, Zweifel und Misstrauen zerstreuen. Dies ist ein zentraler Aspekt in den Briefen und ein hochsensibles, schmerzhaftes Thema. Denn die Frage, die die Kinder in ihren Briefen unmittelbar oder indirekt stellen, ist die Frage nach der Schuld. Wenn aber keine Schuld vorliegt, dann heißt es im Umkehrschluss, dass dem Vater und der ganzen Familie eine himmelschreiende Ungerechtigkeit widerfährt. Aber wenn diese Wahrheit nichts zählt, dann muss das Regime grausam und blutrünstig sein.

Auf diese Weise entsteht bei den Vätern wie bei ihren Kindern ein quälender Zwiespalt, den viele von ihnen ein Leben lang nicht überwinden können. Alles, was mit den Opfern geschah, was sie während der Ermittlung und im Gulag erlebten, führte unweigerlich zu einer unlösbaren kognitiven Dissonanz. Es bedeutete eine ungeheure Kraftanstrengung, sich selbst und seine Angehörigen von seiner Unschuld zu überzeugen. Sich immer wieder vorzubeten, dass alles nur ein großes Missverständnis war, das sich bald auflösen würde, eine tragische Verkettung von unglücklichen Zufällen, eine falsche Anschuldigung. Aus den Briefen ist zudem klar ersichtlich, dass den Verfassern bewusst war: Ihre Verhaftung hängt wie ein Damoklesschwert über der Familie.

Auch die Kinder der Häftlinge, die von klein auf unter dem Einfluss der massiven Staatspropaganda standen und dazu erzogen wurden, dem Sowjetregime und der Kommunistischen Partei blind zu vertrauen, befanden sich in einer äußerst schwierigen Lage. Die ideologische Gehirnwäsche vor allem an den Schulen, in Pionier- und Komsomol-Organisationen veränderte die Rolle der Familie in der Kindererziehung und schuf Misstrauen gegenüber der älteren Generation. Der beste und wichtigste »Erzieher« war schließlich die Sowjetmacht. Viele Kinder illustrierten ihre Briefe an die Eltern im Lager mit Bildern vom Kreml oder roten Fahnen, was für viele unserer Besucher kaum nachvollziehbar und schwer erträglich war.

Die tragischsten Briefe von Eltern sind wahrscheinlich die, die fast hysterische Appelle an die Kinder enthalten, unter keinen Umständen den Glauben an die Partei, an die Sowjetmacht zu verlieren. Manche Zeilen lesen sich wie ein Vermächtnis, ein letzter Wille, man könnte sagen, eine Opferung des Selbst auf dem Altar, damit wenigstens die Kinder angesichts der Inhaftierung ihrer Eltern nicht den Glauben an die Sowjetmacht verlieren: »Ich bin kein Feind, haltet euch an den Komsomol, die Partei, zweifelt nicht an meiner Aufrichtigkeit«; »In Luhansk, in Charkiw – überall, allerorts muss man Stalin lieben, den großen Freund der sowjetischen Kinder«; »(…) und als die innig geliebte Staatsmacht, die einzig mögliche für deinen Papa, verlangte, dass er von euch Abschied nimmt (…), hat dein Papa niemanden verflucht oder verurteilt. Es muss so sein, wie diese der ganzen Welt nützliche Staatsmacht es braucht.«

Dieser moralische Zwiespalt, die Überzeugung, dass ihre Söhne und Töchter trotz allem als loyale Sowjetbürger aufwachsen müssten, hinterließ bei den Adressaten tiefe Traumata. Viele, die weiterhin an die Unschuld ihrer Eltern glaubten, versuchten auf jede erdenkliche Weise, ihre Loyalität gegenüber den sowjetischen

Behörden unter Beweis zu stellen, während sie gleichzeitig mögliche Repressionen fürchteten. Die Folgen der Doppelmoral und des pathologischen Konformismus, der Verdrängung ganzer Schichten der Vergangenheit, waren in der sowjetischen Gesellschaft auch Jahrzehnte später noch spürbar.

Väter, die nicht aus den stalinistischen Gefängnissen und Lagern zurückkehrten, wurden von ihren Kindern oft idealisiert, selbst (oder gerade) wenn sie kaum oder nur verschwommene Erinnerungen an sie hatten: »Ich erinnere mich nicht, wie sie Vater abholten, ich war nicht einmal drei«; »Vater war ein großartiger Mensch, ich liebte ihn mehr als meine Mutter«; »Ich habe Vater nie wieder gesehen. Ich habe ihn sehr geliebt, meine Beziehung zu ihm war enger als die zu meiner Mutter«. So schrieb auch einst Professor Wangenheims Tochter: »Als mein Vater verhaftet wurde, war ich nicht einmal vier (…) Er sollte immer mein Vorbild bleiben.« Tatsächlich sollte sie sein Vermächtnis bewahren und eine berühmte Paläontologin werden. Aber sie blieb für immer allein – zu groß war das Idealbild des Vaters, der ihr genommen wurde. Seine Briefe und Herbarien, die sie sorgfältig aufbewahrt hatte, vermachte sie unserem Archiv. Und als sie erkrankte und auf fremde Hilfe angewiesen war, nahm sie sich das Leben.

In den väterlichen Briefen führen die Mütter meist ein Randdasein. Sie übernehmen die Rolle der Mittlerin im Dialog zwischen den Vätern und ihren gemeinsamen Kindern. Dabei sind sie gleichzeitig diejenigen, die das Andenken an ihre Ehemänner jahrzehntelang und um jeden Preis pflegen. Sie leben in einer aussichtslosen Hoffnung auf ein Wiedersehen, erziehen ihre Kinder, indem sie an eine fiktive Autorität des Vaters appellieren, während sie selbst in den Hintergrund rücken. In der Realität lastete jedoch alles auf ihren Schultern, selbst wenn sie dem Lagerschicksal entkommen waren. Nach dem Arrest des Mannes mussten sie den Krieg überstehen, erlebten Flucht oder Evakuierung und zogen unter diesen Umständen auch noch die Kinder groß.

Das weibliche Gedächtnis

Natürlich existieren in unserem Archiv auch zahlreiche Briefe von Müttern aus dem Gulag. Frauen waren in den Lagern deutlich in der Minderheit (zumal solche, die wegen politischer Paragrafen angeklagt waren), der Prozentsatz der Überlebenden war jedoch größer. Zudem lebten sie in der Regel auch in Freiheit länger. Viele Männer, die zwar das Lager überstanden hatten, starben nur wenige Jahre nach ihrer Freilassung. Das Schicksal der weiblichen Gulag-Überlebenden ist dadurch nicht weniger tragisch. Oft weckten sie bei ihren Kindern nach vielen Jahren der Inhaftierung schwierige Gefühle, bis hin zu Ablehnung. Ihre Söhne und Töchter, die in ihrer Abwesenheit groß geworden waren, hatten sie jung und hübsch in Erinnerung, und jetzt sahen sie sich gealterten, vom harten Lagerleben gezeichneten Frauen gegenüber, die sie kaum wiedererkannten.

Sie taugten nicht als Idealfigur, eher wurden sie zur Verkörperung all der Übel, die die Familie in den Fängen der Terrormaschine ereilt hatten. Dem Lager endlich entkommen, mussten die ehemaligen Gefangenen allen Widerständen zum Trotz Unterkunft und Arbeit suchen, sich an das Leben anpassen. Sie mussten all ihre Kraft aufbringen, um die zerrissenen Familienbande zusammenzuführen, die Beziehung zu ihren Kindern wieder aufzubauen, gegen die Entfremdung und das Unverständnis anzukämpfen. Trotz dieser ganzen Beschwerlichkeiten waren vor allem die Frauen Hüterinnen der verbalen und materiellen Erinnerung an den Gulag. Sowohl das Archiv als auch die Museumskollektion verdankt Memorial diesen Frauen. Die meisten Memoiren stammen ebenfalls aus der Feder von Frauen.

Was konnten sie mitnehmen, was auf den endlosen Etappen, den Überfahrten, in den Baracken und Zellen bewahren, einem lieb gewonnenen Menschen im Lager schenken? In erster Linie die Dinge, die sie unmittelbar am Leib trugen, die sie vor Kälte schützten, vor dem Schnee im Norden und der Hitze und sengenden Sonne in der kasachischen Steppe. Was hüteten sie im harten Lageralltag wie ihren Augapfel? Natürlich die Briefe ihrer Liebsten, vor allem der Kinder. Seltener Gefängnis- oder Lagerkleidung, Taschentücher, Täschchen, Brillenetuis etc., die sie von Freundinnen im Lager geschenkt bekommen hatten. Erinnerungsstücke nicht nur an nahestehende Menschen, sondern an die »Robinsonade« der Frauen im Lager, daran, wie wertvoll jedes Stück Garn, jeder Faden, jeder Stofffetzen war, wenn buchstäblich aus dem Nichts das schönste Kunsthandwerk entstand.

Unsere Sammlung wäre ohne diese Gegenstände undenkbar. Wir haben Glück, dass dieses Bewusstsein für den Wert der kleinen Dinge und infolgedessen der Gedanke des Sammelns und Bewahrens den Frauen bereits im Lager gekommen war und unter ihnen auch Museumsmitarbeiterinnen und Künstlerinnen waren. Sie wussten das Lagerkleid mit der aufgenähten Nummer oder die handgenähte Weste zu schätzen – von außen unscheinbar, aber das Innenfutter voller Gebete, mit einem Tintenstift hingekritzelt. Vielleicht musste man Kunsthistorikerin sein, um sechzig Jahre lang ein Kleid aufzubewahren, das über fünfzig Mal geflickt wurde, mit einer Fischgräte oder einem angespitzten Streichholz, mit denen man in Gefangenschaft die Nadeln ersetzte. Die Besitzerin hatte dieses einfache Sommerkleid bei ihrer Verhaftung 1937 und danach zwei Jahre im Moskauer Gefängnis getragen. Etwas anderes hatte sie nicht. Nicht zufällig wurde dieses Kleid zu einem Symbol für unsere Kollektion – und für die Kraft der weiblichen Erinnerung.

Bei Memorial bemühten wir uns bis zur Liquidierung, unsere Kollektion einem möglichst breiten Publikum zugänglich zu machen. Unsere letzte Ausstellung sollte eine zum Thema Frauen werden. Sie hieß »Material« (das russische Wort »Material« kann auch mit »Stoff« übersetzt werden), und die Worte von Jewgenija Ginsburg, die sie 1944 aus dem Lager an ihren Mann richtete, klingen wie ein Epigraf dazu: »Du schreibst von der Gesetzmäßigkeit des Leidens im Menschenleben, es sei das Wechselspiel von Licht und Schatten, von Glück und Unglück, das das Leben letztlich erst erschaffe. Das stimmt. Bis zu einem gewissen Grad vermag das Unglück zu adeln, das Alltägliche zu transzendieren, dem Recht auf Menschsein mehr Gewicht zu verleihen. Aber wie überall gilt auch hier: Die Dosis macht das Gift. Manchmal wird das Leid so unerträglich groß, dass es die Menschenwürde verletzt. In solchen Momenten bedarf es einer ungeheuren, immensen Willensanstrengung, um das Schicksal herumzureißen.«[1]

Die Ausstellung sollte zeigen, wie der Gulag die kommunistische Utopie verkörperte, wo das leuchtende Bild eines geschlechtslosen Menschen der Zukunft herrschte, der die Banalitäten und Bequemlichkeiten des bürgerlichen Lebens einem größeren Ziel zum Opfer bringen sollte. Es waren vor allem die Frauen, die bereits vor dem Gulag wussten, wie die Kehrseite dieser Utopie aussieht und welche Rolle die traditionell weibliche Überlebenskunst dabei spielen würde. Dass sie recht hatten, hat der Gulag vielfach bewiesen.

Die Exponate bestanden aus den unterschiedlichsten Dingen aus Stoff: Lagerkleidung, Textilwaren aus den Nähfabriken, in denen die inhaftierten Frauen arbeiten mussten. Ikonen und selbst gebastelte kleine Bücher, die sie den Kindern nach Hause schickten. Hunderte Objekte aus Stoff. Der Ausstellungstitel hatte also einerseits eine ganz konkrete Bedeutung, andererseits eröffnete er einen breiten Raum für Assoziationen: der Stoff, aus dem das Leben, die Geschichten sind; Texte und Textilien; das Gewebe, die Leinwand des Lebens … Diese Überbleibsel der materiellen Welt spiegelten zugleich die Erkenntnis ihrer existenziellen Bedeutung. Es war unser Schlüssel zu einer Debatte über das »weibliche Gedächtnis«.

Die meisten Frauen, die diese Dinge eigenhändig gefertigt haben, verbrachten acht bis zehn Jahre im Lager und wurden dann in die Verbannung geschickt. Unvorstellbare Haftstrafen, Erfahrungen, die ganze Generationen geprägt haben und weiterhin prägen. Ihre Geschichten erzählen die Geschichte einer der größten Katastrophen des 20. Jahrhunderts.

Bis zum allerletzten Tag – bis zur Liquidierung von Memorial im Jahr 2022 – strömten die Besucher zu uns. Sie wollten sehen, aus welchem »Stoff« die weibliche Erinnerung an den Gulag gemacht ist. Jetzt ist unser Haus beschlagnahmt. Wir können niemandem mehr unsere Museumssammlung zeigen; in unserem Besitz hier in Berlin befinden sich nur mehr Kopien und Fotos.

Im Jahr 2020 organisierten wir unsere letzte Ausstellung außerhalb Russlands in einer Galerie in Minsk. Auch hier ging es um Unfreiheit, Opfer und die weibliche Erfahrung. Leiterin der Galerie war Maria Kolesnikowa. Wer hätte damals ahnen können, dass sie nur wenige Monate später das Gesicht des belarussischen Protests gegen Lukaschenko werden würde? Und jetzt ist sie bereits seit fast fünf Jahren im Gefängnis, unter Bedingungen, die selbst Frauen im Gulag monströs erschienen wären – in einer Einzelzelle, gequält von Hunger, lange Zeit ohne jeglichen Kontakt zur Außenwelt. Die Briefe, die ihre Familie oder andere an sie schreiben, werden vor ihren Augen zerrissen.

Was bedeutet unsere Erinnerung an die Vergangenheit, wenn heute Hunderte von Frauen in Belarus und Russland unter menschenunwürdigen Bedingungen inhaftiert sind, wenn die Folter wieder alltäglich ist? Welche Bedeutung hat unser Archiv über die Stalin-Ära, das heute physisch nicht mehr zugänglich ist, abgesehen von der Erinnerung an die gesammelte Erinnerung? Ich denke, es hat dennoch eine Bedeutung. Allein schon, weil es nicht nur die Erinnerung an Gewalt und Trauma enthält, sondern auch an den Widerstand gegen Diktaturen, die heute einmal mehr ihr Recht demonstrieren, das Leben und das Schicksal all jener zu kontrollieren, die sich in ihrer Gewalt befinden.

Kapitel 7

»WELCH EINE HÖLLENSCHAUKEL«

In meiner Beschreibung, wie es in unserem alten Memorial-Zuhause zuging, fehlt noch eine wichtige Frau. Solange die Gesundheit es zuließ, kam sie fast täglich zu uns. Ich habe ihr vieles zu verdanken, unter anderem siebzehn Sommerurlaube mit meiner Familie an einem Ort, den ich sehr liebte. Es war das Dorf Schyschaky in der ukrainischen Oblast Poltawa, wo unser kleines Holzhaus direkt am Ufer des Flusses Psel stand. Mira Jakowenko stammte aus einer Familie ukrainischer Kulturschaffender und Intellektueller aus jener Gegend. Sie war vor vielen Jahren nach Schyschaky gezogen und erzählte allen Freunden und Bekannten, wie schön es dort sei, im Herzen der Ukraine. Und so hatte es auch uns eines Tages dorthin verschlagen.

Die Rolle, die Mira für das Memorial-Archiv gespielt hat, kann nicht hoch genug eingeschätzt werden. Von Anfang an half sie uns, wo sie nur konnte. Sie war schon über siebzig, trug ganz dicke Brillengläser, weil sie extrem kurzsichtig war, und saß Stunde um Stunde tief über das Telefon gebeugt auf einem Schemel. Sie nahm die nicht enden wollenden Anrufe entgegen, rief umgekehrt alle an, die wir zu Versammlungen und Seminaren einladen wollten, und informierte die Öffentlichkeit über unsere Veranstaltungen. Damals besaß kaum jemand einen Computer, von Mobiltelefonen natürlich ganz zu schweigen, man machte das alles analog.

Was hatte Mira Jakowenko zu uns geführt? Sie war weder historisch professionell bewandert, noch hatte sie etwas mit Literatur zu tun; sie war studierte Physikerin. Doch angesichts dessen, wie schnell und wie viel sie schrieb, musste man annehmen, dass das Schreiben ihr Lebenstraum gewesen war. Ihr großes Interesse galt dem Schicksal von Überlebenden des stalinistischen Terrors und des Gulag.

Was ich erst viel später begann, machte Mira Jakowenko bereits seit Mitte der 1950er-Jahre: Sie schrieb die Lebensgeschichten von Menschen auf, die aus den Lagern entlassen wurden. Sie saß stundenlang in den Wartezimmern der sowjetischen Staatsanwaltschaft, des Obersten Gerichts, des Militärtribunals, kämpfte um die Rehabilitierung ihrer repressierten Verwandten (in ihrer Familie ukrainischer Intellektueller gab es viele Opfer) und hörte den Erzählungen anderer Wartender zu, ehemaliger Häftlinge, die ebenfalls eine Rehabilitierung anstrebten.

Es war die Zeit, in der die ersten Gulag-Überlebenden es wagten, ihr jahrzehntelanges Schweigen zu brechen. Ich war damals noch klein, schnappte aber immer wieder Fetzen von dem auf, was die Freundinnen meiner Großmutter, die aus den Lagern zurückkamen, ihr erzählten. Wir wohnten zehn Fußminuten von der Staatsanwaltschaft der UdSSR entfernt, und sie übernachteten bei uns, um tagelang durch die Instanzen zu ziehen und ihre Rehabilitierung zu erwirken. Damals gingen alle davon aus, dass man die Wahrheit über die stalinistischen Gefängnisse und Lager nur von Augenzeugen erfahren konnte, weil die geheimen Archive ohnehin nie geöffnet würden. Nur wenige brachten es jedoch fertig zu erzählen, was sie durchgemacht hatten. Deshalb besuchte Mira Jakowenko die Überlebenden zu Hause und schrieb auf, was sie bereit waren zu offenbaren. So entstand über viele Jahre eine ganze Sammlung von Berichten.

Ein Aufnahmegerät hatte sie natürlich nicht. Oft machte sie während des Gesprächs nicht einmal Notizen, weil sie zu Recht befürchtete, das könnte ihr Gegenüber hemmen. Sie schrieb das Gehörte erst zu Hause auf, aus dem Gedächtnis. Später sagte sie, ihre Texte seien weniger historische Zeugnisse als literarische Notizen, bei denen es ihr vor allem darum gehe, lebendige Berichte und lebendige Bilder zu erzeugen. Das riesige Archiv mit ihren Aufzeichnungen und gesammelten Dokumenten schenkte sie bereits zu Lebzeiten Memorial. Und unter all diesen Geschichten gibt es eine, die mich besonders berührt hat.

Agnessa

Mira Jakowenko interessierte das, was sonst kaum jemand thematisierte: der Alltag der Henker und Organisatoren des Terrors aus der Innenperspektive. Viele von ihnen wurden später selbst zu Opfern der Tötungsmaschine, die sie geschaffen hatten. Als ich in den 1980er-Jahren aufschrieb, was mir die Frauen von Staatsanwälten, Parteifunktionären und sogar NKWD-Mitarbeitern aus der Stalinzeit erzählten, waren dies Schilderungen aus der Opferperspektive. Ihre Männer waren irgendwann selbst erschossen worden, als Ehefrauen von Volksfeinden hatten sie bis zu acht Jahren im Lager gesessen. Ihre Erfahrungen fügten sich in das allgemeine Bild von Leid und Unrecht gegen die Opfer der Repressionen ein, doch wie sie vorher gelebt und ob sie gewusst hatten, was ihre Männer taten, davon sprachen sie in der Regel nicht oder nur sehr wenig. Meist beschränkten sie sich auf die Behauptung, nicht geahnt zu haben, wofür ihre Männer in ihren verantwortungsvollen Partei- und Staatsfunktionen zuständig waren.

Mira Jakowenko aber war es gelungen, eine Frau zu finden, die mit äußerster Detailtreue und hoher Glaubwürdigkeit den Alltag, das Familienleben und die geheimen Machenschaften jener beschrieb, die in Stalins Auftrag den Massenterror in die Tat umsetzten: Anfang der Siebziger hatte sie die 1903 geborene Agnessa Mironowa kennengelernt, die Gattin eines hochrangigen Tschekisten. Er war am Großen Terror 1937/38 beteiligt und 1939 verhaftet und erschossen worden. Agnessa wurde in der Folge ebenfalls verhaftet, überlebte den Gulag, wurde nach Stalins Tod rehabilitiert und bezog ein kleines Zimmer in einer Moskauer Gemeinschaftswohnung. Die beiden Frauen freundeten sich an und standen bis zu Agnessas Tod 1983 in engem Kontakt. Ich selbst habe sie bedauerlicherweise nie kennengelernt.

Der Text mit dem Titel »Agnessa«, den ich Anfang der 1990er-Jahre las, beeindruckte mich zutiefst.[1] Mira hatte das Glück, in dieser Frau eine schillernde Persönlichkeit und geborene Geschichtenerzählerin gefunden zu haben. Doch auch für Agnessa Mironowa war die Bekanntschaft ein Glück: Dank Miras literarischem Talent ist ihre Lebensgeschichte nicht nur überliefert, sondern auch noch höchst lebensnah und spannend zu lesen. Die Aufzeichnungen leiden nicht an den üblichen Mängeln vergleichbarer Texte, die häufig mit Details und Namen überladen sind. Viel wichtiger aber: Agnessa scheute sich nicht davor, Mira von persönlichen Dingen oder Begebenheiten zu erzählen, die ihr hätten gefährlich werden können. Die Jahre, in denen Mira ihre Geschichte aufschrieb, fielen in die neue Eiszeit unter Breschnew, in der das Thema Stalin und Gulag einer absoluten Zensur unterworfen war.

Hinzu kommt: Der Text ist zudem maximal authentisch. Es wäre unter Agnessas Würde gewesen, sich als jemand darzustellen, der sie nicht war, oder so zu tun, als sei sie gebildet oder verfolge hehre Interessen. Agnessa war zwar eine durchaus selbstbewusste Frau, aber auch klug genug zu verstehen, dass sie keinerlei literarisches Talent besaß und nicht in der Lage war, ihr Leben schriftlich auf die Art zu schildern, die ihm ihrer Meinung nach gebührte. Dafür war sie mündlich eine begabte Erzählerin – lebendig, präzise und sehr offenherzig.

Vor allem aber transportierten die Aufzeichnungen etwas, das Dokumente aus den Archiven aussparen: den Alltag, die Atmosphäre, die Vorstellungen und nicht zuletzt die Mythen der damaligen Zeit. Agnessa selbst bezeichnete ihr bewegtes Leben als »Höllenschaukel«: vom Neujahrsempfang im Kreml mit Stalin höchstpersönlich geradewegs in eine Häftlingskolonne durch die kasachische Steppe, in der viele den Kältetod starben; von der riesigen Villa des ehemaligen kaiserlichen Generalgouverneurs von Nowosibirsk in eine Moskauer Kommunalka; vom privaten Eisenbahnwaggon eines NKWD-Funktionärs in eine Gefängniszelle auf der Lubjanka. Im Grunde war eine solche »Schaukel« in den 1930er- und 1940er-Jahren nicht ungewöhnlich, ähnliche Schicksale sind im Memorial-Archiv in großer Zahl dokumentiert. An uns hatten sich viele Ehefrauen von Volksfeinden gewandt, die nach der Erschießung ihrer Männer im Großen Terror im Gulag gelandet waren. Davon betroffen waren rund 20 000 Frauen, von denen die meisten in Großstädten gelebt und sowjetische Beamte unterschiedlicher Ränge – vor allem Parteifunktionäre –, Intellektuelle, Ingenieure … geheiratet hatten.

Agnessas Geschichte ist dennoch anders. Vielleicht, weil sie nie fanatisch gewesen war, nie blind an die kommunistische Partei, an Lenin oder Stalin geglaubt und insofern nie diese schwere Enttäuschung erlebt hatte, dieses Scheitern oder – umgekehrt – das krampfhafte Festhalten an den Idealen der Revolution, das für die Aufzeichnungen ehemaliger Vertreter der Parteinomenklatur recht typisch war. Agnessa öffnet uns beherzt die Tür zu einem dunklen Ort der sowjetischen Vergangenheit, zur Welt jener, die diesen Terror mit den eigenen Händen organisiert und ausgeführt haben. Viele von Agnessas Bekannten und Zeitgenossen, die Hunderttausende ermordet hatten und irgendwann selbst zu Opfern geworden waren, hinterließen weder Tagebücher noch Memoiren. Erhalten sind höchstens Protokolle der Verhöre, die ihrem Tod durch Erschießen vorangegangen waren. Doch auch dieser seltene Einblick in den Alltag der obersten Riege der Geheimdienste wäre nicht so spannend, wäre da nicht die Figur der Agnessa selbst. Nicht nur ihre unverblümte Erzählweise faszinierte mich (die zuweilen selbstverliebt und arrogant wirken konnte), sondern auch die Art, wie Mira sich in den Dienst ihrer Geschichte stellte, ohne die eigene Missbilligung durchscheinen zu lassen.

Mira wusste, dass Agnessa nicht erzählte, um Mitgefühl zu wecken, weil sie im Gulag gewesen war, weil ihr zweiter Mann erschossen wurde und der dritte lange Jahre im Gefängnis saß. Sie wollte nur noch einmal jene strahlenden, glücklichen Tage in ihrer Erinnerung aufleben lassen, in denen sie so umwerfend, so umschwärmt, so schön und elegant gewesen war. Sie wollte diese Erinnerungen mit jemandem teilen. Agnessa war alles andere als eine ideale Heldin, sie erscheint oft ignorant oder geschmacklos, immer auf den eigenen Vorteil bedacht. Doch unbestreitbar ist sie eine Persönlichkeit mit einem starken, unabhängigen Charakter. Nicht umsonst schrieb ihr dritter Ehemann, der sie heiß und innig liebte, über sie: »Ja, sie hätte Dompteurin sein können! Ihre großen Augen waren nicht mandelförmig, sondern fast rund. Das verlieh ihrem Gesicht eine gewisse Strenge, Härte geradezu. Die dünnen Lippen verstärkten diesen Eindruck noch … Mit dieser Strenge verfolgte sie ihre Ziele. Doch die Basis ihres Charakters war Unabhängigkeit. Nie im Leben würde sich diese Frau in die Rolle einer Gefährtin fügen, die ihren Willen an den Willen eines anderen Menschen knüpft, sich freiwillig einem geliebten Mann unterordnet.«

Auch die Tochter ihres dritten Ehemannes, der es schwerfiel, Agnessa als Stiefmutter zu akzeptieren, zollte ihr diesbezüglich Tribut: »Sie fand, eine Frau dürfe dem Mann gegenüber niemals nachgeben, sie müsse alles einsetzen, was ihr gegeben ist. Sie müsse sich behaupten.«

Agnessa war weder selbstgerecht noch heuchlerisch – dafür war sie zu stolz und zu selbstsicher, zu überzeugt von ihrer Attraktivität und ihrer Macht über die Männer. An den Wendepunkten ihres Schicksals bewies sie Entschlossenheit, zuweilen sogar Abenteuerlust. Mit ihrer lebenskünstlerischen und egozentrischen Art erinnert sie an solch berühmte literarische Frauenfiguren wie Scarlett O'Hara, die sich durch einen starken Charakter und eine gesunde Portion Egoismus auszeichnen. Diese Assoziationen drängen sich bereits beim Lesen der ersten Kapitel auf, in denen die Weißen Offiziere, genau wie die Bürger von Atlanta mitten in der Feuersbrunst des Bürgerkriegs, um die Herzen der jungen Provinzschönheiten – Agnessa und ihre Schwestern – werben.

Tanz auf dem Vulkan

Agnessas Geschichte besteht aus einem Prolog, vier Hauptteilen und einem Epilog. Fast wie ein fertiges Drehbuch für einen melodramatischen Kinofilm: Im Mittelpunkt stehen ihre Liebeleien, ihre geheimen Rendezvous und ihre Ehen. »Ich kann nicht ohne die Liebe«, wiederholt sie immer wieder. Das Hintergrundrauschen bilden beinahe achtzig Jahre russischer Geschichte, in denen die völlig unpolitische Hauptfigur mitten hinein in deren blutigste und tragischste Ereignisse gerät.

Die sechzehnjährige Gymnasiastin Agnessa und ihre große Schwester Lena, zwei hübsche Mädchen griechischer Abstammung, wachsen in der südrussischen Provinzstadt Maikop auf und träumen von Liebe und glühender Leidenschaft. Wäre das Leben in den üblichen Bahnen verlaufen, so hätten die beiden nach ein paar romantischen Schwärmereien mehr oder weniger glücklich geheiratet, und all ihre stürmischen Begierden wären im ruhigen Hafen der Ehe verebbt.

Doch es ist das Jahr 1918, in Russland wütet bereits der Bürgerkrieg, und das stille Maikop wird zu einem Epizentrum des Blutvergießens. Der Rote und der Weiße Terror wechseln einander ab, bis die Kommunisten schließlich siegen. Morde und Plünderungen, Galgen und Erschießungen bilden den Hintergrund zu Agnessas Jugend. Doch in ihrer Erzählung sind es lediglich Umstände, denen nun mal nicht zu entkommen ist, während der Fokus auf der Beschreibung ihrer ersten Liebschaften und der Objekte ihrer Begierden liegt. Da ist etwa ein kosakischer Jessaul (Infanterie-Hauptmann), der ihr zum Andenken eine Kugel aus seinem Revolver schenkt – das passende Souvenir in Zeiten wie diesen. Was die weißen Offiziere betrifft, die den einheimischen jungen Damen reihenweise den Hof machen, hegt sie keine Illusionen: »Am nächsten Tag nahm ein Offizier aus einem berühmten Adelsgeschlecht, der Lena verehrt, diese mit auf einen Ausritt. Prächtige Pferde hatte der! Und womit wollte er sie beeindrucken? Mit einem Galgen! So sind sie, die Männer: Immer müssen sie kämpfen, töten, zerstören, und dann sind sie noch stolz darauf.«

Auch den Roten Terror sieht sie mit eigenen Augen, als der herzensgute alte General, der Agnessas Familie eine Wohnung vermietet, brutal ermordet wird: »Sie haben den General umgebracht und auf dem Gartenzaun aufgespießt. So hat er einige Zeit dort gehangen …« Die Roten plündern alles, konfiszieren sogar Gebrauchsgegenstände. Als Maikop 1920 endgültig an sie fällt, ist Agnessas Familie unmittelbar betroffen. Die neuen Herren bringen die verbliebenen Offiziere der Weißen unter einem Vorwand dazu, die Waffen niederzulegen, und erschießen sie hinterhältig. Unter den Opfern ist auch der Verlobte von Agnessas Schwester Lena.

Agnessa erzählt erstaunlich beiläufig und distanziert, fast zynisch davon, und darin scheint mir der Schlüssel für ihre Wahrnehmung der späteren blutigen Ereignisse zu liegen, die ihr Leben begleiten. Hier wird der Verlust der moralischen Orientierung deutlich, den diese aberwitzige Zeit quer durch alle Bevölkerungsschichten auslöste. Einerseits musste man akzeptieren, dass die Männer dieser Epoche an dem Blutvergießen teilhaben, so war nun mal die Realität, andererseits ging das Leben seinen Gang, und die Liebe machte wegen des Wissens um solche Vorfälle ebenfalls nicht halt. Ein Widerspruch, den auch Agnessa in sich vereinen musste. Wie eine Rechtfertigung wirkt es, wenn sie ihren romantischen Helden eine ewige männliche Natur zuschreibt und sie gewissermaßen moralisch überhöht.

Mit der Niederlage der Weißen endet die erste Folge des Melodrams. Wenn Agnessa den Tod ihres Schwagers quasi schulterzuckend hinnimmt, offenbart sich darin ihre Haltung den Besiegten gegenüber, auch wenn ihre Sympathien anfangs den Weißen gegolten hatten. Sie ist Opportunistin, will auf der Seite der Sieger stehen. Vielleicht ist sie deshalb auch fünfzehn Jahre nach dem Bürgerkrieg, vor dem Hintergrund eines vielleicht nicht so evidenten, aber nicht minder schrecklichen Terrors, in der Lage, ein glückliches Leben zu führen. Auch ihr Ehemann Nummer zwei wird ein Sieger sein und eine wichtige Rolle in der Organisation von Stalins Repressionen spielen.

Noch aber sind wir im Jahr 1921, der Bürgerkrieg endet mit einem Sieg der Bolschewiken, und es beginnt eine Zeit, in der die sowjetische Bürokratie etabliert und ausgebaut wird. Privater Handel ist dank Lenins NEP teilweise wieder erlaubt, doch es herrschen Arbeitslosigkeit und Zerstörung. Unter den sehr schwierigen Bedingungen des sowjetischen Alltags müssen die Menschen die Wunden verarzten, die der Bürgerkrieg hinterlassen hat.

Dieser Teil von Agnessas Erzählung klingt nicht mehr wie ein Stummfilm-Melodram mit feschen Weißen Offizieren, sondern eher wie eine Familiengeschichte aus der sowjetischen Literatur der 1920er- und 1930er-Jahre. Die Zeilen scheinen durchdrungen von dem Spießbürgertum, der die Gesellschaft in den Werken von Bulgakow, Olescha oder Majakowski prägt. Agnessa und ihre Familie gehören zwar nur zum Kleinbürgertum, aber doch zur Bourgeoisie und somit zu den Verlierern. Dennoch leben sie weiterhin nach den Regeln und Gepflogenheiten von einst. Agnessa schließt das Gymnasium ab und begibt sich auf die Suche nach einem passenden Bräutigam. Anders als die »modernen« Mädchen, die in Partei und Komsomol aktiv sind, strebt sie weder ein Studium an, noch sucht sie Arbeit. Die neue Gesellschaft entwickelt sich ohne sie.

Bald tritt Iwan Sarnizki in ihr Leben. Wieder schildert sie detailreich ihre ersten Rendezvous, diesmal mit dem Roten Kommandeur. Es ist nicht mehr so romantisch und schön wie mit den

Weißen Offizieren, die Zeiten haben sich geändert. Alles versinkt in Armut und Schäbigkeit oder, wie Agnessa es ausdrückt: »Alles ist räudig, wie die ganze Sowjetzeit.« Beim Stelldichein mit Sarnizki trägt sie einen Hut, der leider nicht farbecht ist: »Als der Regen aufgehört hatte, begleitete Sarnizki mich nach Hause. Ich trug ein rotes Hütchen. Sarnizki, der ein weißes Hemd anhatte (in Zivil), bot mir seinen Arm, und als ich mich an ihn schmiegte, übertrug sich die rote Farbe meines Hütchens auf sein Hemd. Erst am nächsten Morgen bemerkte er die roten Spuren.« Dieses triefnasse rote Hütchen aus den frühen 1920er-Jahren wird für Agnessa später zum Symbol ihrer unglücklichen ersten Ehe.

Sarnizki ist genau wie sie kein Proletarier, was die beiden anfangs verbindet. Er ist neun Jahre älter als sie, Sohn eines orthodoxen Priesters und machte trotz seiner Abstammung während des Bürgerkriegs Karriere in der Roten Armee. In deren Reihen kämpften, vor allem in der Funktion von Stabsoffizieren, viele sogenannte Wojenspezy, »Kriegsspezialisten« – ehemalige Kaderoffiziere der zaristischen Armee, die zu den Roten übergelaufen waren. 1922 hat er einen wichtigen Posten inne: Er ist Stabschef der Grenztruppen im Nordkaukasus.

Auch wenn er sich in den Dienst der Bolschewiken gestellt hat, seinem Verhalten nach bleibt Sarnizki ein Kavalier der alten Schule. Altmodisch wirbt er um Agnessas Gunst, macht ihr umständlich einen Heiratsantrag. Sie vereinbaren eine Mitgift und planen die Trauung, die 1922 stattfindet. Agnessa, neunzehn Jahre alt, ist nun mit einem Roten Kommandeur verheiratet, der sie und ihre ganze Familie materiell versorgt. Sie geht keiner Arbeit nach und macht sich nichts aus Bildung, meist ist sie mit ihrem Aufputz beschäftigt. Die Ehe bleibt kinderlos. Bald beginnt Agnessa zu begreifen, dass Sarnizki trotz all seiner Vorzüge nicht der Mann ist, den sie braucht, nicht die Liebe ihres Lebens. Noch dazu ist seine Karriere gerade vorbei: Von nun an hat ein ganz anderer Menschenschlag Konjunktur, unverschämt, gierig, egoistisch, zu allem bereit.

Hier beginnt die nächste Folge: Agnessas Verhältnis und die anschließende Ehe mit dem Mann ihres Lebens, dem prominenten Tschekisten Sergej Mironow. Es sind die strahlendsten und glücklichsten Kapitel ihrer Biografie. Ihre erste Begegnung ist fast ein Klischee, wie aus einem sowjetischen Film aus den Dreißigern. Mironow, mit bürgerlichem Namen Miron Korol, ist im Nordkaukasus Abteilungschef des OGPU, wie das Innenministerium der UdSSR 1923 bis 1934 hieß, und erteilt den Gattinnen der Roten Kommandeure Polituntericht. Auch Agnessa muss einen solchen Kurs besuchen, obwohl sie das alles überhaupt nicht interessiert. Wie die meisten anderen geht sie nur ihrem Mann zuliebe dorthin. Doch als sie Mironow erblickt, ist es um sie geschehen. Sie versucht zum ersten Mal im Leben, politisch bewandert zu wirken, um seine Aufmerksamkeit zu gewinnen.

Der gut aussehende Tschekist mit den »wundervollen braunen Augen, dem edlen Profil, den weißen Zähnen, den schwarzen Haaren und den Wangengrübchen« ist für sie der ideale Liebhaber. Ein Mann der neuen Epoche, gehört er nicht zu den alten Bolschewiken, die endlos über Marxismus streiten und immerzu die Jahre vor der Revolution und ihren Kampf im Untergrund im Sinn haben. Wie die meisten anderen seiner Genossen hatte Mironow seine Karriere im Ersten Weltkrieg begonnen: Er wurde Offizier, dann bolschewistischer Agitator beim Militär; er schloss sich der Roten Armee an, war bei der Tscheka und als Mitglied dieser ersten sowjetrussischen Geheimpolizei während des Bürgerkriegs am Roten Terror beteiligt. Der Erste Weltkrieg und vor allem der Bürgerkrieg hatten jegliche Vorstellung der Menschen von Moral, von Gut und Böse, vom Wert des menschlichen Lebens pervertiert. Gewalt wurde legitimiert, indem man sie »revolutionär« nannte.

Die Romanze zwischen Mironow und Agnessa beginnt 1925, und natürlich geht es ihm nicht um ihr politisches Wissen. Im Gegenteil, viele sowjetische Funktionäre tauschten in dieser Zeit ihre »ideologischen« Ehefrauen mit den roten Kopftüchern und den

Lederjacken aus gegen feine Damen in Hüten und Seidenkleidern. In ihrer Erzählung über ihre heimliche Liebesaffäre (die inzwischen fast sechs Jahre andauert!) erwähnt Agnessa kaum, dass Mironow eine Ehefrau hatte, die mit ihm den Bürgerkrieg durchgestanden hat und von der er sich ihretwegen – wegen der »ideenlosen« Agnessa – trennt. Diese wiederum macht aus ihrer Gleichgültigkeit gegenüber den Führern und der Sowjetmacht kein Geheimnis. Mironow, der laut Agnessa »sehr loyal gegenüber der Sowjetmacht war«, nennt sie scherzhaft »meine Weißgardistin«. Und ihn, der nicht Hunderte, sondern Tausende Unschuldige schon beim geringsten Verdacht verhaften ließ, stört das keineswegs, solange sie sich nicht einmischt und sich nicht für seine »Arbeit« interessiert.

Als sie ihm allerdings eines Tages kokett die Frage stellt: »Und wenn ich tatsächlich eine Weißgardistin wäre, eine Spionin? Wenn sie dir befehlen würden, mich zu erschießen, würdest du es tun?«, antwortet er ganz ehrlich: »Ja, das würde ich.«

»Ich traute meinen Ohren nicht. ›Mich?! Mich würdest du erschießen? Du würdest mich … erschießen?!‹ Er wiederholte genauso bestimmt: ›Ja.‹ Mir kamen die Tränen. Da besann er sich, umarmte mich, flüsterte: ›Ich würde zuerst dich erschießen und dann mich selbst …‹, und fing an mich zu küssen. Meine Tränen versiegten, und während ich noch ein paarmal wiederholte: ›Wie konntest du auch nur einen Moment lang so etwas denken!‹, ging ich schon den Kompromiss ein: Wenn er auch sich selbst erschießen würde, dann liebt er mich wohl.«

Ein einziges Mal setzt sich Agnessa über das Gebot hinweg und tritt für einen Bekannten ein, der verhaftet wurde. Sofort wird ihr geliebter Mironow wieder zum gnadenlosen, brutalen Tschekisten: »Ich konnte mich nicht dazu durchringen, ihn zu bitten, doch dann bot sich doch eine Gelegenheit, wo er besonders gut aufgelegt war. Es war frappierend, wie schnell die ganze Fröhlichkeit aus seinem Gesicht wich. Er antwortete mir trocken, kalt, barsch, dass alle Fälle vor Ort untersucht würden, und wenn dieser Mann in Saratow festgenommen wurde, so würde sein Fall auch dort entschieden, und er, Mironow, habe damit nichts zu tun und würde für niemanden und bei niemandem ein Gesuch stellen. Selbst wenn es meine oder gar seine eigenen Verwandten wären.«

Mironow tut, was er sagt: Als seinem Schwager die Verhaftung droht, setzt er sich nicht für ihn ein, sondern bricht sogar den Kontakt zu seiner Schwester ab. Natürlich gilt Mironows Ergebenheit nicht der kommunistischen Idee, sondern der Sowjetmacht, wie die Tscheka sie ausübt, und vor allem seiner Karriere. Agnessa kann damit gut leben, sie ist glücklich. Abgesehen von diesem einen Mal hält sie sich an die Spielregeln, die Mironow aufstellt.

1930 brennt Agnessa mit ihm durch: Sie springt kurzerhand zu Mironow in den Zug nach Moskau. Von dort aus geht es gemeinsam weiter nach Kasachstan, wo Mironow stellvertretender Bevollmächtigter des OGPU wird. Bis zu seiner Verhaftung im Januar 1939 wird Agnessa nicht mehr von seiner Seite weichen. Ein knappes Jahrzehnt des Glücks, oder vielmehr ein Tanz auf dem Vulkan, bei dem sie, wie sie selbst sagt, »beide Augen zudrückt«. Sie hat das unfassbare Glück, mit einem Mann zu leben, den sie liebt, sie hat keine Alltags- und auch sonst keine Sorgen mehr, alles fügt sich wie von Zauberhand, sie wird von allen Seiten bedient, beliefert, beschenkt.

Ihre größte Freude ist, dass sie sich jetzt Kleider und Accessoires leisten kann, von denen die meisten Frauen in der Sowjetunion nicht einmal zu träumen wagten. Auch fünfzig Jahre später ist Agnessa noch in der Lage, Mira ihre Garderobe in den kleinsten Details zu beschreiben: »Ich bekam also Kleider genäht, die ich selbst entworfen habe. Stellen Sie sich nur vor – ein schwarzes (Schwarz macht schlank) aus Seide mit bunten Pailletten, Taille und Hüften umspannten schräge Falten wie glänzende Strahlen, so – ich zeichne es Ihnen auf, solche Schnitte habe ich seither nie wieder gesehen. Oben mit solchen Strahlen verziert, und unten, fast schon am Knie, bauschte sich ein weiter Rock aus leichtem Volant, luftig wie der Nebel an einem Frühlingsmorgen. Und seitlich schillerte eine große Spange in allen Farben, sprühte Funken auf den Stoff.«

Je höher Mironow die Karriereleiter erklimmt, desto schicker wird ihr Aufputz: »Ein Empfang in Litwinows Villa, Miroscha und ich sind eingeladen. Ich trage eine Abendrobe aus Brokat, an der Taille eng anliegend, Hals und Schultern frei, eine Schleife. Schühchen mit goldenem Flechtwerk, die Frisur hoch auftoupiert. Ich werde zu Hause angekleidet und geschnürt, eine Zofe und meine Mutter helfen mir. Als sie fertig sind, trauen sie ihren Augen nicht, vor Entzücken stockt ihnen der Atem.«

Diese Schnitte, Stoffe und Farben illustrieren Agnessas Glanzzeit. Das mag oberflächlich erscheinen, aber für den Leser ist es ein Gewinn. Denn der Teufel steckt im Detail, und genauso detailreich beschreibt sie die Feierlichkeiten der Führungsriegen von Partei und Tscheka, der Volkskommissare und ihrer Stellvertreter in Ferienhäusern, Wohnungen, Villen und auf staatlichen Datschen. Dazu Zechtouren, Bankette und Ausflüge: »Wir stiegen in Cabriolets, die bereits mit Körben voller Essen und Wein beladen waren. Zuerst fuhren wir auf den Rummel nach Adler, dann an den Strand, dann in die Berge wandern. Es war ein wundervoller Tag. Geschmückt mit Zypressenkränzen, kehrten wir zurück. Die Tafeln waren schon festlich gedeckt, an jedem Platz standen Blumen, das Besteck lag auf kleinen Sträußchen. Wir machten kurz Pause, zogen uns um. Ich trug ein weißes Kleid mit einer großen weißen Schleife mit blauen Perlen vorne und dazu weiße Schuhe.«

Parallel zu Mironows beruflichem Fortkommen wird auch Agnessas Umgebung immer vornehmer, das Personal aufgestockt: »Ich hatte mein eigenes Gefolge, war von Hofdamen umringt – den Gattinnen der Obrigkeiten. Wen ich einlud und wen lieber nicht, das blieb mir überlassen, weswegen alle um meine Gunst wetteiferten. Ich beriet mich zwar mit ihnen über die Auswahl der Filme, doch das letzte Wort hatte ich. Manchmal saßen wir im Saal, sahen einen Film; die Speichellecker brachten uns Obst und

Kuchen … Ja, Sie haben ja recht, das ist nicht das richtige Wort, ›Diener‹ würde besser passen. Aber ich nenne sie so, weil sie gar so bemüht waren, es uns recht zu machen, uns jeden Wunsch von den Augen abzulesen. Sie umgarnten uns. Man nennt sie heutzutage ›Personal‹ (nicht mehr ›Diener‹, das war früher) …«

So steigen sie immer höher hinauf, bis zu ihrer letzten Wohnung im berühmten Haus an der Moskauer Uferstraße, einem monumentalen Wohnhaus für Regierungsmitglieder und Parteifunktionäre, und ihrem letzten Neujahrsempfang im Kreml, bei dem sie ganz in Stalins Nähe sitzen.

Mit geschlossenen Augen

Agnessa wiederholt mehrmals, dass sie jene Jahre »mit geschlossenen Augen« verbracht und sich für nichts als Kleider und Empfänge interessiert, dass sie von nichts gewusst habe. An anderen Stellen im Text wird klar, dass das nicht ganz und stellenweise gar nicht stimmt. Sie hat, wie so viele in ihrem Umfeld, mit einem doppelten Bewusstsein gelebt. Doch der Wert ihrer Erinnerungen besteht darin, dass sie die Mythen entlarvt, die in der Stalinzeit entstanden sind und sich als äußerst hartnäckig erweisen sollten. Zum Beispiel den Mythos, dass die Tschekisten wirklich glaubten, Feinde und Verräter zu vernichten, und ihre Ehefrauen nichts wussten und ahnten. Agnessas Beispiel zeigt: Sie sahen viel und wussten so einiges. Welch eine scharfe Beobachterin mit einem hervorragenden Gedächtnis sie war – davon zeugen auch einige erst kürzlich aufgetauchte Geheimdokumente aus dem Archiv, insbesondere Mironows Aussagen nach seiner Verhaftung.

Der Beginn ihres Zusammenlebens mit Mironow verläuft vor dem Hintergrund des schrecklichen Hungers, den Zwangskollektivierung, Entkulakisierung und Repressionen vor allem in der

Ukraine und in Kasachstan mit sich brachten. Hunderttausende fielen ihm zum Opfer, und am Höhepunkt dieser Katastrophe fährt Agnessa mit Mironow in einem privaten Eisenbahnwaggon durch Kasachstan: Er hat die Aufgabe, die staatlichen Behörden in der autonomen sozialistischen Sowjetrepublik (ASSR) zu kontrollieren. Sie haben einen Koch dabei und haufenweise Lebensmittel: Fleisch, Käse, Obst und Gemüse. Entlang der Schienen liegen die Leichen verhungerter Menschen.

In Karaganda erfährt sie auch aus Gesprächen von der Hungersnot. Mironow lässt seine Frau vorsorglich nicht in die Stadt, aber einige der ihm untergeordneten Tschekisten berichten ihr, was sie dort gesehen haben: »Dieses Karaganda nennt sich nur Stadt«, sagen sie, »lauter behelfsmäßige Baracken, von verbannten Kulaken notdürftig zusammengeschustert. Es gibt nichts zu kaufen, die Regale sind leer. Die Verkäuferin sagte, sie habe keine Arbeit, verkaufe nichts, es sei nichts da. Sie hätten längst vergessen, wie Brot aussieht … Massenweise würden enteignete Kulaken herangekarrt, die alle sterben, weil es nichts zu essen gebe. Die Verkäuferin hat auf eine Hütte gedeutet und erzählt, dort seien Vater und Mutter gestorben und hätten drei kleine Kinder zurückgelassen. Das jüngste, ein Zweijähriges, sei auch bald gestorben, das älteste habe ein Messer genommen und den Kleinen zusammen mit seiner Schwester Stück für Stück aufgegessen. Keiner hat Meldung erstattet.«

Natürlich wussten die NKWD-Mitarbeiter von dem Hunger, mehr noch, sie hatten die Aufgabe, jede Revolte zu unterbinden, alle Informationen darüber geheim zu halten, die Hungernden nicht in die Großstädte einzulassen. Agnessa selbst hat nach ihrer Reise durch Kasachstan und den wenigen offenen Worten der Kollegen ihres Mannes keinerlei Vorstellung von den Ausmaßen und macht sich auch keine Gedanken darüber, wie es ihrer eigenen Familie in der Ukraine ergeht. Die Andeutungen in den Briefen ihrer Schwester, die es nicht wagt, offen über die Not zu schreiben, versteht nur ihre Mutter und schickt Lebensmittelpakete.

Irgendwann kommt der Moment, in dem Agnessa sich besinnt und die Familie ihrer Schwester unterstützt, so gut sie kann. Aber grundsätzlich ist Hilfsbereitschaft nicht ihre große Stärke, in erster Linie denkt sie an sich. Das verbindet sie mit Mironow, auch in dieser Hinsicht sind sie das perfekte Paar: Agnessa interessiert sich nicht für Politik, Mironow ist das nur recht. Je weniger sie weiß und versteht, desto besser für ihn, allein schon, weil sie dann keine unangenehmen Fragen stellt.

Im Februar 1937 wird Mironow zu einem längeren Aufenthalt nach Moskau beordert. Nikolai Jeschow, Leiter des Volkskommissariats für Innere Angelegenheiten, will dort mit den regionalen Chefs des NKWD Massenrepressionen vorbereiten, die ab August stattfinden sollen. Die Stimmung ist angespannt, denn der große Grigori (Sergo) Ordschonikidse hatte sich kurz zuvor im Kreml erschossen.* Stalin hatte ihn einst zum Vorsitzenden der Zentralen Kontrollkommission der KPdSU ernannt, um den linken Flügel aus der Partei zu drängen. Nun war er in Ungnade gefallen.

Agnessa, die ihren Mann offenbar schnell vermisst hatte, reist ihm nach Moskau hinterher. Mironow reagiert zunächst verärgert: »›Wieso tust du das, warum? Ich hab dir doch gesagt: Bleib zu Hause! Wieso kommst du hierher? Was sag ich denn, wenn sie mich fragen?‹ Ich setzte eine betrübte, tragische Miene auf. ›Sag einfach‹, seufzte ich, ›ich sei gekommen, um mit dir zusammen um den großen Führer zu trauern!‹ Da musste Mironow doch lachen. Weil ich das so ulkig gesagt hatte. Mir war dieser Ordschonikidse wirklich schnurzpiepegal. All diese Führer und Wichtigtuer waren mir egal, ich kannte mich da nicht aus. Ich heiterte Mironow auf, brachte ihn auf andere Gedanken, das gelang mir

* Grigori Ordschonikidse (1886–1937) war ein georgischer Revolutionär und einer der führenden Funktionäre der Bolschewiki und des sowjetischen Staates. Der einflussreiche Weggefährte Stalins war de facto der Organisator der Industrialisierung in den 1930er-Jahren. Der Konflikt mit Stalin entbrannte, weil Ordschonikidse versuchte, seine Mitarbeiter vor Verhaftungen zu schützen. Höchstwahrscheinlich beging er Selbstmord, doch offiziell wurde erklärt, er sei an einem Herzinfarkt gestorben.

immer gut, und schon eine halbe Stunde später sagte er zu mir: ›Was täte ich nur ohne dich? Mein Spaßvögelchen, mein Wildfang.‹«

Seit seinem Einsatz in Kasachstan in den Jahren 1931 bis 1933 war Mironow immer weiter befördert worden. Erst zum Leiter des NKWD im ukrainischen Dnepropetrowsk und dann, als Jeschow 1936 das Amt des Volkskommissars für Staatssicherheit übernahm, zum Chef des NKWD von ganz Westsibirien. Im selben Jahr findet endlich auch die Hochzeit von Agnessa und Mironow statt, der Gipfel ihres Liebesglücks. Die politische Führungsriege sorgt für ein rauschendes Fest am Ufer des Dnjepr, auf einer Datscha des NKWD. »Alle hatten so eine Lust zu feiern«, erinnert sich Agnessa. Fast alle Festgäste – die ukrainische NKWD-Spitze – sollten nach diesem Tag nur noch zwei, höchstens drei Jahre leben, bevor sie erschossen wurden.

Agnessa beschreibt die Sonnenseite des Tschekisten-Lebens. Die Kehrseite, von der sie nicht viel wusste, aber doch erahnen musste, schimmert zwischen den Zeilen hindurch. Etwa, wenn sie das Kartenspiel der obersten Ränge des NKWD um Geld aus der Staatskasse beschreibt. Das Hochzeitsfest wurde natürlich ebenfalls aus der Staatskasse bezahlt, wie sie freimütig einräumt. Vor dem Hintergrund der großen Hungersnot und der Armut des gewöhnlichen Sowjetvolkes erscheinen ihre Schilderungen des Dolce Vita und der feuchtfröhlichen Kartenrunden wie aus einer anderen Welt. Ich erinnere mich an ein Interview, das ich mit einer ehemaligen Gulag-Insassin, einer unscheinbaren Stenotypistin, geführt habe. All die Jahre im Lager konnte sie nicht aufhören, an Schokoladenkonfekt zu denken. Diesen Luxus hatte sie sich nur am Tag der Gehaltszahlung leisten können, und als man sie 1937 verhaftete, hatte sie noch welches auf ihrem Schreibtisch liegen. Da lag es immer noch, als sie im Gefängnis Frauen in einem Aufputz und in Wäsche sah, von denen sie sich hatte gar nicht vorstellen können, dass so etwas in der sowjetischen Welt überhaupt möglich sein sollte.

Genau deshalb sind Agnessas Schilderungen, so deplatziert sie wirken mögen, so wichtig, zerstören sie doch einen weiteren Mythos: den von der angeblichen Uneigennützigkeit der NKWD-Bediensteten.

Angst

In jenem Jahr 1937, dem Jahr des Großen Terrors, gerät Agnessas Leben aus den Fugen. Von außen sieht alles wunderbar aus, schließlich hatte ihr Mann im Dezember des Vorjahres einen weiteren großen Karrieresprung gemacht. Doch als NKWD-Chef von ganz Westsibirien hält er jetzt für die Erfüllung der »Quoten« – also für die Verhaftung und Erschießung jener Anzahl von Menschen, die der berühmte NKWD-Befehl Nr. 00447 planmäßig, aber mit regionalen Unterschieden vorgab – persönlich den Kopf hin. Jeschow verlangt massenweise Inhaftierungen, eine schnelle Abwicklung der Verfahren, bei den Verhören ist Folter an der Tagesordnung. Er lässt auch Tausende Tschekisten verhaften, vor allem solche, die es nicht schaffen, im vorgegebenen Tempo »den Feind zu zerschlagen«. Mironow hat große Angst, die Quoten nicht erfüllen zu können. In seinen Aussagen im späteren Prozess gegen ihn erwähnt er den Druck, den der NKWD-Chef auf ihn ausübte.

Von alldem weiß Agnessa nichts, aber dass etwas im Gange ist und ihr Mann nervös, spürt sie. Sie verdächtigt ihn sogar einer Liebesaffäre. Wahrscheinlich ist das der Grund, warum sie während einer Besprechung im Juli 1937 in sein Dienstzimmer hereinplatzt. Agnessa prägt sich dieses Ereignis ein, weil Mironow sie zum ersten Mal ziemlich grob hinausbefördert. An dem Abend kann er lange nicht einschlafen, muss Tabletten nehmen. Erst später erfährt sie, wie wichtig diese Besprechung war. Die später enthüllten geheimen Dokumente, die die Mechanismen des Großen

Terrors ans Licht brachten, bestätigen ihre Wahrnehmung: In dem Moment, als Agnessa hereinplatzte, war Mironow mitten in einer operativen Besprechung mit den Vertretern des westsibirischen NKWD auf städtischer und Kreisebene. Mironow musste die Tschekisten auf die Massenverhaftungen, die Verhöre mit Anwendung von Folter und die Erschießungen vorbereiten und über die geforderten Zahlen unterrichten.

In ihrer Biografie über Nikolai Jeschow schreiben die Historiker Nikita Petrov und Marc Jansen, der Große Terror sei wie eine riesige Militäroperation angelegt und mit Besprechungen in der ganzen Sowjetunion vorbereitet worden: »Mironow erklärte, die Maßnahmen seien Staatsgeheimnis und jede Preisgabe von Details sei strafbar. Gleich nach der Besprechung mussten die Teilnehmer mit dem nächsten Zug an ihre Einsatzorte fahren, um am 28. Juli mit den Verhaftungen zu beginnen. Für die erste Kategorie hatte Westsibirien eine Quote von 10 800 Personen bekommen, doch Mironow versicherte den Teilnehmern, dass sie gern auch 20 000 festnehmen durften; ›Ich nagle euch nicht auf diese Zahl fest.‹ (...) Der Leiter jedes Sektors bekam den Auftrag: ›Einen Ort, an dem die Urteile vollstreckt werden, und einen Platz zum Vergraben der Leichen zu finden. Wenn das im Wald ist, dann zuerst die Bodennarbe abzudecken, um damit später die Massengräber zu tarnen.‹ Nicht einmal der Parteiapparat kannte diese Details.«[2]

Agnessa denkt hingegen zunächst, ihr Streit sei der Grund dafür, dass Mironow nicht einschlafen kann und Tabletten nimmt. Aber als in den darauffolgenden Tagen und Wochen Moskau ständig Zahlen und Berichte darüber fordert, wie viele Verhaftungen bereits erfolgt seien, kann Mironow den Druck, unter dem er steht, nicht länger vor Agnessa verbergen. Kaum beginnt die Maske des eisernen, selbstsicheren Tschekisten zu fallen, blickt das hässliche, erbärmliche Gesicht eines verängstigten Täters daraus hervor: »Serjoscha [Agnessa wechselt in ihren Erzählungen über ihren zweiten Ehemann zwischen Miroscha und Serjoscha – abgeleitet von seinem Vor- oder Nachnamen] hatte auch Angst. Wie enorm angespannt er in seinem Inneren ist, wie sehr er das Schlimmste erwartet, das habe ich nicht sofort begriffen. Eines Tages aber … In der Arbeit hatten sie einen großen Billardtisch. Manchmal, wenn ich Miroscha besuchte und er sich ein Stündchen freinehmen konnte, spielten wir eine Partie oder zwei. Und einmal, mitten im Spiel, Serjoscha war gerade dran, da erstarrte er plötzlich mit dem Queue in der Hand, wurde blass … Ich folgte seinem Blick. Durch die riesige Fensterscheibe des Billardraumes war zu sehen, wie drei Soldaten mit Tellerkappen mit roten Rändern in den Hof marschierten. ›Miroscha, was ist denn?‹ Aber dann verstand ich gleich. ›Ist doch nur die Wachablöse.‹«

Einmal bekommt Agnessa ein Gespräch zwischen Mironow und seinem Cousin mit, aus dem sie Mironows Angst und zugleich den Versuch heraushört, sich aus der Verantwortung zu ziehen: »›Du hast wahrscheinlich die Hände bis zu den Ellbogen in Blut. Wie hältst du das nur aus? Dir bleibt nur mehr ein Ausweg – dich umbringen.‹ ›Ich bin wie Stalins Hund‹, lachte Miroscha bitter, ›ich hab keine andere Wahl!‹«

Dieser Satz ist einer der Schlüsselsätze in Agnessas Memoiren, er lässt tief in Mironows Innenleben blicken. »Ich bin Stalins Hund« – aus seiner Sicht folgt er nur dessen Willen, führt er nur dessen Anweisungen aus. Diese Worte entlarven einen weiteren Mythos, nämlich den, dass nicht Stalin am Terror schuld sei und ihn nicht organisiert habe. Mironow weiß ganz genau, von wem die Befehle letztlich alle ausgehen.

In den letzten Monaten vor seiner Verhaftung wird Mironow von Paranoia heimgesucht. Ihn quält die Angst vor drohenden Ermittlungen, denn er weiß ja bestens über die Verhörmethoden Bescheid. In seinen Aussagen ist nachzulesen, dass es bei der Besprechung der höchsten NKWD-Führungsriege 1937 in Moskau auch um die Anwendung von »Mitteln zur physischen Einwirkung« ging. Zu alldem kommt seine Angst um Agnessa; einmal platzt unvermittelt aus ihm heraus, dass auch Gattinnen verhaftet werden – er kennt den geheimen NKWD-Befehl über die Festnahme der Ehefrauen von Volksfeinden. Jetzt braucht er Agnessa, die in diesen letzten Monaten so manches Neue erfährt, dabei aber stets fröhlich und selbstbeherrscht bleibt. Mironow hat jeden Glauben an die Sowjetmacht verloren, er hält dem Druck nicht mehr stand und muss sich ihr mitteilen. Er hegt sogar Suizidgedanken, aber daran, seinem Leben selbst ein Ende zu setzen, hindert ihn, der Tausenden Menschen so leichthin das Leben genommen hat, wiederum die Angst.

Agnessa schreibt: »Er sagte zu mir, ›wenn sie mich verhaften, erschieße ich mich‹. Einmal sprang er nachts plötzlich vom Bett auf, rannte in den Vorraum und verriegelte mit einem Stock die Tür des Lastenaufzugs, der direkt in die Wohnung mündete. Dann hängte er die Kette an der Wohnungstür ein, aber damit nicht genug. Wie von Sinnen machte er sich daran, die Kommode vor den Lifteingang zu schieben. ›Serjoscha‹, flüsterte ich, ›was machst du da?‹ ›Ich will nicht, dass sie von da reinkommen und uns überrumpeln!‹, rief er. Ich begriff sofort: Er wollte, dass sie klopfen oder dass das Rumpeln der Kommode oder das Knacken des brechenden Stocks ihn aufwecken würde, damit sie ihn nicht im Schlaf überraschen. ›Ich muss wissen, wann sie kommen!‹ Und wieder begriff ich: um sich rechtzeitig zu erschießen.«

Das Ende

Agnessa liefert die passende Metapher für ihr damaliges Leben mit Mironow: »Ach, welch eine Höllenschaukel! Gerade noch ist dein Herz ganz eng vor Angst, und auf einmal ein Schwung und du bist oben, kannst atmen, leben, dich mit Kleinigkeiten abgeben, mit allerlei hübschen Nebensächlichkeiten (sie machen das Leben lebenswert, bedeuten Seelenfrieden). Daran, dass du gleich mit dem nächsten Schwung wieder unten aufschlagen wirst, daran denkst du gar nicht mehr. Angeblich hat Stalin das gefallen – sein Volk auf dieser Schaukel anzustoßen.«

Und in der Tat, für eine kurze Weile lässt die Angst noch einmal nach, Mironow scheint wieder Glück zu haben. Im August 1937 wird er als Sondergesandter der UdSSR und Repräsentant des NKWD in die Mongolei geschickt. Die Mongolei ist bereits seit den 1920er-Jahren de facto ein Satellitenstaat der UdSSR, aber nach dem japanischen Überfall auf China 1937 beschließt Stalin, dort eine neue Regierung einzusetzen und die sogenannte fünfte Kolonne zu liquidieren. Mironow soll groß angelegte Säuberungen durchführen, unter anderem unter den mongolischen Machthabern.

Agnessa freut sich: »Mir fällt ein Stein vom Herzen. Für Miroscha geht's wieder bergauf – und wie! Den Klauen der Angst entkommen, und dann auch noch gleich mit einem Höhenflug. Welch eine verantwortungsvolle Aufgabe: politischer Repräsentant in der Mongolei in einem international so brenzligen Moment! Wenn das nicht toll ist? Wenn das nicht ein Vertrauensbeweis ist in einer Zeit, wo rundherum einer nach dem anderen abgeholt wird? Kaum war von dieser Beförderung die Rede, wurde Miroscha wieder munter, sofort kehrten seine Selbstsicherheit, seine stolze Haltung, seine draufgängerische Entschlossenheit und sein Ehrgeiz zurück. Sein Blick veränderte sich, versprühte Funken des Erfolgs, die Jugend war wieder da, die großen Taten, der Kampf gegen die Konterrevolution, wie damals in Rostow.«

Agnessa lässt sich neue Kleider schneidern, kauft sich Schmuck, empört sich über den Dreck in Ulan-Bator und die Primitivität der Mongolen, lernt mit Begeisterung die »Verhaltensregeln für sowjetische Botschafter im Ausland«. Indessen ist die Zeit in der Mongolei die blutigste Episode in Mironows gesamter Laufbahn: Am 23. April 1938 berichtet er seinem Vorgesetzten, dass 10 728 Menschen verhaftet wurden, darunter 7814 buddhistische Lamas. Bereits am 31. Mai waren 6311 dieser Häftlinge hingerichtet worden, das entsprach drei bis vier Prozent der damaligen erwachsenen männlichen Bevölkerung der Mongolei. Weitere 7000 Verhaftungen waren geplant.

Auch diese »diplomatische Mission« meistert Mironow gut. Als Nächstes wird er Chef der Regionalabteilung Fernost des Volkskommissariats für Auswärtige Angelegenheiten der UdSSR. So verzögert sich das unausweichliche Ende um ein weiteres halbes Jahr. Und wieder modische Kleider, Empfänge und schließlich die Silvestergala 1938/39 im Kreml.

Nur wenige Tage später wird Mironow festgenommen. Selbst da beweist Agnessa noch Charakterstärke: Während der Hausdurchsuchung bleibt sie besonnen, ein ganzes Jahr lang holt sie immer wieder beim Ermittler in der Lubjanka Briefe von Mironow ab, den sie auch persönlich trifft. Solche Begegnungen und Briefe waren durchaus ungewöhnlich. Wahrscheinlich wurde mit diesem Kontakt- und Korrespondenzrecht Druck auf Mironow ausgeübt, um ihm Aussagen gegen Volkskommissar Jeschow zu entlocken, der wenige Monate später ebenfalls verhaftet wurde.

Dank der Öffnung der Archive wissen wir heute, dass sich Mironow nach einem persönlichen Verhör durch den neuen Geheimdienstchef Lawrenti Berija uneingeschränkt bereit erklärte, gegen Jeschow auszusagen. Als einer der Hauptzeugen beschuldigte er ihn unter anderem einer Verschwörung gegen Stalin.

Vielleicht hat Agnessa sogar recht, wenn sie glaubt, dass Mironow ihr zuliebe handelte. Sein Plan bestand offenbar darin, die ganze Verantwortung auf Jeschow abzuwälzen. Vielleicht lockte man ihn im Gegenzug für ausführliche Informationen mit einem milderen Urteil, vielleicht stellte er sogar eine Bedingung: die Freiheit seiner Frau.

Doch im Februar 1940 ist alles vorbei. Ein Paket, das Agnessa ihrem Mann schickt, wird abgewiesen, als sie persönlich nachhakt, bekommt sie zu hören: »Zehn Jahre ohne Recht auf Briefwechsel«, was im Klartext Erschießung bedeutet. Im Unterschied zu vielen anderen begreift Agnessa die Bedeutung dieser damaligen Standardformulierung sofort. Und schnell setzt ihr Selbsterhaltungstrieb ein. Sie rennt nicht von Pontius zu Pilatus, um zu intervenieren, und sie ist klug genug, um nicht an Berija und Stalin zu schreiben. Sie macht, was für sie das Natürlichste ist: Sie beginnt ein neues Leben.

Im Gulag

Leicht hat sie es nicht. Der Mann erschossen, sie schon Ende dreißig. Doch sie findet eine Lösung, sogar innerhalb der Familie. Mironows älterer Cousin Michail Korol ist soeben Witwer geworden. Genau wie Mironow hat er im Ersten Weltkrieg und im Bürgerkrieg gekämpft, sodann im Auftrag des Militärgeheimdienstes einige Jahre in den USA verbracht. Wie durch ein Wunder war er während des Großen Terrors einer Verhaftung entgangen, und als Agnessa ihn 1940 heiratet, ist er gerade Redakteur und Übersetzer bei Goskino, der staatlichen Behörde für Filmwesen. Anders als Mironow ist Korol ein Intellektueller, ein Denker und Leser, und seine Ergebenheit gilt nicht Stalin, sondern seinen marxistischen Idealen und der Revolution. Zwar ist diese Ehe mehr von Respekt als von Romantik geprägt, doch ermöglicht sie Agnessa, ihren gewohnten Lebensstil beizubehalten.

1941 beginnt mit dem Angriff von Hitlers Armee auch in Russland der Krieg. Sehr dramatisch beschreibt Agnessa die Evakuierung aus Moskau. Sie lässt nicht wie Natascha Rostowa aus Lew Tolstois »Krieg und Frieden« ihr ganzes Hab und Gut zurück, sondern ist im Gegenteil ängstlich darauf bedacht, nur ja nichts zu verlieren. Korols Tochter erinnert sich: »Agnessa konnte den Verlust ihrer Besitztümer nicht ertragen, sie machte Papa Vorwürfe, weil er es zugelassen hatte, dass ihre Koffer in ein anderes Auto verladen und irgendwo in Moskau deponiert wurden. ›Ich war eine reiche Frau‹, sagte sie zu meinem Vater, ›und jetzt habe ich nichts mehr.‹ Aber was hätte er tun sollen? Es herrschten Panik, Wut, Hysterie, die Leute schrien, dass unser Wagen mit Zeug überladen und kein Platz mehr für die anderen sei, befahlen: ›Abwerfen!‹ Auf dem Dampfschiff [nach Saratow an der Wolga] hatte Agnessa sich noch immer nicht beruhigt und redete immerzu von ihren Sachen. Das waren Dinge aus der Mongolei, sie hatte trotz der Konfiszierung noch so einiges behalten können.«

Erstaunlicherweise kommt Agnessa, die gerade noch über einen ganzen Apparat an Bediensteten verfügt und in Villen und riesigen Wohnungen gewohnt hatte, auch in der Fremde gut zurecht. Sie teilt sich mit anderen Evakuierten ein winziges Zimmer, passt sich an, scheut vor nichts zurück, verkauft sogar einige ihrer vielen Habseligkeiten auf dem Markt. Doch dann fällt gerade sie, die den Großen Terror überstanden hat, ohne als Ehefrau eines Volksfeindes im Lager zu landen, einem ganz banalen Verrat durch ihre Mitbewohner zum Opfer. 1942 wird sie wegen »antisowjetischer Agitation« zu fünf Jahren Haft verurteilt. Wie das Leben so spielt, kommt sie in dieselbe Gegend in Kasachstan, die sie einst mit Mironow im Privatwaggon bereist hat.

Der Abstieg ist steil – vom Haus an der Uferstraße in einen Gefangenentransport mit Kriminellen, die sie auslachen, bis hin zu einem grausamen Fußmarsch, bei dem andere Frauen vor ihren Augen erfrieren und verhungern: »Die gefrorenen Leichen wurden aufrecht ans Waschhaus gelehnt. Dann räumten wir die Scheune leer und stapelten sie da rein, doch auch hier wurde der Platz knapp, also kamen die nächsten auf die Terrasse am Ausgang. Die Toten waren nackt, wurden notdürftig zugedeckt. Es waren so viele, dass die Tür nicht mehr richtig aufging, man musste ordentlich andrücken, um rauszugehen. Manche waren ganz verdreht, mal ragte eine steife Hand heraus, mal ein Bein. Man streifte sie im Vorbeigehen. Oder musste darübersteigen. Wir gewöhnten uns schnell daran. Manchmal ging ich hinaus, schob die Toten mit der Tür weg und dachte verwundert: ›Was ist los mit mir? Das sind doch Leichen, warum habe ich keine Angst vor ihnen, als ob es Holzscheite wären?‹ Ich stieg über Beine und Arme und ging weiter, als wäre nichts. Ich dachte: ›Unter normalen Umständen hätte ich nie geglaubt, dass so etwas möglich ist. Aber hier achte ich gar nicht darauf. Ich halte das alles aus und lebe weiter! Ich sterbe nicht, ich werde nicht sterben, mir wird das nicht passieren.‹«

Auch im Gulag gibt Agnessa nicht auf, lässt den Kopf nicht hängen und vollbringt wahre Wunder der Überlebensfähigkeit: »Wissen Sie, was mir noch geholfen hat? Ich habe keinen einzigen Tag Häftlingskleidung getragen. Mir schien, wenn ich auch nur einmal diese Kleidung anziehe, diese Wattehosen oder eine Jacke, bei der die Watte aus den Löchern franst, höre ich auf, ein Mensch zu sein. Man wird sofort zum Sklaven in den Augen der anderen und in den eigenen, einem Sklaven, den jeder misshandeln darf, wie es ihm gefällt. Ich musste meine menschliche Würde bewahren. Ich bemühte mich nach Kräften, mich nicht unterkriegen zu lassen.«

Während ihrer Zeit im Lager holt sie das Schicksal erneut ein: 1944 wird Michail Korol verhaftet. Von der Folter bei den Verhören erholt er sich nie wieder. 1950 kommt er frei, wird in der Verbannung jedoch abermals verhaftet und kehrt erst 1956 wieder zu Agnessa zurück.

Nach einer langwierigen Rehabilitation beziehen sie ein Zimmer in einer Kommunalka. Agnessa arbeitet in der Aufnahme einer Poliklinik, während Korol versucht, einen Job im Literaturbetrieb zu finden. Doch seine Desillusionierung, die Straffreiheit jener, die in Stalins Namen Verbrechen begingen, sowie die Gleichgültigkeit und Blindheit der poststalinistischen Gesellschaft lassen ihm keine Ruhe mehr. Immerhin dankt er es seinem Schicksal, dass es ihm die Augen geöffnet hat: »Ich feiere meine elf Jahre Gefängnis und Lagerhaft als Beginn meiner Wiedergeburt. Ohne diese Heimsuchungen hätte ich mein ganzes Leben in seelischer Trübnis, im Nebel, mit diffusen Gedanken und falschen Geboten verlebt«, heißt es in seinen Aufzeichnungen. Michail Korol stirbt 1959. Agnessa überlebt ihn um dreiundzwanzig Jahre.

Im Epilog ihrer Geschichte klingt an, dass die Jahre im Gulag nicht spurlos an ihr vorübergegangen sind. Agnessa liest viel, besucht die Orte ihrer Kindheit und Jugend und beschäftigt sich mit ihren Erinnerungen. Genau das ist es, was das Finale ihres Lebens so besonders macht – sie hat keine Angst vor ihrer Vergangenheit, sie erzählt ihre Geschichte allen, die sie hören wollen. Natürlich erinnert sie sich gern an die schöne Zeit mit ihrem geliebten Mironow, doch nachdem sie nun auch die Schattenseiten jenes Systems kennt, dem er so ergeben gedient hat, stellt sie auch die Frage nach seiner Schuld. Sie hat verstanden, dass das Blut unzähliger unschuldiger Menschen an seinen Händen klebt. Zu solchen Erkenntnissen waren bei Weitem nicht alle bereit. Und nicht alle fanden so wie sie, dass man von der Stalinzeit berichten sollte, ohne Angst, ohne das Gefühl, etwas verschweigen zu müssen.

Mira Jakowenko schreibt: »Nach all dem Leid, das sie gerade noch aufgrund von Denunziation und Verfolgung durchgemacht hatten, fürchteten sich viele Rehabilitierte vor jeder Offenbarung. Aber Agnessa hatte vor nichts Angst. Sie war eine Kämpferin. Wenn in der Metro oder einer Warteschlange jemand anfing, Stalin zu rechtfertigen und die Repressierten zu kritisieren, warf sie sich mit all ihrer Eloquenz und Leidenschaft ins Gefecht und übertrumpfte ihr Gegenüber meist damit, dass sie selbst im Lager gewesen war und die Wahrheit nicht nur vom Hörensagen kannte.«

Das Schwelgen in Luxus vor dem Hintergrund des Terrors macht Agnessa zwar nicht gerade sympathisch, dafür beschenkt sie uns mit einem persönlichen Erfahrungsbericht aus erster Hand, auch wenn es sicher Dinge gibt, die sie trotzdem verschweigt, nicht ausspricht, beschönigt. Ihre Geschichte ist auch deshalb glaubwürdig, weil sie sich ungeachtet aller Privilegien, die sie genossen hat, nicht mit dem System identifizierte. Das ist wohl auch der Grund für ihre verblüffende Offenheit. Sie nahm, was das

Leben ihr bot. Sie akzeptierte die Welt, wie sie war, machte keinen Hehl aus dem Vergnügen, das ihr materielle Werte bereiteten, Schönheit und Behaglichkeit waren ihr wichtig. Sowohl in die staatlichen Datschen als auch in die spärlichen Lagerbaracken vermochte Agnessa etwas davon mitzubringen. Ihren Aufputz beschreibt sie so begeistert und detailreich, dass man ihn unwillkürlich im Gedächtnis behält wie Scarlett O'Haras Kleider: die blassgrüne Hochzeitsrobe mit den goldenen Knöpfen, das schwarze Kleid mit der Schleife beim Empfang im Kreml, die geflickte rote Strickweste und den abgewetzten Mantel aus Eichhörnchenfell, den sie im Lager immer bei sich trägt.

Sie hatte kein Problem damit, an all den Wendepunkten ihres Lebens auf ihre wichtigsten Waffen zu setzen: eine ungenierte, beinah aggressive Weiblichkeit und einen Instinkt für die richtige Seite und dafür, in den richtigen Momenten die Füße stillzuhalten. Beides half ihr, diese dramatische Zeit der russischen Geschichte nicht nur zu überleben, sondern, was noch viel schwieriger ist, ihre Würde zu bewahren. Sie hat nie versucht, auf Kosten anderer zu überleben. Selbst wenn sie in eine scheinbar ausweglose Lage geriet, schaffte sie es stets aus eigener Kraft hinaus. Wie Margaret Mitchells Heldin folgte sie dem Vorsatz, sich nicht dem negativen Denken anheimzugeben: »Ich kann mich selbst überreden, mich selbst überzeugen, ich kann das Schreckliche und Beängstigende hinter mir lassen und in eine andere Welt eintauchen … Die Hauptsache ist doch, in jeder Situation einen kühlen Kopf zu bewahren. Es muss einfach gut ausgehen!«

Agnessas Geschichte zeigt, mit welch komplexen, widersprüchlichen Stoffen wir es bei Memorial zu tun hatten. Ihre Sicht von innen, ihr lebendiger Blick auf die Henker des Großen Terrors zeichnen ein plastisches Gesellschaftsbild der Stalinzeit und sind gerade als Ergänzung zu den sonst so nüchternen 40 000 Kurzbiografien von NKWD-Mitarbeitern und anderen Organisatoren des Terrors, die Memorial dokumentiert hat, von unermesslichem Wert.

Dass wir diese Kurzbiografien der Öffentlichkeit zugänglich gemacht hatten, verärgerte den Kreml und die Staatssicherheit. Spätestens seit Anfang der 2000er-Jahre positionierte man sich dort ganz offen als direkter Nachfolger der sowjetischen Behörden und wollte naturgemäß nicht, dass diese in einem negativen Licht erscheinen.

Schon 1995 war ich zutiefst enttäuscht gewesen, als Jelzin einen Feiertag für die Sicherheitsdienste der Russischen Föderation einführte. Jahrzehntelang war der 20. Dezember in den sowjetischen Sicherheitsorganen inoffiziell als Tag des Tschekisten gefeiert worden – und nun wurde dies ganz offiziell getan, heute sogar unter der Anwesenheit von Putin. Knapp achtzig Jahre zuvor, am 20. Dezember 1917, hatte die sowjetrussische Regierung unter Lenin den Auftrag zur Bildung der »Allrussischen außerordentlichen Kommission zur Bekämpfung von Konterrevolution, Spekulation und Sabotage« gegeben und damit auch die Grundlage für Stalins Großen Terror gelegt.

Jelzins Erlass war kein Zufall: Er erfolgte mitten im Tschetschenienkrieg, als Jelzin seine gute Beziehung zu den Sicherheitsdiensten nicht riskieren wollte. Es war ein deutliches Signal, dass die Sicherheitsorgane keine Reformen zu befürchten hätten und man es mit der Umbenennung von KGB in FSB bewenden lassen würde. Der Mythos von der Effektivität der Tschekisten wurde so noch tiefer im Bewusstsein der Menschen verankert. Am Ende war es auch dieses Vertrauen in die Geheimdienste, das Putin den Weg ebnete.

Bald nach dessen Amtsantritt sah man die Mitarbeiter der Sicherheitsorgane aus dem Schatten treten, in den sie während der Perestroika abgedrängt worden waren. Nach und nach besetzten sie Schlüsselposten und sorgten unter anderem dafür, dass der Zugang zu den Archiven wieder stärker beschränkt wurde. Alles, was Interna betraf, wurde wieder geheim.

Ich erinnere mich, wie ich im Winter 2017 über den verschneiten Lubjanka-Platz in Moskau spazierte, über dem ein riesiges

Banner hing: »100 Jahre Staatssicherheit in UdSSR und Russland. Glückwunsch zum Tag des Tschekisten!« Ich musste an Agnessa denken, deren unerschütterliche Liebe einem Mann gegolten hatte, der von sich selbst sagte, seine Hände steckten bis zu den Ellbogen in Blut. Agnessa wusste, sie kann ihn nicht rehabilitieren. Das haben später Putins FSB-Männer gemacht; wenn auch nicht Mironow persönlich, so doch den Tschekismus.

Kapitel 8

SCHIFF DER NARREN

Als Kind schien mir der Jahrtausendwechsel unwirklich weit weg. Ich stellte mir vor, ich wäre längst eine verschrumpelte Greisin, wenn ich ihn überhaupt erleben sollte. Aber dann war er plötzlich da. Den 31. Dezember 1999 feierten wir wie jedes Jahr in der Wohnung meiner Eltern, fünf Minuten vom Kreml entfernt. Hier wurde ich geboren, hier lebten meine Mutter und die Großeltern seit 1944, nachdem sie aus dem Hotel Lux ausgezogen waren, dem berühmt-berüchtigten Wohnkomplex der Komintern, der von Stalin aufgelöst wurde. Die Bewohner, die die stalinistischen Säuberungen überlebt hatten, kehrten entweder zurück in ihre alte Heimat, wo sie unterschiedliche Schicksale erwarteten, oder zogen in eine andere Stadt. Meine Großeltern gehörten zu den Glücklichen, die der Verhaftung entkommen waren. Und dank weiterer günstiger Fügungen bekamen sie sogar neuen Wohnraum in der Nishny-Kislowski-Gasse, die noch zentraler lag als das Hotel Lux. Lange waren die Spuren des Umzugs noch zu sehen – angefangen bei dem großen, schweren Esstisch aus Eichenholz, auf dem immer noch der Aufkleber »Hotel Lux, Komintern« prangte. Ich weiß nicht, ob außer diesem Aufkleber noch viel vom einstigen Hotel übrig ist; das Gebäude wurde Stück für Stück abgetragen, die Ruinen auf der Twerskaja-Straße sind seither von Bauzäunen abgeschirmt.

An diesem Tisch versammelten sich Silvester 1999 drei Generationen unserer Großfamilie. Fünf Minuten vor Mitternacht schaltete mein Vater wie immer zum Jahreswechsel den Fernseher ein.

Die Silvesternacht und ein Geschenk von Jelzin

Auch schon vor der Perestroika hatten die sowjetischen Herrscher alljährlich fünf Minuten vor Mitternacht zu ihren Bürgern gesprochen und sämtlichen Zweigen von Industrie und Landwirtschaft zu ihren Erfolgen gratuliert. Die feierliche Ansprache endete mit dem Geläut der Kreml-Glocken, zu deren Klang die Sowjetmenschen mit Sekt anstießen und einander »Frohes Neues« wünschten. Die Tradition der Neujahrsansprachen war 1970 von Breschnew eingeführt worden, der von Jahr zu Jahr undeutlicher redete, bis er irgendwann so sehr lallte, dass ihm der Ausdruck »sozialistische Staaten« nicht mehr glatt über die Lippen kam. Breschnew nachzuäffen, wurde quasi zum Volkssport. Unter seinen Nachfolgern Andropow und Tschernenko, die beide nicht lange lebten, gab es keine Neujahrsansprachen, denn sie waren ständig krank. Wie man damals scherzte: »Einstimmig zum Generalsekretär gewählt, ohne das Bewusstsein wiederzuerlangen.« Tschernenko verbrachte praktisch das ganze Jahr 1984, in dem er regierte, im Liegen. Erst unter Gorbatschow kehrten die Neujahrsansprachen zurück.

Überraschungen erwartete sich von diesen Reden eigentlich niemand. Und so huschte ich am Silvesterabend 1999, als Jelzin bereits angefangen hatte, sich an das Volk zu wenden, noch kurz in die Küche, um rechtzeitig vor dem Glockengeläut die letzten Schüsseln auf den Tisch zu stellen. Ich hörte noch: »Nur noch wenige Augenblicke bleiben bis zu diesem historischen Moment in unserer Geschichte: Es beginnt das Jahr 2000, ein neues Jahrhundert, ein neues Jahrtausend.«

Und dann, als ich zurück ins Wohnzimmer kam: »Meine lieben Freunde, verehrte Mitbürger! Heute wende ich mich zum letzten Mal mit einer Neujahrsansprache an Sie. Aber dies ist nicht alles. Heute spreche ich zu diesem letzten Mal zu Ihnen als Präsident Russlands. Ich habe eine Entscheidung getroffen, die mir sehr, sehr schwergefallen ist. Ich habe beschlossen, heute, am letzten Tag des ausgehenden Jahrhunderts, zurückzutreten.«

Der Brotkorb, den ich gerade auf den Tisch stellen wollte, fiel mir aus der Hand. Jelzin sprach davon, dass ihn das Ergebnis der letzten Duma-Wahl darin bestärkt habe, dass nun die Zeit für eine neue Generation von Politikern gekommen sei, für frische, kluge, starke und tatkräftige Menschen. Seine wichtigste Mission, dass Russland nie wieder in die Vergangenheit zurückkehren, sondern sich von nun an immer nur vorwärtsbewegen würde, sei erfüllt, und deshalb werde er vor dem Ende seiner Amtszeit gehen. Und dann bat er um Verzeihung dafür, dass er nicht alle Hoffnungen der Menschen erfüllt habe, die daran geglaubt hatten, dass es schlagartig gelingen würde, aus dem grauen, totalitären Stillstand der Vergangenheit in eine lichte, prosperierende Zukunft zu springen. Der Gedanke an die vielen Enttäuschten habe ihm schlaflose Nächte bereitet.

Noch bevor ich hörte, wem Jelzin die Macht übergeben würde, wusste ich, dass die Dinge schlecht standen. Als er dann den Namen nannte, wusste ich, wie schlecht. Seine Wahl war für mich das größte aller möglichen Übel. Da half auch der menschliche Ton nichts, den Jelzin in seiner Rede angeschlagen hatte, die Erwähnung seiner schlaflosen Nächte. Es sollten die letzten empathischen Worte sein, die seither von einem russischen Präsidenten gesprochen wurden. Seine letzten Worte klangen wie eine unheilvolle Verheißung: Die Regierungsgeschäfte würden bis zur Wahl des neuen Präsidenten interimistisch an Ministerpräsident Wladimir Putin übergeben. Aber er, Jelzin, sei immer von der verblüffenden Weisheit der Russen überzeugt gewesen und zweifle nicht daran, wen sie bei der Wahl zum nächsten Präsidenten küren würden.

Unsere Silvesterfeier war damit ruiniert. Außer bei den Kindern, die fröhlich ihre Geschenke auspackten, sank die Stimmung bei allen auf den Tiefpunkt. Nicht, weil Jelzin zurückgetreten war – das war ohnehin längst überfällig –, sondern weil Putin übernehmen würde. Viele schrieben über diesen Machttransfer, auch Jelzin in seinen Memoiren: Es sei seine persönliche Entscheidung gewesen, sich in der Silvesternacht zu verabschieden, und nur die wenigsten seien eingeweiht gewesen. Er habe Tränen in den Augen gehabt, als die Aufzeichnung (wenige Stunden vor der Ausstrahlung) vorbei war, und noch mit den Anwesenden Sekt getrunken. Die Fernsehleute hätten noch mehrere Stunden im Studio bleiben müssen, damit sich die Nachricht nicht vorzeitig herumspräche.

Bereits vor Jelzins Wiederwahl zum Präsidenten 1996 war in den Medien eine hitzige Diskussion über seinen Gesundheitszustand entbrannt: Er sah krank aus, sprach undeutlich, hatte einen schweren Herzinfarkt erlitten und brauchte dringend eine lebensnotwendige Operation am Herzen. Diese wurde schließlich auch durchgeführt, doch es war nicht nur das Herz, seine Gesundheit war insgesamt ruiniert. Es war immer deutlicher geworden, dass er zunehmend unter dem Einfluss seiner »Familie« stand, wie man diesen speziellen Personenkreis damals nannte: dem seiner Tochter Tatjana Djatschenko und ihres Partners Wladimir Jumaschew, eines ehemaligen Journalisten, der bis 1998 die Präsidialverwaltung leitete. Alle Informationen, die den Präsidenten erreichten, wurden durch sie gefiltert und manipuliert. Dennoch darf man sich Jelzin nicht als willenlosen Greis vorstellen, wie etwa Breschnew. Jelzin behielt bis zum Schluss eine gewisse Macht. Unvergessen, wie entschlossen er während des Putschversuchs 1991 gehandelt hatte. Ich stand damals selbst auf dem Platz vor dem Weißen Haus und schrie zum ersten und zum letzten Mal im Leben: »Russland! Russland!«

Aber natürlich verfügte er auch über eine gehörige Portion dünkelhafte Sturheit. Journalisten aus dem sogenannten Kreml-Pool, die Jelzin auf seinen Reisen begleiteten und über die Arbeit der Regierung berichteten, nannten ihn »Opa« und fürchteten sich ständig vor seinen Ausfällen, seltsamen Gesten, unerwarteten Äußerungen oder davor, dass er irgendwann einfach umkippt.

Dass all dies so detailreich in den Medien verhandelt wurde, zeugt von der Pressefreiheit jener Jahre. Aus heutiger Sicht ist das undenkbar, immerhin zählt Putins Gesundheitszustand zu den Staatsgeheimnissen Nummer eins (was wiederum endlose Mutmaßungen und Gerüchte provoziert). Aber genau dieser Kontrast half Putin damals: Neben Jelzin, der kaum noch geradeaus laufen konnte, machte er in den Augen vieler – auch im Westen – eine gute Figur. Im besten Alter, sportlich, fit, gesund. Natürlich spielte auch eine Rolle, dass durch die Schwäche sämtlicher demokratischen Institute – Justiz, Wahlsystem – die sogenannte vierte Macht so einflussreich werden konnte: die Medien. Zwischen den diversen Holdings, die verschiedenen Gruppen von Oligarchen gehörten, entbrannte ein zäher Kampf, der für Normalsterbliche beim besten Willen nicht zu durchschauen war. Und trotzdem, wenn man sich jetzt die alten Sendungen der unabhängigen Kanäle anschaut, kommt man nicht umhin, die Freiheit des Wortes und die offene Kritik an der herrschenden Macht, an Jelzin, zu bestaunen.

Ein Märchen von E.T.A. Hoffmann

Ich versuche, mich an die Stimmung in den letzten Monaten des ausklingenden Jahrtausends zu erinnern. Nach dem Staatsbankrott von 1998, der viele Menschen in den Ruin getrieben hatte, dem Stühlerücken der Ministerpräsidenten, die Jelzin ständig ernannte und wieder absetzte, und dem Ausbruch des zweiten Tschetschenienkriegs schien die Lage undurchsichtig und unberechenbar. Die Bevölkerung war extrem verunsichert.

Im Herbst 1999 kam es in Moskau zu geheimnisvollen Explosionen in Wohnhäusern, die viele Todesopfer forderten. Offiziell fiel der Verdacht auf tschetschenische Terroristen, aber wer wirklich dahintersteckte, blieb ungeklärt. Man muss kein Soziologe sein, um zu diagnostizieren, dass die Bevölkerung sich nach jemandem sehnte, der Ordnung in das Chaos bringen würde. Dass Jelzin dazu nicht imstande war, war offensichtlich. Und dass die Wahlen 1996, wenn nicht manipuliert, so doch von einer riesigen Medienkampagne seitens seiner Mannschaft begleitet wurden, auch. Trotzdem stimmten alle um mich herum, mich eingeschlossen, für ihn. Obwohl uns klar war, dass er früher oder später gehen musste. Ja, wir hatten Angst: Wenn nicht Jelzin, dann würden die Kommunisten unter Sjuganows Führung gewinnen, der aus seinen Sympathien für Stalin keinen Hehl machte. Ein solcher Wahlausgang hätte ein Ende der Reformen bedeutet, was neben allen anderen Problemen eine echte Gefahr für die instabile Marktwirtschaft dargestellt hätte. Doch unsere Entscheidung entpuppte sich als fauler Kompromiss.

Zu der Frage, wie Jelzin 1999 seinen Nachfolger auswählte und wer ihn dabei beriet, existieren viele Versionen, die von verschiedenen Akteuren verbreitet wurden. In solchen Fällen denke ich immer an Akira Kurosawas Film »Rashomon« (1950), in dem verschiedene Zeugen unterschiedliche Versionen eines Mordes im Wald erzählen.

Ende Januar 2000, knapp einen Monat nach Jelzins Neujahrsansprache, wurde in der seit 1994 sehr beliebten Fernsehsendung »Kukly« (dt. »Puppen, Marionetten«), in der verschiedene Figuren aus der russischen Politik von Marionetten dargestellt wurden, die Geschichte mit dem Nachfolger und der Machtübergabe frei nach E.T.A. Hoffmanns Märchen »Klein Zaches genannt Zinnober« nachgespielt.

Jelzin war die Bäuerin Lisa, die arme Mutter von Zaches, der wiederum Putin war. Boris Beresowski, ein Oligarch, der Putins Familie nahestand und im politischen Geschehen der Neunziger aktiv mitmischte, trat in der Rolle der Fee Rosabelverde auf, die dem kleinen Zaches den Schopf mit einem Zauberkamm kämmte. Zinnober-Putin krakeelte die ihm eingeflüsterten Zauberformeln heraus: »Wir machen sie im Scheißhaus kalt!«, »Wir polieren allen die Fresse!« Und der Puppenchor, der die damalige Politikelite darstellte, stimmte an: »Herr Zinnober, Sie sind ein echter Patriot! Lassen Sie uns Ihre Diener sein!«[1]

Die Sendung war eine gelungene Politsatire auf die Situation, und angeblich soll sie Putin in Rage versetzt haben. Die Behörden forderten ein Verbot der ausgestrahlten Folge, bald darauf wurde die ganze Sendung abgeschafft. Als ich mir den besagten Ausschnitt vor Kurzem noch einmal anschaute, schien mir das Ganze nicht mehr so komisch wie damals. Denn in Hoffmanns Fall verwandelte sich der kleine Zaches, wenn die Fee seine dünnen Härchen nicht mehr kämmte, wieder in einen machtlosen Zwerg, während in der russischen Realität alles genau umgekehrt war: Die Fee, Boris Beresowski, musste vor dem Gefängnis aus dem Land fliehen, dann verlor er sein gesamtes Vermögen und beging 2013 angeblich Selbstmord. Bis heute gibt es Zweifel daran. Währenddessen blieb Zinnober-Putin an der Macht (länger herrschte nur Stalin) und verwandelte sich in einen Diktator, der einen blutrünstigen Krieg entfesselt hat. Jetzt erinnert er nicht mehr an die Figur aus Hoffmanns Märchen, sondern an die schrecklichste Gestalt der russischen Mythologie, Koschtschei Bessmertny, der Unsterbliche, dessen Seele so tief verborgen liegt, dass ihn niemand töten kann: Sie ist in einer Nadel versteckt, die sich in einem Ei befindet. Das Ei steckt in einer Ente, diese wiederum in einem Hasen, der in einer eisernen Kiste sitzt, die unter einer Eiche auf einer Insel weit draußen im Meer vergraben ist. »Bessmertnij« bedeutet wörtlich übersetzt: »der Todeslose«.

Bereits in jener Silvesternacht schwante mir Böses, aber das ungute Gefühl legte sich später ein wenig. Nicht, dass mir Putins Ernennung zu Jelzins Nachfolger und die spätere Wahl zum Präsidenten plötzlich weniger unheilvoll erschienen wäre. Seine ganze Gestalt, seine Herkunft und seine bisherige Karriere lösten die größten Bedenken bei mir aus. Es war nur so, dass die Mutation des Putin-Regimes zu einer Diktatur langsam vonstattenging, was es zwar nicht besser, aber leider weniger Furcht einflößend machte. Natürlich hätte auch ich mir nicht vorstellen können, wohin das alles führen würde.

Die Petersburger kommen

Die Leute, die Putin an die Macht gebracht hatten, hielten ihn für verständig, diensteifrig und gefügig, aber dabei blass und ohne jegliches Charisma. Ein »Mann ohne Eigenschaften« eben, den man nach Herzenslust formen konnte. Selbst sein Äußeres ließ sich schwer fassen. Er wurde Jelzin als der sicherste Kandidat vorgestellt – gehorsam und lenkbar. Die meisten kannten Putin als die rechte Hand von Anatoli Sobtschak, seinerzeit Bürgermeister von Sankt Petersburg: klein, schlecht sitzender Mantel, ein besserer Kofferträger. Niemand hätte sich auch nur im Traum vorstellen können, dass diese unscheinbare Person so gefährlich werden könnte, wenn man ihm die Macht überlässt.

Vielleicht konnten die Leute in Moskau die Situation in Sankt Petersburg auch nicht gut genug einschätzen, wo man Putin besser kannte. Hier spielte die traditionelle Konkurrenz zwischen den beiden Städten eine Rolle.

Ende der 1990er-Jahre hatte Moskau bereits begonnen, sich von der Krise zu erholen, Dunkelheit und Verwüstung hinter sich zu lassen, während Sankt Petersburg äußerlich zwar immer noch wie eine schöne Kulisse wirkte, doch wenn man einen Blick ins Innere warf, offenbarte sich der langjährige Zerfall: Die Treppenhäuser glichen Ruinen, die Innenhöfe finsteren Mülldeponien. Ich fuhr zwar gelegentlich nach Sankt Petersburg zu Konferenzen und hielt Vorträge, hatte aber trotzdem keine rechte Vorstellung von der Lage und dem politischen Kräfteverhältnis vor Ort.

Dabei bestand kein Zweifel, dass Putin seine neue Position seinen KGB-Verbindungen zu verdanken hatte. Nur so konnte er nach seinem Karrieretief am Dresdner »Haus der Deutsch-Sowjetischen Freundschaft«, wo er bis zum Fall der Berliner Mauer 1989 verweilte, 1990 als stellvertretender Rektor für Außenbeziehungen an der Universität in Leningrad (so hieß die Stadt von 1924 bis September 1991) unterkommen. Anfang der Neunziger war das nicht die schlechteste Option, wie alles, was mit Auslandskontakten und Reisen zu tun hatte. Genauso schnell wurde er die rechte Hand des Bürgermeisters Anatoli Sobtschak, eines Anwalts und Professors an einer Leningrader Hochschule, der während der Perestroika dank seiner viel beachteten Reden zur Unterstützung von Reformen zu einer prominenten Persönlichkeit und einem Wegbereiter der neuen Verfassung von 1993 wurde. Putin sei laut eigener Aussage gerufen worden, um Sobtschak zu helfen, denn er »hatte niemanden in seinem Team, er war von Gaunern umgeben«.[2]

Bereits 1991 wurde Putin zum Leiter des Ausschusses für Außenbeziehungen der Leningrader Stadtverwaltung ernannt (wo er übrigens auch für die Kontrolle des Spielbankgeschäfts verantwortlich war). Das war eine Schlüsselposition, da sie außenpolitische Kontakte, Handel und Tourismus involvierte. Zwar hatte Stalin Moskau zum »Hafen der fünf Meere« erklärt, aber die eigentliche Hafenstadt war in Wirklichkeit natürlich Leningrad.

Im Herbst 1991 wurden im ganzen Land die Lebensmittel knapp, in Moskau standen die Menschen in langen Schlangen um Brot an. Ich sah so etwas zum ersten Mal in meinem Leben, trotz des allgegenwärtigen Warendefizits. Im großen Supermarkt gegenüber unserem Haus standen einsam auf leeren Regalen Drei-Liter-Gläser mit Birkensaft (mit dem laut einem wie eine Parodie anmutenden sowjetischen Schlager »die Heimat« unseren »Durst stillen« sollte) und ein paar ungenießbare Konserven, hauptsächlich mit Seetang. Das restliche dürftige Sortiment – blasse, bläulich-rosa Würstchen, Brühwurst und das sogenannte Suppenset zu 500 Gramm mit Fleischresten – war vergriffen, noch bevor die Verkäuferinnen es in die Regale einsortieren konnten.

Überall wurden Essensmarken eingeführt, die, um keine negativen Erinnerungen an die harten Sowjetzeiten zu wecken, als »Coupons« bezeichnet wurden. In meiner Schreibtischschublade in Moskau müssten immer noch ein paar Zucker-Coupons liegen, die wir vor fünfunddreißig Jahren nicht mehr eingelöst und als Souvenir behalten haben.

In Leningrad gab es nur noch Lebensmittelvorräte für einige wenige Wochen. Damals wurde ein von der Regierung gefördertes Tauschhandelssystem entwickelt, als einziger Ausweg aus der Krise. Wertvolle Rohstoffe wurden ins Ausland exportiert, und zurück kamen Lebensmittel. Konkret lief das folgendermaßen ab: Der damalige Wirtschaftsminister Jegor Gaidar, maßgeblich verantwortlich für die grundlegenden marktwirtschaftlichen Reformen, wies Leningrad ein Kontingent für diesen Tauschhandel zu, in erster Linie betraf es Erdöl und Buntmetalle. Als Vorsitzender des Ausschusses für Außenbeziehungen der Stadtverwaltung erhielt Wladimir Putin das Recht, über diese Kontingente zu verfügen und die Lizenzen zu verteilen. Eine für ihn äußerst lukrative Position. Bald begannen die Skandale, woraufhin die Abgeordneten des Lensowjet, des Leningrader Stadtrats, eine Kommission einsetzten, um Putin auf die Finger zu schauen. Deren Vorsitz übernahm die Abgeordnete und Vorsitzende der Lebensmittelkommission Marina Salje, die während der Perestroika zu einer zentralen Figur der demokratischen Bewegung in Leningrad avancierte.

Später würde sie in einem Untersuchungsbericht schreiben: »Putin wird vorgeworfen, Lizenzen für den Export von Öl, Holz, Buntmetallen und seltenen Erden für den Tauschhandel im Ausland an dubiose und obskure Firmen zu erteilen, die oft erst kurz zuvor gegründet wurden. Außerdem wurden die Lizenzen in den meisten Fällen bereits im Voraus erteilt, bevor überhaupt Verträge mit westlichen Partnern unterzeichnet wurden und ohne Nachweis über die Verfügbarkeit der Waren. Putin wird vorgeworfen, die Preise gedrückt und dadurch der Stadt einen erheblichen materiellen Schaden zugefügt zu haben.« Laut Salje sollen in denselben Verträgen »sagenhafte Provisionen zwischen fünfundzwanzig und fünfzig Prozent« festgelegt worden sein. Gleichzeitig waren die Sanktionen für die Lieferausfälle bei den Lebensmitteln verschwindend gering. Nach Saljes Schätzungen soll der Stadt allein durch die Verträge mit Schattenfirmen ein Schaden von mindestens 92 Millionen Dollar entstanden sein. Darüber hinaus verweist sie auf das mysteriöse »Verschwinden« von Rohstoffen. Insgesamt wurde der Schaden, den Putin der Stadt zugefügt haben soll, auf 850 Millionen Dollar geschätzt.[3]

Doch die Forderungen der Kommission nach einem Rücktritt Putins blieben erfolglos, die Ermittlungen wurden auf Eis gelegt. Marina Salje zog nach Moskau und versuchte, bei den Wahlen 2000 gegen Putin zu agitieren; als er tatsächlich Präsident wurde, verließ sie die Stadt und ging in ein abgelegenes Dorf in der Oblast Pskow. Es gab Gerüchte, dass sie ein Geburtstagstelegramm von Putin erhalten habe, das verdeckte Drohungen enthielt. Salje hat diese Gerüchte zwar nie bestätigt, aber laut eigener Aussage habe sie sich entschieden, Moskau aus Sicherheitsgründen zu verlassen.

1996 erlitt Anatoli Sobtschak eine Niederlage bei den Bürgermeisterwahlen in Sankt Petersburg. Die Wahlkampagne stand unter der Leitung von Wladimir Putin. Sobtschak verlor gegen seinen farblosen Stellvertreter, einen einfachen Bürokraten – auch weil die Petersburger seinen glamourösen Lebensstil, seine Arroganz und sein großspuriges Gehabe satthatten. Seine herausragendste Leistung war die Umbenennung Leningrads in Sankt Petersburg (wobei die Oblast ihren alten Namen behielt). Sobtschak machte keinen Hehl aus seinen Sympathien für die Monarchie und geriet ständig in Konflikt mit der städtischen Legislative. Damals begannen auch seine Reibereien mit der Moskauer Mannschaft um Jelzin, der in Sobtschak einen möglichen Rivalen bei den Präsidentschaftswahlen 1996 sah. Die Generalstaatsanwaltschaft leitete gegen Sobtschak ein Strafverfahren wegen Korruption ein. 1997 floh er schließlich – mit Unterstützung Putins – aus dem Land. Wiederum mit Putins Hilfe, der mittlerweile Regierungschef war, kehrte Sobtschak 1999 zurück und wollte erneut für das Amt des Bürgermeisters von Sankt Petersburg kandidieren. Einen Monat nachdem Putin zu Jelzins Nachfolger ernannt worden war, starb er jedoch, offiziell an einem Herzinfarkt. In einem Interview sagte Marina Salje viele Jahre später, Sobtschaks Tod sei Putin sehr gelegen gekommen, und sie glaube nicht an eine natürliche Ursache.

Warum erzähle ich diese alten und allseits bekannten Geschichten? Eigentlich nur, um mein mulmiges Gefühl bei Putins Machtübernahme zu illustrieren. Es war klar, dass mit Putin gefährliche Leute aus Sankt Petersburg an die Macht kommen würden, die ihren Ursprung im KGB hatten. Nach Putins Amtsantritt erzählte man sich folgenden Witz: »Das Telefon klingelt. Ein Mann hebt ab und hört: ›Guten Tag, ein Anruf aus Sankt Petersburg für Sie.‹ Und er sagt: ›Warum drohen Sie mir gleich?‹«

Sie waren nie weg

Der KGB ging seiner Kernbeschäftigung, der Überwachung und Verfolgung von Dissidenten, bis 1991 nach. Andrej Sacharow zum Beispiel wurde bis zu seinem letzten Atemzug bespitzelt. Noch am Tag seiner Beerdigung im Dezember 1989 übermittelte KGB-Chef Wladimir Krjutschkow persönlich dem Zentralkomitee der KPdSU einen Bericht: »Am Eingang des Friedhofs Wostrjakowo fand ab siebzehn Uhr eine dreißigminütige Abschiedsfeier für den Toten statt. Es nahmen teil: der Anführer der polnischen Solidarność Wałęsa, der US-Botschafter in Moskau Matlock, diverse Vertreter des Diplomatenstabs, Auslandskorrespondenten sowie Mitglieder der überregionalen Abgeordnetengruppe. Die

Trauerfeierlichkeiten haben gezeigt, dass die Bestrebungen bestimmter Kreise, sie für spekulative politische Zwecke zu nutzen, nicht aufgegangen sind. Da man nicht wie geplant Hunderttausende von Menschen mobilisieren konnte, wurden die Vorgänge absichtlich hinausgezögert, und es wurde versucht, möglichst viele Menschen, insbesondere Studenten, zur Teilnahme an der Beerdigung zu bewegen. Auch die Aufrufe zu Massenaktionen in verschiedenen Regionen des Landes sowie zur Arbeitsniederlegung in Unternehmen und Institutionen und zur Umbenennung von Straßen, Plätzen und Städten nach Sacharow fanden keine breite Unterstützung. Zur Kenntnisnahme, der Ausschussvorsitzende W. Krjutschkow.«[4]

Wie alles beim KGB war auch das eine glatte Lüge. Tatsächlich waren Hunderttausende von Menschen gekommen, um sich von Andrej Sacharow zu verabschieden. Viele Jahre später konnte ich mich persönlich davon überzeugen, wie sehr Krjutschkow Gorbatschow gehasst hatte. Ich dolmetschte ein Interview, das er deutschen Historikern gab. Am Ende wandte er sich mir zu und zischte voll blinder Rachsucht, aus irgendeinem Grund den Herrgott bemühend: »Gott sieht alles, deshalb hat er Gorbatschow bestraft und ihm seine Raissa weggenommen.« Ich war so perplex, dass mir keine Antwort einfiel.

Und doch kam mit der Perestroika eine Zeit, in der für diese Leute die Erde ins Wanken geriet. Wladimir Putin hatte den Mauerfall in Deutschland 1989 persönlich miterlebt. Die Chance, sich von den Tschekisten loszusagen, hätte man damals durchaus gehabt, so dachte ich zumindest …

Im Sommer 1991 konnte ich zum ersten Mal das KGB-Archiv in der Lubjanka betreten. Im August musste ich wegen des Putschversuchs eine Woche pausieren, aber unmittelbar danach konnte ich sehen, wie erschrocken beim KGB alle waren, selbst die Mitarbeiter des Archivs. Wie sie zitterten vor Angst, dass man auch sie zwingen würde, sich an der Niederschlagung des Protests vor dem Weißen Haus zu beteiligen. Wie sehr sie fürchteten, dass der

Abriss des Dserschinski-Denkmals vor ihren Fenstern in einen Sturm des KGB-Gebäudes münden könnte. (Feliks Dzierżyński hatte 1917 die Tscheka gegründet.) Ihre Angst war durchaus real und berechtigt: Was, wenn es ihnen genauso erging wie den Stasi-Leuten in der DDR? Was, wenn man ihre Archive ebenfalls beschlagnahmte?

Auch meine Kolleginnen und Kollegen von Memorial, die in den KGB-Archiven forschten, als 1992 der fruchtlose KPdSU-Prozess vorbereitet wurde, spürten die Unruhe und die Verunsicherung der KGB-Offiziere. Sie hatten Angst vor Restriktionen oder gar vor Lustration. Selbst vor einer umfassenden Reform der Sicherheitsorgane. Doch wie wir heute wissen, war das Zeitfenster für echte Reformen, wenn es das überhaupt je gegeben hat, nur ganz kurz offen. Jelzin und seine Leute entschieden sich für einen anderen Weg. Derselbe KGB-Chef Krjutschkow, der nach dem gescheiterten Putsch im August 1991 nicht nur zurücktreten musste, sondern mit den übrigen Putschisten verhaftet und ins Lefortowo-Gefängnis geworfen worden war, wurde bald darauf zusammen mit den anderen Inhaftierten von Jelzin amnestiert und bekleidete anschließend diverse Staatsposten, unter anderem als Berater Putins. Dass mit Putins Amtsantritt sämtliche Strukturen, die für die Erlangung von Macht und Geld entscheidend sind, allmählich von KGB-Leuten durchsetzt wurden, ermöglichte allen voran Jelzin selbst durch seine politischen Fehlentscheidungen. Er hatte es nicht gewagt, die Sicherheitsbehörden radikal zu reformieren. Lediglich der Auslandsnachrichtendienst und der Grenzschutz wurden in eigenständige Strukturen ausgegliedert, das Komitee für Staatssicherheit erhielt den Namen »Föderaler Sicherheitsdienst« und war nicht mehr wie zuvor der KPdSU, sondern unmittelbar dem Präsidenten unterstellt. Aber weder eine echte Reform noch eine personelle Säuberung fanden statt. Auch die Leute, die in den 1970er- und 1980er-Jahren an der Verfolgung von Dissidenten beteiligt waren, setzten ihre Arbeit und ihre Karrieren in aller Ruhe fort.

Dann begann die Privatisierung, der freie Markt und neue Unternehmen entstanden, es kam zu blutigen Konflikten. Man brauchte »effiziente« Arbeitskräfte, die es gewohnt waren, in diesem System zu arbeiten. In dieser zynischen Atmosphäre, in der tatsächlich Geld zum alles entscheidenden Faktor wurde, hieß es nicht mehr – wie in der Bibel – »Das Gute wird über das Böse siegen«, sondern »Das Geld wird über das Böse siegen«. Aber genau das Gegenteil geschah: Das alte Böse transformierte sich, passte sich an und gewann schließlich die Oberhand.

Ausgerechnet einer der engsten Mitarbeiter von Juri Andropow, sein Stellvertreter General Filip Bobkow, der im KGB für die »Arbeit« mit den Dissidenten zuständig war, sollte in Wladimir Gussinskis privatem Medienkonzern »Media Most« (dt. »Brücke«) die analytische Abteilung leiten und ein Sicherheitssystem aufbauen. Und auch wenn er seine Verantwortung für Repressionen und die Verbannung von Sacharow und anderen Dissidenten nicht leugnete – es ging ums Prinzip. Ich hielt es von Anfang an für einen großen politischen Fehler, keine Lustrationen durchzuführen, wenigstens gegen die Mitarbeiter des KGB. Aber damals tröstete ich mich damit, dass es nur vorübergehende Probleme einer Umbruchszeit seien. Die meisten von uns hegten die Hoffnung, dass die freie Marktwirtschaft, die Gerichtsreform und die Meinungsfreiheit dafür sorgen würden, dass man Korruption und staatlich begangene Verbrechen nicht mehr so leicht würde vertuschen können.

Während der Perestroika schien ein Großteil der Bevölkerung die Sicherheitsorgane zu hassen, auf den Demonstrationen brüllten Hunderttausende: »Weg mit dem KGB!« Doch bereits Ende der Neunziger waren seine Verbindungen zum KGB für Putin kein Makel mehr. Im Gegenteil, das Image des Spions, ja fast eines 007-Agenten, der gegen Weltverschwörungen kämpft, kam ihm sogar zupass, denn ein großer Teil der Bevölkerung glaubte zum Beispiel ernsthaft, dass der Zerfall der Sowjetunion das Resultat einer Verschwörung Gorbatschows mit dem Westen war. So antwortete Jelzins Tochter Tatjana Djatschenko zehn Jahre später auf die Frage, warum Jelzins Umgebung ausgerechnet Putin zum Nachfolger erkoren habe und ob seine KGB-Vergangenheit sie nicht gestört hätte: »Zu Sowjetzeiten stand die Figur des Agenten für das Gute, wen wundert es da, wenn sich ein junger Mann für diesen Weg entscheidet?« In der Tat war einer der beliebtesten Filmhelden der Siebziger der sowjetische Spion Issajew aus der Fernsehserie »Siebzehn Augenblicke des Frühlings«, der sich, getarnt als SS-Standartenführer Max Otto von Stierlitz, in die oberste Führungsspitze des Dritten Reichs einschleuste und zum Sieg über Hitler beitrug.

Obwohl zehn Jahre in Freiheit vergangen waren, zogen die meisten Menschen die Möglichkeit, die Ordnung im Land mithilfe von demokratischen Instituten herzustellen, überhaupt nicht in Betracht. Sie vertrauten weder den Rechtsinstanzen noch der Polizei und waren überzeugt, dass nur eine starke Hand ihnen helfen könne. So verlor auch die Zugehörigkeit zum KGB ihren negativen Beigeschmack. Jelzin ernannte Putin zuerst zum FSB-Chef, dann zum Premier und schließlich zu seinem Nachfolger. Mit Putin kamen die Veteranen der Sicherheitsdienste; er ließ zu, dass buchstäblich eine ganze Generation von KGB-Leuten zurückkehrte und Teil der Elite wurde. Er ließ sie Posten in Universitäten und Fernsehsendern besetzen, in Banken und Ministerien.

Was in der Anfangszeit von Putins Herrschaft noch im stillen Kämmerchen geschah, passierte später völlig offen – weil so gut wie niemand gegen die Übernahme durch die Tschekisten (wie sie sich selbst weiterhin stolz nannten) protestierte. Nikolai Patruschew, der Putin 1999 als FSB-Chef ablöste, thematisierte die Sachlage ganz ungeniert: »Dass am Staraja-Platz, im Kreml und in den Regionen jetzt Leute sitzen, die sich an die Spitze der Sicherheitsorgane hochgedient haben, rührt von der unabdingbaren Notwendigkeit, dem russischen Verwaltungskorps ›frisches Blut‹ einzuflößen, und dem Wunsch, das Potenzial verantwortungsbewusster und organisierter Menschen zu nutzen, die sich trotz allem den ›Geist des öffentlichen Dienstes‹ bewahrt haben.«[5]

Spätestens da war offensichtlich, dass sich Jelzin in einen König Lear verwandelt hatte. Es gibt dokumentarische Aufnahmen, in denen er, seine Tochter und sein Schwiegersohn gespannt die Auszählung der Stimmen bei den Präsidentschaftswahlen 2000 verfolgen und sich bei der Bekanntgabe des Ergebnisses freuen. Dann wartet Jelzin auf einen Anruf von dem frisch gewählten Präsidenten – aber vergeblich.

Übrigens hat Putin trotzdem alle seine Verpflichtungen gegenüber Jelzin erfüllt und sowohl ihn als auch seine Familie bis zu Jelzins Tod schadlos gehalten. Putins erste Amtshandlung war ein Dekret »Über Garantien für den abgedankten Präsidenten der Russischen Föderation und seine Familienangehörigen«, womit er seinem Vorgänger Immunität versicherte. Das hinderte Putin jedoch nicht daran, den Zerfall der UdSSR in der Folge zur »größten geopolitischen Katastrophe des 20. Jahrhunderts« zu erklären,[6] während seine Propagandamaschine die Neunziger unermüdlich als eine Zeit von Chaos und Zerstörung darstellte.

Heute scheut Putin nicht einmal mehr davor zurück, sich über den Mann lustig zu machen, der ihn an die Macht brachte. So konnte er sich Ende 2024 auf seiner Pressekonferenz, die der »Verteidigung der russischen Souveränität gegen die Demütigung durch den Westen« gewidmet war, nicht verkneifen zu sagen, der Westen habe sich über Jelzins Ausfälle gefreut und ihm jedes Mal auf die Schulter geklopft, wenn er sich »ein Gläschen genehmigte«.

Die »stabilen« Nullerjahre

Anfangs hatte Putin wirklich etwas von Klein Zaches: Er verkörperte die Hoffnungen verschiedener Gruppen – sowohl jener, die Jelzin die Kandidatur Putins schmackhaft gemacht und gehofft hatten, er wäre eine fügsame Figur und würde dem ehemaligen Präsidenten gegenüber immer loyal bleiben, als auch die seiner »Familie«, allen voran seiner Tochter und des Schwiegersohns. Auch einige Oligarchen, die sich andauernd gegenseitig bekriegten, zählten auf Putin. Seine Kandidatur wurde von Reformern befürwortet, die auf eine Fortsetzung der Marktreformen hofften und den Aufstieg der Kommunisten unter Sjuganow oder der Populisten unter Schirinowski befürchteten.

Kulturschaffende wiederum waren überzeugt, dass niemand ihnen die Freiheit, die sie in den 1990er-Jahren bekommen hatten, wieder nehmen würde – zumal sich die Kulturpolitik der neuen Regierung Innovationen, Experimenten und neuen Formen gegenüber offen gab und eine neue Blütezeit in Aussicht stellte. Und nicht zuletzt nahm auch der kollektive Westen angesichts der um sich greifenden Marotten Jelzins das Wahlergebnis wohlwollend auf. Allein die Begeisterung in Deutschland, dass der neue Präsident so gut Deutsch sprach! Irritiert beobachtete ich im September 2001 die Reaktion des Bundestags auf Putins Rede und fragte mich, ob man vergessen hatte, zu welchem Zweck er diese Sprache gelernt hatte.

In den Neunzigern hatte der Staat weder für Kultur noch für Bildung Geld übrig. Erst mit dem Anstieg der Gas- und Ölpreise ab 2002 (bis 2008 sollten sie um das Fünffache steigen) tröpfelten die Gewinne nach und nach auch in den Kultursektor. Neue Theater und Kulturzentren, Museen und Galerien wurden eröffnet. Buchmessen fanden statt, neue, private Verlage wurden gegründet. Hier machte sich bezahlt, dass der Buchmarkt schon früh, Anfang des Jahrzehnts, aufs »kapitalistische Gleis« gewechselt war.

Damals wäre wohl nur wenigen in den Sinn gekommen, dass von Putin irgendeine Gefahr für die Kultur ausgehen könnte.

In der Moskauer »Blase«, bei privaten Feiern, verschiedenen Veranstaltungen, Buchpräsentationen und Ausstellungen, hörte man die Leute immer häufiger von Urlauben in exotischen Ländern erzählen, die Badeorte der Türkei und Ägyptens wurden auch für Low-Budget-Reisende erschwinglich. Der Erwerb von Häusern und Wohnungen zumindest in Montenegro, für manche aber auch in Italien wurde mehr und mehr zum Thema. Moskau wurde immer prächtiger und wohlhabender. Wenn ich Skepsis anmeldete, hörte ich meistens: »Nun hör doch auf, das hast du von deinen ganzen Menschenrechtlern bei Memorial. Noch nie ging es den Leuten in Russland so gut!«

Mit unserem Schülerwettbewerb reiste ich damals viel durchs Land, führte Workshops dazu durch, nahm an Konferenzen teil, besuchte Perm und Jekaterinburg, Rjasan und Tula, Kostroma und Krasnojarsk, Smolensk und Archangelsk. Natürlich sah auch ich, dass das alltägliche Leben langsam leichter und komfortabler wurde, nicht nur für die regionalen Eliten, sondern auch für Menschen, die an Schulen unterrichteten, in Bibliotheken und Museen arbeiteten. Mit ihnen hatte ich damals hauptsächlich zu tun, und ich wusste aus eigenem Erleben, dass sie in den Neunzigern wirklich am Hungertuch genagt hatten.

Ich habe fast mein ganzes Leben in der Sowjetunion gelebt und wurde nicht müde, mich zu freuen, dass man jetzt noch in der abgelegensten Provinz Waren und Lebensmittel kaufen konnte, die selbst für Moskau noch vor gar nicht langer Zeit utopisch gewesen waren. Allmählich veränderten sich die Hotels: Waren sie anfänglich noch allesamt sowjetisch gewesen, mit durchgelegenen Matratzen und miefigen Kopfkissen, geblümten Tapeten und blau gekachelten sanitären Anlagen, gelblichem Wasser aus rostigen Rohren, aus denen im Sommer kein warmes Wasser kam, wenn überhaupt welches kam, so entstanden in den Großstädten nach und nach ansehnliche private Hotels, und auch die Gastronomie mauserte sich. Die Jugendlichen aus der Provinz waren in den Nullerjahren äußerlich kaum von Gleichaltrigen aus den Großstädten zu unterscheiden. Wie eine meiner Bekannten es ausdrückte, machte die Verfügbarkeit von Shampoo und Deodorant selbst die U-Bahn-Fahrt zur Stoßzeit erträglich. Ja, in den Neunzigern hing man noch der seltsamen Illusion nach, dass das veränderte Konsumverhalten nach und nach auch das Bewusstsein verändern würde. Zum Beispiel der Besuch der neuen Shopping-Mall mit der ganzen Familie, inklusive Kinobesuch, Fast Food und anderen Attraktionen. Doch es stellte sich heraus, dass das die Menschen nicht unbedingt zu Verfechtern von Demokratie und Freiheit machte, sondern oft sogar das Gegenteil der Fall war: Der höhere Lebensstandard wurde im Bewusstsein der Bevölkerung wie im Märchen von Klein Zaches mit Putin verknüpft und war nun untrennbar mit ihm verbunden.

Eine Rolle spielte auch, dass die wirtschaftliche Lage im Russland der 2000er-Jahre weitaus besser aussah als in anderen postsowjetischen Republiken wie Armenien, der Ukraine, Georgien oder der Republik Moldau, ganz zu schweigen von Ländern in Zentralasien. Georgien erholte sich nur mühsam von den Umbrüchen, dem kurzen, aber blutigen Bürgerkrieg, den Schießereien auf den Straßen von Tbilissi und der tiefen Wirtschaftskrise. Die Menschen lebten jahrelang ohne Heizung und mit regelmäßigen Stromausfällen. Eine georgische Bekannte erzählte mir einmal, sie könne bis heute kein Radio hören, weil sie damit während ihrer Kindheit in den Neunzigern dauerbeschallt wurde – das Drahtfunkradio sei das Einzige gewesen, was immer funktionierte.

Ich bereiste Georgien nach einer langen Pause Anfang der Nullerjahre, und Tbilissi, das ich aus Sowjetzeiten so prachtvoll und reich in Erinnerung hatte (natürlich auch eine Illusion), wirkte jetzt, als hätte die Stadt eine schwere Krankheit überstanden. Auf dem Rustaweli-Prospekt klafften dunkle Löcher – etliche Häuser waren durch Artilleriebeschuss schwer beschädigt worden. Das Hotel Inturist, das einst als bestes Haus am Platz internationale

Gäste beherbergt hatte, war zum Symbol für den postsowjetischen Verfall geworden – es war völlig heruntergekommen, auf den Balkonen trockneten zerlumpte Kleidungsstücke von Kriegsflüchtlingen aus Abchasien, die man dort untergebracht hatte. Die Straßen waren voller Schlaglöcher, die Ampeln funktionierten nicht. Zwar war das kleine Hotel in der Altstadt von Tbilissi, in dem ich unterkam, modern saniert worden, doch der Rest der Altstadt bröckelte vor sich hin und war in einem jämmerlichen Zustand.

Am nächsten Morgen weckte mich ein Grollen, ich hielt es im ersten Moment für ein Erdbeben. Als ich nach draußen rannte, sah ich kaum hundert Meter weiter eine riesige Lücke klaffen – eines der Nachbarhäuser war eingestürzt. Ein grauenvoll schmerzlicher Anblick. Und trotzdem lag ein Gefühl von Freiheit in der Luft, es waren viele Ausländer unterwegs, man hörte Englisch. In meinem Hotel wohnten amerikanische Militärberater, für die ein Straßenorchester alte Glenn-Miller-Stücke spielte. Auf jener Reise kaufte ich in einem Antiquitätenladen ein Aquarell von einem unbekannten Künstler, das die Altstadt von Tbilissi zeigte und danach lange in meinem Schlafzimmer in Moskau hing. Jetzt, nach dem Brand in der Wohnung, weiß ich nicht, wo es ist und ob es überhaupt noch existiert.

In der Ukraine war das Leben Anfang der 2000er-Jahre hart, es gab kaum Arbeit, sodass die Menschen gezwungen waren, in anderen Ländern danach zu suchen, unter anderem in Russland. Ich erinnere mich an diesbezügliche Schadenfreude, nach dem Motto: »Ihr wolltet ja unbedingt unabhängig sein, das habt ihr nun davon! Bei uns geht's dank Putin bergauf.« Ähnliche Bemerkungen fielen über Georgien oder Armenien.

Signale

Obwohl die Zeichen nicht zum Besten standen, glaubte ich in den frühen Jahren des Putin-Regimes nicht daran, dass sich das russische Schiff um 180 Grad würde drehen lassen. Doch bald häuften sich die Signale, dass das sturmgebeutelte Schiff vom Kurs abgekommen war. Der Mann auf dem Kapitänsstuhl entpuppte sich zunehmend als vulgär, primitiv und gefühlskalt.

Nach Putins Ernennung zum Nachfolger veröffentlichte eine Gruppe von Journalisten ein Buch mit dem Titel »Ot perwogo liza« (dt. »Aus erster Hand«), das auf Interviews mit Putin und seiner damaligen Gattin basierte. Das Buch sollte von dem Mann erzählen, den vor seiner Wahl zum Präsidenten kaum jemand gekannt hatte. Obwohl die Art, wie es konzipiert war, ihm eindeutig schmeichelte, weiß ich noch genau, welchen Eindruck es bei mir hinterließ: Es entstand das Bild eines durchtriebenen, verschlossenen, niveaulosen Menschen.

Aus heutiger Sicht war schon damals alles gesagt. Warum er zum KGB gegangen war, wie er die sowjetische Vergangenheit und den Westen sah, welches Verhältnis er zu seiner Frau hatte und dass er zu menschlichen Gefühlen und Emotionen eigentlich nicht fähig war. Da war nichts, was auch nur annähernd an geistige oder kulturelle Interessen erinnert hätte. Nur zwei vitale Leidenschaften traten aus diesem Buch halbwegs deutlich hervor: Sport und die Loyalität gegenüber dem KGB.

Meine älteste Tochter Mascha hatte eine gute Freundin, die nebenan wohnte. Sie studierte Journalistik, war clever und verfügte über eine rasche Auffassungsgabe. Mitte der 1990er kam sie als ganz junge Absolventin in den sogenannten Kreml-Pool, ein Team von Journalisten, die Jelzin auf seinen Amtsreisen begleiteten und die Arbeit des Kremls und der Präsidialverwaltung sozusagen aus erster Hand beleuchteten. Unter Putin wurde sie aus diesem Pool geworfen, weil ihre Texte zu unabhängig und offen waren. Später schrieb sie ein kurzweiliges, wenn auch etwas reißerisches Buch über ihre Erfahrungen in der Welt der Journalistik, das 2003 veröffentlicht wurde. Über Putin, den sie 1998 kennenlernte, kurz nachdem Jelzin ihn zum FSB-Chef gemacht hatte, schreibt sie, er habe neben anderen Persönlichkeiten wie ein »farbloses, kleines, galliges Männlein« gewirkt. Doch sie beschreibt auch das Gefühl der Bedrohung, die von ihm ausging, erfasst seinen Zynismus sehr treffend.

Ihr Buch, das einen intimen Einblick ins Innere des Kremls und die Bekanntschaft mit Putin gewährte, war eine Zeit lang ein Bestseller, aber dann erreichten sie ernsthafte Drohungen, bis irgendwann ihre Wohnungstür in Brand gesetzt wurde – ein deutliches Signal. Sie verließ schließlich das Land, veröffentlichte einige Jahre später eine Fortsetzung ihres Buches, konnte aber nicht mehr an den einstigen Erfolg anknüpfen. Heute hört man in der Öffentlichkeit kaum noch etwas von ihr.

Alarmsignale gab es in der Tat sehr früh, und eines der ersten konnte man buchstäblich hören. Ende 2000 wurde das föderale Verfassungsgesetz »Über die Nationalhymne der Russischen Föderation« verabschiedet und von Putin unterzeichnet. Die Geschichte mit der Hymne sprach für sich. Bis 1943 war die sowjetische Hymne die »Internationale«, doch nach der Auflösung der Komintern beschloss Stalin die Abkehr vom Kosmopolitismus der Bolschewiki und ersetzte sie durch eine neue Hymne. Während die »Internationale« noch dazu aufgerufen hatte: »Wacht auf, Verdammte dieser Erde, die stets man noch zum Hungern zwingt!«, sollte die neue Hymne die Großmacht und ihren großen Führer lobpreisen.

Mit dem Text zur Musik von Alexander Alexandrow wurde der berühmte sowjetische Dichter Sergej Michalkow beauftragt, vielfach preisgekrönter Autor vor allem von populären Kindergedichten. Er war ein Zyniker und Opportunist, der keine Skrupel kannte. Stalin persönlich überarbeitete die Textfassung. Bis 1956 erklangen in der neuen Hymne der UdSSR die Worte:

»Durch Gewitter schien uns die Sonne der Freiheit,
Und der große Lenin erleuchtete uns den Weg.
Uns erzog Stalin – zur Treue zum Volk,
Zu Arbeit und Heldentaten regte er uns an!«

Nach 1956 wurde die Melodie im Sinne des Kampfs gegen den Persönlichkeitskult bis in die 1970er-Jahre nur noch ohne Text gespielt. Unter Breschnew schrieb auf Beschluss des Obersten Sowjets derselbe Michalkow den Text abermals um. Stalin verschwand, und nur noch Lenin blieb als wegweisender Stern des sowjetischen Volkes:

»Durch Gewitter schien uns die Sonne der Freiheit,
Und der große Lenin erleuchtete uns den Weg.
Zur gerechten Sache erweckte er die Völker,
Zu Arbeit und Heldentaten regte er uns an!«

1991 wurde die Hymne abgeschafft und durch das »Patriotische Lied« von Michail Glinka aus dem Jahr 1833 ersetzt, ohne Text. Im Dezember 2000 war es mit Glinka wieder vorbei, und die Musik von Alexandrow kehrte zurück. Als wäre das nicht absurd genug, wurde der mittlerweile neunzigjährige Michalkow wieder mit der Umdichtung betraut, und anstelle von Lenin und Stalin tauchte plötzlich der Herrgott persönlich auf:

»Von südlichen Meeren bis zum Polargebiet
Erstrecken sich unsere Wälder und Felder.
Einmalig bist du in der Welt!
Einzigartig bist du, von Gott beschützte heimatliche Erde!«

Die neue Hymne wurde in der Duma mit überwältigender Mehrheit angenommen, unter anderem von vielen scheinbar progressiven Abgeordneten, von denen man einen derartigen Revisionismus kaum erwartet hätte. Ein Jahr nach der Ernennung von Jelzins

Nachfolger endete dessen Neujahrsansprache bereits mit dieser neuen alten Hymne. Natürlich war das für mich – wie für uns alle bei Memorial – inakzeptabel, denn egal, wie oft man Stalins Namen durchstrich, diese Hymne war und blieb seine Hymne. Es wirkte geradezu hämisch, als sie bei Jelzins Staatsbegräbnis 2007 gespielt wurde, obwohl er sich seinerzeit dagegen ausgesprochen hatte.

Neben der aktualisierten sowjetischen Hymne wurden auch andere Staatssymbole eingeführt. Der doppelköpfige Adler und die Trikolore waren sinnbildlich für den hybriden ideologischen Mix von Putins Regime. Wie der damalige Patriarch Alexij sagte, spiegelten die Flagge und das Wappen die vorrevolutionäre Geschichte wider, während Alexandrows Musik dabei geholfen habe, »unser Land in den schwierigen Jahren zu vereinen und es nach der Zerstörung in der Nachkriegszeit wieder aufzubauen«.[7] Zu diesem Zeitpunkt hatte Putin seine Haltung zur sowjetischen Vergangenheit bereits klar zum Ausdruck gebracht: Die einstige Abkehr von sowjetischen Symbolen komme dem Eingeständnis gleich, dass »eine ganze Generation von Bürgern ein nutzloses, bedeutungsloses Leben geführt« habe.[8]

Seit dem 1. September 2022 werden nun per Gesetz jeden Morgen Millionen von russischen Kindern und Jugendlichen vor dem Unterrichtbeginn in ihren Schulen mit dieser Hymne drangsaliert. Zum Vergleich lohnt hier ein Blick auf die ukrainische Hymne mit ihrer feierlichen Melodie anstatt dem förmlichen, geheuchelten Großmachtpomp des sowjetisch-russischen Lobgesangs: »Noch sind der Ukraine Ruhm und Freiheit nicht gestorben«, heißt es dort, »noch wird uns lächeln, junge Brüder, das Schicksal!« Nicht umsonst wurde die Hymne während der Orangenen Revolution zur einigenden Melodie im Kampf der ukrainischen Bevölkerung für Freiheit und Unabhängigkeit, zum wichtigsten Musikstück auf dem Maidan 2014.

»Behüten Sie Russland«

Mit diesen Worten hatte sich Jelzin an Putin gewandt, als er ihn zu seinem Nachfolger ernannte. Im Dezember 2024 erklärte Putin auf die Frage, ob er diesem Vermächtnis nachgekommen sei, er habe Russland nicht bloß behütet, sondern vor dem Abgrund bewahrt, vor dem das Land stand. Mit wem er jedenfalls nicht behutsam umgegangen ist, sind die Menschen.

Schnell wurde klar, dass der neue Präsident zwar obligatorische Phrasen wiederholte, die an die Rhetorik der Neunziger anknüpften, er selbst aber ohne jede Empathie und Mitgefühl für die Menschen war.

Zum ersten Mal zeigte sich das in aller Deutlichkeit angesichts der tragischen Ereignisse im August 2000, als das Atom-U-Boot »Kursk« mit über hundert Seeleuten an Bord bei Übungen in der Barentssee sank. Die fehlerhafte offizielle Berichterstattung ging Hand in Hand mit Putins Feigheit und Gleichgültigkeit gegenüber den Menschen, die sich hier erstmals offenbarte. Am Tag der Katastrophe, dem 12. August, fuhr Putin in den Urlaub, den er bis zum 18. August nicht unterbrach. Am 14. August wurde die Öffentlichkeit informiert, dass das U-Boot gesunken sei, und erst am 22. August bestätigten die Behörden offiziell den Tod der Seeleute. In Wirklichkeit war diese Tatsache den Verantwortlichen bereits am 14. August bekannt. Nichtsdestotrotz erklärte Putin noch am 16. August scheinheilig, man würde alles unternehmen, um die Besatzung zu retten. Dabei lehnte man gleichzeitig jede Hilfe von außen (Angebote kamen von Norwegen und Großbritannien) kategorisch ab.

Am 22. August unterzeichnete Putin ein Trauerdekret »im Zusammenhang mit der Tragödie in der Barentssee«. Erst dann reiste er in die Oblast Murmansk zu einem Treffen mit den Angehörigen, vornehmlich den Ehefrauen der Besatzungsmitglieder der »Kursk«, die noch tagelang gehofft hatten, dass man ihre Männer retten würde. Meine Tochter Mascha war in jenen Tagen mit einem österreichischen Fernsehteam in Murmansk, und so hatte ich Einblick in die Lage vor Ort. Sie erzählte mir, dass die ganze Stadt wie erstarrt sei in Erwartung des Schlimmsten und die Menschen kaum daran glaubten, dass man ihnen die Wahrheit sagen würde. Während dieses Gesprächs mit den Angehörigen verkündete Putin zum ersten Mal, dass das Boot ein »sehr großes Leck« aufgewiesen habe. Wie sich später herausstellte, war die Ursache ein Torpedo, der während eines Übungsstarts im Inneren des U-Boots explodiert war.

Die Zeiten waren noch andere, das Treffen wurde im Fernsehen übertragen, die armen Frauen klagten, schrien, forderten Antworten ein, während Putin log und sich herauswand, unfähig, sich zu aufrichtigem Mitgefühl durchzuringen. Bald darauf brachte CNN ein Interview von ihm mit Larry King. Als der TV-Moderator fragte, was mit der »Kursk« passiert sei, war die Antwort Putins nur ein süffisantes Lächeln und der lakonische Satz: »Sie ist gesunken.« Diese Worte wurden zu einem Meme über seinen »behutsamen« Umgang mit Menschenleben.

Fast ein Vierteljahrhundert später ereignete sich eine andere menschliche Katastrophe, die wieder mit Kursk zu tun hatte – diesmal mit dem Gebiet Kursk, das von ukrainischen Truppen besetzt wurde. Tausende Menschen wurden in die Flucht getrieben und von denen, die diesen Krieg entfesselt hatten, im Stich gelassen. Weil die Region nicht darauf vorbereitet war, so viele Flüchtlinge aufzunehmen, lebten die Menschen buchstäblich im Freien in Zelten. Später wurden sie in Studentenwohnheimen oder Sanatorien untergebracht. Neben der Unterkunft verloren die Menschen auch ihre Arbeit und ihr Hab und Gut. Die Hilfe der Behörden belief sich auf lächerliche 10 000 Rubel (damals umgerechnet rund 100 Euro), und weitere 15 000 Rubel pro Person wurden von der Kursker Gebietsregierung verteilt. In ihrer Verzweiflung schrieben die Menschen Dutzende von Appellen an Putin und organisierten Kundgebungen. Leider aber ohne diesen Krieg zu verdammen.

Dass sie damit auf taube Ohren stießen, ist nur folgerichtig, denn Putins Behörden haben immer schon äußerst rücksichtslos agiert, wenn Menschenleben auf dem Spiel standen. Auf die Katastrophe der »Kursk« war im Herbst 2002 das Musical »Nord-Ost« gefolgt: Tschetschenische Terroristen nahmen im Moskauer Dubrowka-Theater über 900 Menschen als Geiseln und forderten den Abzug der russischen Truppen aus Tschetschenien. Doch Putin weigerte sich zu verhandeln und ließ das Gebäude durch Sondereinheiten des FSB stürmen. Dabei wurde durch das Ventilationssystem ein Gas in den Theatersaal geleitet, das für den Tod sowohl von Terroristen als auch zahlreichen Geiseln verantwortlich war. Entsetzt verfolgten wir im Fernsehen, wie die bewusstlosen Geiseln in ganz normale Busse verfrachtet wurden. Wie sich später herausstellte, wurde den Ärzten nicht gesagt, um welche Chemikalie es sich handelte und wie sie die Vergifteten behandeln sollten, sodass viele Menschen aufgrund der falschen Maßnahmen der Sanitäter starben.

All dies geschah vor dem Hintergrund des zweiten Tschetschenienkriegs, der 1999 begann und von schweren Kriegsverbrechen gegen die Zivilbevölkerung begleitet war, von Folter der Gefangenen und vielen Dingen, die wir zwanzig Jahre später in den von der russischen Armee eroberten ukrainischen Städten sehen. Menschenrechtler von Memorial reisten regelmäßig nach Tschetschenien, sammelten Informationen und veröffentlichten Berichte, trotz des immer stärker spürbaren Widerstands der russischen Behörden. Aber keiner wurde für diese Verbrechen je zur Rechenschaft gezogen, noch erfuhr die Bevölkerung etwas davon.

2002 fuhr ich zusammen mit dem Menschenrechtsaktivisten Alexander Tscherkassow, der gerade aus Tschetschenien zurückgekehrt war, zur Memorial-Sommerschule. Mit im Auto saß eine junge Doktorandin, die an dem Seminar für historische Aufarbeitung und Menschenrechte teilnehmen wollte. Ich war so unvorsichtig, ihn nach seiner Reise zu fragen, und er begann, noch völlig hypnotisiert von seinen Eindrücken, in allen Einzelheiten die

Verbrechen zu schildern, die er untersucht hatte. Ich saß vorne auf dem Beifahrersitz und lauschte seinem Bericht, da hörte ich plötzlich einen dumpfen Aufschlag. Ich drehte mich um und sah, dass die Doktorandin auf dem Rücksitz angesichts der schrecklichen Dinge, die er erzählte, ohnmächtig geworden war.

Das furchtbarste Ereignis in diesem Zusammenhang – und in gewisser Weise ein Wendepunkt – war die Geiselnahme an einer Schule im nordossetischen Beslan am Morgen des 1. September 2004, dem ersten Schultag. Die Terroristen brachten über tausend Menschen in ihre Gewalt. Und wieder: misslungene Verhandlungen, Desinformation durch die offiziellen Medien. So wurde zum Beispiel die Zahl der Geiseln stark untertrieben; in Wirklichkeit waren es dreimal mehr, als die Staatsmedien behauptet hatten. Und wieder der Befehl, das Gebäude zu stürmen. Dabei starben über 300 Menschen, mehr als die Hälfte von ihnen Kinder. Über 700 Menschen wurden verletzt.

Und wieder logen die Behörden und wiesen alle Verantwortung von sich. Putin sagte immer wieder, er habe nicht gewusst, wie viele Geiseln es waren. Bis heute sind die Umstände des Sturms und des Todes so vieler Menschen von staatlicher Seite nicht abschließend untersucht worden. Erst viele Jahre später entschied der Europäische Gerichtshof für Menschenrechte mithilfe der Anwälte von Memorial zugunsten der Opfer und verurteilte Russland zur Zahlung einer Entschädigung für die unterlassenen Ermittlungen.

Aber Putin nutzte diese Tragödie wie immer zu seinem Vorteil. Unter dem Vorwand der Terrorismusbekämpfung wurden die Gouverneurswahlen abgeschafft und spezielle Strukturen zur Terrorbekämpfung eingerichtet (die später ganz andere »Terroristen« bekämpfen würden) und unter demselben Vorwand die Zensur im Fernsehen eingeführt, wodurch die Berichterstattung vom Tatort faktisch verboten wurde. Doch eigentlich hatte Putin schon viel früher begonnen, unabhängige und oppositionelle Medien unter seine Kontrolle zu bringen, allen voran das unabhängige

Fernsehen, das zu dem Zeitpunkt die größte Gefahr für die Etablierung seiner Macht darstellte.

Bereits im Frühjahr 2001 war der Fernsehsender NTW faktisch in staatlicher Hand. Gegründet wurde der Sender 1993 von Wladimir Gussinski, der mit seiner Unternehmensgruppe »Media Most« zum größten Medienmagnaten der Neunziger wurde. Die Aktiengesellschaft umfasste zweiundvierzig Rundfunk- und Printmedien, darunter »Echo Moskwy«, den besagten Fernsehsender und die Zeitschrift *Itogi*. Es sollten noch weitere Sender folgen, deren Besitzer einfach ausgetauscht wurden, aber NTW stand aus diversen Gründen ganz oben auf der Abschussliste: Da war die Sendung »Kukly«, die Putin so verärgert hatte, die kritische Berichterstattung zu den Explosionen in den Wohnhäusern in Moskau 1999, die investigativen Untersuchungen, die das Vorgehen der Behörden in Tschetschenien enthüllten. Und die Tatsache, dass NTW ihn im Wahlkampf nicht unterstützt hatte.

Es war viele Jahre her, dass wir in der Anfangsphase der Perestroika auf die Straßen gegangen waren, damals mit einem ganz anderen Gefühl. Zehn Jahre nach der Perestroika demonstrierten wir im Zentrum von Moskau gegen die Schließung von NTW und für den Schutz der Pressefreiheit, von der wir glaubten, wir hätten sie erfolgreich erkämpft.

Das ganze Thema betraf mich unmittelbar, weil mein Mann als Politik-Redakteur bei *Itogi* arbeitete, dem damals einflussreichsten illustrierten Wochenblatt. 1995 gegründet, sorgte ein hoch qualifiziertes Team aus Journalisten von Anfang an für objektive Berichterstattung. Man schrieb die Wahrheit über den Tschetschenienkrieg, kritisierte die Staatsmacht und stellte sich schließlich generell gegen Putin und seine Wahl zum Präsidenten. Heute sind alle Ausgaben der Zeitschrift digital zugänglich, und wenn man sich ein Bild vom politischen Kampf jener Zeit machen will, ist das die erste Adresse. Nach der Übernahme der Holding und der Übertragung aller Vermögenswerte an das staatsnahe Erdgasförderunternehmen Gazprom wurde die Zeitschrift eine Zeit lang unter einem anderen Namen herausgegeben und musste dann eingestellt werden.

Zwanzig Jahre später begann der Krieg, und wir emigrierten nach Israel. Am leichtesten fiel der Umzug unserem Hund, einem melancholischen Welsh Corgi, der den Moskauer Schnee gehorsam gegen den Mittelmeersand eintauschte. Doch im Herbst 2024 begann er zu humpeln, und mein Mann ging mit ihm zum Tierarzt. Im Wartezimmer sprach ihn ein anderer Hundebesitzer an. Mein Mann ist von Natur aus eher schweigsam, erst recht seit der Emigration. Aber der Sitznachbar ließ sich von den einsilbigen Antworten nicht abhalten und stellte beharrlich immer weitere Fragen. Er wollte wissen, wo genau in Moskau mein Mann gewohnt, wo er gearbeitet hatte. Als er das Stichwort »Itogi« hörte, schaute er ihn plötzlich ganz entgeistert an und sagte: »Dann war ich also mal Ihr Chef! Erkennen Sie mich denn nicht? Ich bin Wladimir Gussinski!«

Als mein Mann mir davon erzählte, erinnerte mich die Szene an das Ende eines tragikomischen Films oder Romans. Ein Mann, einst Herr über ein ganzes Medienimperium, ein Milliardär mit enormem politischem Einfluss, dann kommt Putin, er wird verhaftet, muss fliehen, sein Vermögen wird konfisziert, seine Holding geht an den Staatskonzern Gazprom … Und dann das große Finale, in einer kleinen Stadt in Israel, im Warteraum beim Tierarzt. Er ist bankrott, steckt bis zum Hals in Schulden; wie im Märchen vom Fischer und seiner Frau sitzt er wieder vor dem zerbrochenen Kahn.

Was wäre gewesen, wenn Leute wie er entschiedener Widerstand geleistet hätten, wenn sie sich, wie Michail Chodorkowski forderte, im Kampf gegen Putin zusammengetan hätten? Vielleicht hätte Putin dann das Ruder nicht so leicht herumreißen können. Stattdessen sind einige der Journalisten, die für diese Medien arbeiteten, bereits tot, ermordet wie Anna Politkowskaja, oder sie mussten emigrieren und sind nun verstreut in aller Herren Länder.

Die 2003 erfolgte Verhaftung von Michail Chodorkowski, einem der mächtigsten und reichsten Männer Russlands, der wegen angeblicher Wirtschaftsdelikte zu zehn Jahren Haft verurteilt wurde, war politisch motiviert – Putin ging gegen jeden vor, der sich ihm widersetzen könnte. Memorial erkannte Chodorkowski als politischen Gefangenen an und beteiligte sich an der Kampagne zu seiner Unterstützung. Aber sehr viele Menschen in Russland und im Westen waren der Ansicht, dass man sich lieber heraushalten sollte, weil es um irgendwelche undurchsichtigen Machenschaften ging. Dieser Trick – das Vorschieben angeblicher Wirtschaftsverbrechen und damit die öffentliche Verunglimpfung des Opfers – wurde in der Folge immer beliebter bei Putins Behörden und erschien vielen leider überzeugend. Bis Alexej Nawalny die korrupte Regierung selbst ins Visier nahm und die wahren »Gauner und Diebe« (»Partei der Gauner und Diebe«, so bezeichnete Nawalnys FBK, die Stiftung zur Korruptionsbekämpfung, die Partei »Einiges Russland«) entlarvte.

Trügerisches Tauwetter

2008, nach seiner zweiten Amtszeit als Präsident, änderte Putin noch nicht die Verfassung, um direkt in die dritte Amtszeit zu gehen, sondern begnügte sich mit einer Rochade: Dmitri Medwedew, ein enger Mitarbeiter aus Petersburger Zeiten, wurde auf den Präsidentenstuhl gesetzt, während Putin auf den Posten des Premierministers wechselte.

Einerseits schien es offensichtlich, dass dieser Wechsel reine Formsache war und die tatsächliche Entscheidungsgewalt nach wie vor bei Putin lag. Andererseits war die Strahlkraft des Präsidentenpostens so stark, dass viele, vielleicht sogar Medwedew selbst, irgendwann zu glauben begannen, das neue Oberhaupt wäre tatsächlich eine eigenständige Figur. Im Gegensatz zu Putin zeigte Medwedew Interesse an innovativen Medien, propagierte die Idee eines russischen iPhones, was ihm den Spitznamen »Aifontschik« einbrachte, und verkündete feierlich, Freiheit sei besser als Unfreiheit.

Damals konnte sich niemand jene Metamorphose vorstellen, die Jahre später mit Medwedew geschehen würde: Er wurde zu einer Pappfigur ohne jegliches reales politisches Gewicht oder Einfluss. Seit Beginn des Krieges gegen die Ukraine hört er nicht auf, über soziale Medien wie X (ehemals Twitter) oder Instagram absurde Verunglimpfungen gegen den kollektiven Westen und die Ukraine zu posten. Seine Beschimpfungen und Beleidigungen klingen wie die Worte eines völlig Wahnsinnigen. Vielleicht ist er tatsächlich verrückt geworden. Aber ich denke, die Realität ist weitaus schlimmer – und sie sagt viel über die Macht Putins aus. Womöglich ist die Triebfeder für Medwedews Tiraden die Angst davor, dass Putin sich daran erinnern könnte, wie unter Medwedew bei manchen die Hoffnung auf eine Alternative aufgekeimt war. Und das könnte für ihn lebensgefährlich werden.

Plötzlich sprossen nämlich allerlei Projekte, und ich hörte von einigen meiner Bekannten aus den verschiedensten Bereichen, dass sie an Briefings und Berichten arbeiteten, um Reformen voranzubringen. Auch Memorial legte ein Programm vor, das im Gegensatz zur offiziellen Geschichtspolitik, die eindeutig auf die Rehabilitierung Stalins abzielte, eine echte Entstalinisierung vorsah – auf politischer, gesetzlicher und pädagogischer Ebene.

Von allen unseren Ideen fand allerdings nur eine Unterstützung: die Errichtung eines Staatsdenkmals für die Opfer der politischen Repressionen. 2017 wurde das Denkmal tatsächlich enthüllt, an einem für Besucher ungünstig gelegenen Platz in Moskau, an dem sich Gartenring und Sacharow-Prospekt kreuzen. Der Wettbewerb im Vorfeld war inszeniert gewesen, ein Projekt schlechter als das andere, und die schließlich ausgewählte »Mauer der Trauer« von Georgi Franguljan, einer Art offiziellem Moskauer Stadtkünstler, erreichte für die Moskauer nie den Symbolwert, den der Stein von den Solowezki-Inseln nach wie vor hat, den Memorial 1990 vor dem ehemaligen KGB- und heutigen FSB-Gebäude auf der Lubjanka platzierte.

Im Rückblick erscheint dieses Tauwetter trügerisch. Mehr noch, ausgerechnet unter Medwedews Regierungszeit fiel die Militäroffensive in Georgien, die aus heutiger Sicht ein Probelauf für die Invasion in der Ukraine war. 2008 marschierten russische Truppen in Südossetien ein und besetzten mehrere Gebiete entlang der georgisch-abchasischen Grenze. Die Operation dauerte nur wenige Tage, aber sie wären fast bis nach Tbilissi gekommen. Diese Aggression, die vom Westen praktisch unbemerkt blieb, wurde von einer widerlichen antigeorgischen Propaganda begleitet. Das Ganze ging sogar so weit, dass in Schulen Listen von Kindern georgischer Nationalität erstellt wurden. Immerhin wurde unter Medwedew die Miliz in Polizei umbenannt, was sie freilich auch nicht zum wahren Freund und Helfer machte.

Das scheinbare Tauwetter nahm bei den Duma-Wahlen 2011 ein Ende, die mithilfe von unverhohlenen Wahlfälschungen zugunsten von Putins Partei »Einiges Russland« ausgingen. Das Wahlergebnis zog die letzte große Protestwelle nach sich, die fast zwei Jahre lang andauerte. Die Epoche der Stabilität neigte sich dem Ende zu, die Beliebtheitswerte der Regierung und Putins selbst sanken auf neue Tiefstände. Die Ereignisse im Winter 2011 zeigten immerhin, dass die Gesellschaft – zumindest der urbane, aktive Teil – nicht mehr so apolitisch war wie noch vor zehn Jahren: Der massive Betrug bei den Duma-Wahlen hatte zum ersten Mal seit den 1990er-Jahren eine breite Protestwelle ausgelöst. Das versetzte der Staatsmacht einen Schrecken, sie begann, sich zu wehren.

Ehrlich gesagt hegte ich keine echte Hoffnung, dass die Proteste etwas bewirken würden, geschweige denn die Regierung einlenken und Neuwahlen zustimmen würde. Nichtsdestotrotz lag zum ersten Mal seit Langem eine gehobene, fast heitere Stimmung in der Luft. Zum einen waren es Massen, die im Winter 2011/12 demonstrierten, wenn auch nicht Hunderttausende wie während der Perestroika. Die Kundgebungen fanden nicht nur in Moskau statt, sondern praktisch in allen größeren Städten Russlands. Zum anderen bildeten die zentralen Losungen »Für faire Wahlen!« und »Russland wird frei sein!« einen gemeinsamen Nenner für die unterschiedlichsten politischen Kräfte, und das spendete Hoffnung.

Dieser Protest brachte politische Figuren wie Alexej Nawalny, Boris Nemzow oder Ilja Jaschin hervor. Es nahmen die Kinder und Enkel derer teil, die für die Perestroika auf die Straße gegangen waren. Sie hatten die letzten zehn Jahre zwar unter Putin, aber im Vergleich zur Sowjetunion in einer relativen Freiheit gelebt. Sie hatten weniger Angst. Vielleicht waren die Demonstrationen 2011/12 auch deshalb so humorvoll. Sie hatten etwas von einem politischen Karneval, mit vielen lustigen Slogans, Plakaten, Parodien und Karikaturen. Zwar war Putins Art zu sprechen nicht so leicht zu imitieren wie die Stimmen der sowjetischen Generalsekretäre oder zuletzt Jelzin, dafür gab er eine hervorragende Vorlage für Karikaturen ab. Manche der Slogans gingen als Meme in die Geschichte ein, zum Beispiel: »Ihr könnt uns gar nicht vorstellen!« (das russische Wort »predstawljat« bedeutet zugleich »repräsentieren«) als Anspielung auf die gefälschten Wahlergebnisse. Studenten der MGU trugen Plakate mit der Aufschrift: »Puschkin und Dostojewski für faire Wahlen!«.

Die Proteste richteten sich offen gegen Putin, die häufigsten Parolen waren: »Weg mit Putin!«, »Putin ist ein Dieb!« und das von Nawalny geprägte »Weg mit der Partei der Gauner und Diebe!«.

Wenn man sich jetzt die Luftaufnahmen der Protestmärsche anschaut, sieht man, wie bunt, ja fast festlich die Menge war, die sich auf den Bolotnaja-Platz zubewegte, wo die Kundgebungen stattfanden. Es fühlte sich nicht zuletzt einfach gut an, plötzlich von so vielen Gleichgesinnten umgeben zu sein. Die Leute kamen trotz der Eiseskälte des Moskauer Dezembers; wir haben uns sogar spezielle Kleidung zugelegt, Thermowäsche, warme Schuhsohlen, Handwärmer. Und trotzdem war man nach einer Stunde komplett durchgefroren.

Denkt man heute über verpasste Gelegenheiten nach, scheint es manchen, dass wir nie hätten nachlassen, nie eine Winterpause einlegen dürfen. Nach einer längeren Unterbrechung war die nächste Demonstration erst für Februar angesetzt. Vielleicht wäre es sonst gelungen, so viel Druck aufzubauen, dass die Regierung einknickt und Neuwahlen durchführt. Es wurde sogar eine entsprechende Struktur ins Leben gerufen – der Koordinierungsrat der Opposition, dem Vertreter verschiedener Parteien und Bewegungen, Journalisten und Persönlichkeiten des öffentlichen Lebens angehörten. Aber Geschichte schreibt man nicht im Konjunktiv. Putin nutzte die Pause, um seine Kräfte zu mobilisieren und sich zu rüsten. Anstatt mit Zugeständnissen endete alles mit den Präsidentschaftswahlen, bei denen er mit über sechzig Prozent der Stimmen siegte.

Und dann kam die große Demonstration auf dem Bolotnaja-Platz am 6. Mai 2012. Die Polizei provozierte Unruhen, indem sie faktisch den Ausgang von der Großen Steinbrücke versperrte. In Moskau war es an diesem Tag sehr warm, und auf der Brücke brach bald ein Gedränge los, das zu Zusammenstößen mit der Polizei führte. Es war beängstigend, ich hatte wirklich Panik, dass wir erdrückt werden. Alles endete mit Festnahmen, Arresten und Prozessen, die später als die Bolotnaja-Prozesse bekannt werden würden. Die Angeklagten wurden zu drakonischen, seit Stalinzeiten nie da gewesenen Haftstrafen verurteilt. Doch selbst nach der Zerschlagung der Bolotnaja-Proteste, trotz all der Verhaftungen,

Gerichtsprozesse und harten Urteile gingen die Demonstrationen weiter. Gleichzeitig wurde das Versammlungsrecht stark eingeschränkt, friedliche Demonstrationen per Gesetz unter Strafe gestellt.

Die Menschen dachten sich neue Formen des Protests aus, nannten die Märsche jetzt »Spaziergänge mit Schriftstellern« oder richteten Protestcamps ein, wie das »Occupy Abay« im Park Tschistyje Prudy. Der Name des Camps war eher zufällig entstanden, wegen des Denkmals für den kasachischen Dichter Abai Qunanbajuly am Boulevardring.

Mein Mann und ich gingen weiterhin zu allen Kundgebungen – damals zählte jede einzelne Person –, aber jetzt musste man gewappnet sein: Es gab Handreichungen, was man im Falle einer Verhaftung alles bei sich haben und wie man sich verhalten soll, denn die Polizei war dazu übergegangen, die Menschen wahllos zu Hunderten zu packen und in die überall bereitstehenden Polizeiwannen, die »Awtosaki«, zu sperren.

Derweil nahm der Druck auf unabhängige zivilgesellschaftliche Einrichtungen immer mehr zu, Durchsuchungen und Strafen wurden immer systematischer. Die Repressionen betrafen längst nicht nur Menschenrechtsorganisationen, sondern die unterschiedlichsten NGOs: solche, die gegen AIDS kämpften, die Menschen mit Diabetes halfen, Obdachlose und Waisenkinder unterstützten und viele andere. Im Sommer 2012 wurde das Gesetz »Über ausländische Agenten« erlassen. Der Gesetzestext besagt, dass als »ausländischer Agent« jeder eingestuft werden kann, der Finanzierung aus dem Ausland erhält und einer »politischen Tätigkeit« nachgeht. Damit kann ferner jede Tätigkeit gemeint sein, die versucht, »auf die Bildung der öffentlichen Meinung einzuwirken«. Offenbar liegt dieser repressiven Praxis die tiefe Überzeugung zugrunde, dass jeder, der seine Regierung kritisiert, das gegen Bezahlung aus dem Ausland tut.

Putin erklärte dazu einmal: »Wer die Dame zum Essen ausführt, der tanzt auch mit ihr.« Für einen Geheimdienstler ist so eine Weltsicht auch nicht weiter verwunderlich: Jeder ist korrupt und ein Agent; und wer sein Geld nicht von uns bekommt, bekommt es eben von einem anderen, folglich ist er ein fremder Agent.

Kein ernst zu nehmender Jurist konnte dieses Gesetz im Sinne der Gesetzgebung und des Rechts erklären. Klar war nur: Jetzt hatte das Regime einen Mechanismus an der Hand, mit dessen Hilfe es sehr vielen unabhängigen Organisationen das Leben schwer machen konnte – und sie bei Bedarf auch ganz vernichten. Genau dafür war das Gesetz erlassen worden. Memorial kritisierte diese Maßnahme scharf; auch, weil sie in ihrem Wortlaut unmittelbar auf das Vokabular und die Praxis der Stalinzeit verwies, als allein das Wort Agent, und erst recht »ausländischer Agent«, die übelsten Assoziationen hervorrief. Überall lauerten Feinde und Spione.

Doch die breite Empörung blieb aus, der Prozess kam in Schwung: Eine öffentliche Organisation nach der anderen wurde zu »ausländischen Agenten« erklärt. 2016 traf es schließlich Memorial International. Als Anlass diente die entschiedene Verurteilung der Krim-Annexion und der Aggression in der Ostukraine. Von diesem Moment an mussten wir alle unsere Publikationen mit dem Hinweis »ausländischer Agent« versehen.

Es wirkte wie eine schlechte Parodie auf längst vergangene Zeiten. Zwischen all den Schicksalen, mit denen sich Memorial jahrzehntelang beschäftigt hatte, waren Tausende von Menschen, die der Spionage bezichtigt worden waren. Oft machte sich die Anklage nicht einmal die Mühe, das Land zu nennen, für das sie angeblich tätig waren.

Die sechs Jahre, die dann noch bis zur Liquidierung von Memorial und dem Beginn des groß angelegten Krieges vergingen, glichen mehr und mehr einem Katz-und-Maus-Spiel. Das heißt nicht, dass wir uns nicht gewehrt oder keine Unterstützung erhalten hätten. Aber die »Katzen« wurden immer bestialischer. Für das gesamte Spektrum der per Verfassung garantierten demokratischen Rechte und Freiheiten wurden Gesetze erlassen, die diese Rechte einschränkten oder abschafften. Aber auch wenn offensichtlich war, dass sich alles eindeutig in eine sehr schlechte Richtung entwickelte, hatten wir immer noch die Illusion, dass es nicht zum Äußersten kommen würde.

Ein seltsames Gefühl: Du siehst alles klar vor dir, bist unmittelbar davon betroffen, dein Leben und deine Arbeit hängen davon ab, aber du kannst nichts anderes tun, als dir weiterhin einzureden, es sei nur ein Trugbild.

Kapitel 9

LIQUIDIERUNG

Mein eigenes Leben habe ich schon immer an der Geschichte meiner Eltern und Großeltern gemessen.

Ich wollte verstehen, wie sie in den 1930er-Jahren gelebt, was sie gefühlt haben, als die Repressionen zunahmen und dann der Massenterror losbrach, im Zuge dessen Freunde, Bekannte und Nachbarn verhaftet wurden. Ich wollte wissen, ob sie den Krieg herannahen spürten, zumal vor dem Hintergrund der ständigen kleineren Kriege, die seit Mitte der Dreißiger allerorts wüteten.

Natürlich hinkten die Vergleiche immer, zumindest bis zuletzt. »Schlimm, aber wir schreiben nicht 1937« – dieser Satz wurde zum Allgemeinplatz und wirkte wie ein Beruhigungsmittel. Die Zeiten waren ja auch wirklich ganz andere. Massenrepressionen waren weder möglich noch sinnvoll, für Millionen Zwangsarbeiter im Gulag brauchte man ein ganz anderes System: Die Medien funktionierten ganz anders, es gab das Internet, und die Marktwirtschaft ließ sich auch nicht ohne Weiteres damit vereinbaren. Andere Vergleiche drängten sich auf: mit der Weimarer Republik und den 1930er-Jahren in Deutschland – besonders nach der Annexion der Krim 2014.

Die putinsche Schimäre

2017 kuratierte ich für Memorial eine Ausstellung, die dem Leben der deutschen Schauspielerin Carola Neher gewidmet war, einem Theaterstar der Weimarer Republik, bekannt aus der »Dreigroschenoper« und anderen Stücken von Bertolt Brecht. Carola Neher wurde die deutsche Staatsbürgerschaft entzogen, nachdem sie einen offenen Protestbrief von deutschen Kulturschaffenden gegen die Annexion des Saarlands unterschrieben hatte. Sie emigrierte aus dem nationalsozialistischen Deutschland nach Russland, wurde verhaftet und starb im Gefängnis.

Die Ausstellung stieß beim Publikum auf großes Interesse und lief über ein Jahr in den Räumen von Memorial. Ich glaube, der Erfolg hing auch damit zusammen, dass die Menschen historische Parallelen erkannten. Nichtsdestotrotz trösteten wir uns alle lange damit, dass das Putin-Regime gänzlich anders aufgebaut war als die Diktaturen der 1930er-Jahre. Der Begriff »hybrid« gewann an Popularität und sollte bedeuten, dass es keine einheitliche Idee wie die kommunistische gab, sondern viele, scheinbar widersprüchliche Vektoren, die in verschiedene Richtungen wiesen. Wie bei einem Kaleidoskop: Bei jedem Drehen ergibt sich ein ganz neues Bild. Dieser Eklektizismus spiegelte sich auch in der neuen Moskauer Architektur wider. Das sagte sogar der ehemalige Moskauer Bürgermeister Juri Luschkow: »Unser Stil ist der Eklektizismus, und wir lassen nicht zu, dass ihn jemand zerstört.«[1]

Ein Blick auf den Roten Platz genügt, um diese Hybridität anschaulich vor Augen zu haben: das Mausoleum, in dem Lenins einbalsamierter Leichnam aufgebahrt ist, obwohl Putin keine Sympathien für ihn hegt und ihn sogar zum Begründer der modernen Ukraine erklärt hat, die in Putins Augen gar nicht existieren dürfte; die Nekropole an der Kremlmauer, wo die Asche sowjetischer und ausländischer kommunistischer Persönlichkeiten ruht – Feliks Dzierżyński, Josef Stalin, der 1962 aus dem Mausoleum verbannt wurde, Leonid Breschnew, Konstantin Tschernenko; und direkt gegenüber eines der ältesten und teuersten Einkaufszentren Moskaus, das altehrwürdige Kaufhaus GUM, vor dem einmal zu Werbezwecken eine fast zehn Meter hohe Louis-Vuitton-Tasche ausgestellt wurde. Auch heute noch funkelt und glitzert das GUM, wenngleich die Auswahl an internationalen Luxus-Labels dank der nach Kriegsbeginn verhängten Sanktionen geschrumpft ist. In unmittelbarer Nachbarschaft dann eine Nachbildung der Kasaner Kathedrale aus den Neunzigern. Das Original aus dem 17. Jahrhundert war in den 1930er-Jahren wie Hunderte andere Gotteshäuser im Zuge von Stalins Plan zur Umgestaltung der Moskauer Innenstadt abgerissen worden.

Unter Putin sind die Militärparaden samt Zurschaustellung des Waffenarsenals zum Tag des Sieges am 9. Mai auf den Roten Platz zurückgekehrt. Für die Proben wird das Zentrum Tage vorher großflächig abgeriegelt, Kolonnen von Panzern rollen durch die Straßen und hinterlassen schwarze Abgaswolken. Einmal musste ich durch so eine stinkende Wolke durch zu einer Filmpremiere. Als ich endlich beim Kino ankam, waren meine Kleidung und meine Haare dermaßen verrußt und rochen nach Diesel, als hätte ich den ganzen Tag in einer Kfz-Werkstatt gearbeitet. Wer hätte sich damals vorstellen können, dass Panzer tatsächlich irgendwann durch die Ukraine rollen, Raketen auf ukrainische Städte abgefeuert würden?

Auf dem Roten Platz wurden Shows und Konzerte zur Unterstützung Putins, später auch der »militärischen Spezialoperation« abgehalten. Um das groteske Bild komplett zu machen, wurde im Winter eine elitäre Eislaufbahn aufgegossen; die Eintrittskarten kosteten umgerechnet 150 Euro. Am hinteren Ende des Roten Platzes, auf der Großen Moskwa-Brücke, errichteten Aktivisten nach der Ermordung von Boris Nemzow 2015 ein inoffizielles Mahnmal, das regelmäßig von den städtischen Behörden zerstört und von den Aktivisten wieder aufgebaut wird. Etwa zwei Kilometer flussabwärts steht ein weiterer imposanter Neubau: die

Christ-Erlöser-Kathedrale, die in den Jahren 1995 bis 2000 anstelle der alten, ebenfalls 1931 von Stalin zerstörten, erbaut wurde. In ihren heiligen Hallen richtete die Punkgruppe »Pussy Riot« 2012 ein Stoßgebet an die Jungfrau Maria, sie möge Putin vertreiben.

Weitere fünf Gehminuten entfernt, auf dem Lubjanka-Platz, steht der Felsblock, den Memorial-Mitarbeiter 1990 von den Solowezki-Inseln herbeigeschafft und installiert haben. An dieser Stelle fand seither alljährlich am 29. Oktober, vor dem Gedenktag für die Opfer der politischen Verfolgung, eine Verlesung der Namen der Erschossenen statt. An den Lubjanka-Platz grenzt ein ganzes Stadtviertel, das seit über einem Jahrhundert die staatlichen Sicherheitsorgane beherbergt.

Das Putin-Regime erinnerte mich zunehmend an eine Schimäre aus der altgriechischen Mythologie: ein Monster mit dem Kopf eines Löwen, dem Körper eines Ziegenbocks und einem Schlangenschwanz. Eine Schimäre ist eine haltlose, realitätsferne Idee, und genauso wirkte das Projekt »Russki Mir«, die imaginäre russische Welt, die Putin wiederherstellen wollte.

Vor der Annexion der Krim und dem Beginn des Krieges im Donbass überwog das Gefühl, in dieser hybriden Welt zu leben, in der für den Großteil der Bevölkerung das Wichtigste war, dass sich nichts veränderte. Nichts anderes bedeutete die »putinsche Stabilität«. Wie viele andere meiner Bekannten und Kollegen rechnete auch ich durchaus damit, dass Putins Autoritarismus allmählich erstarken würde. Trotzdem dachten wir, dass die grenzenlose Gier, der Egoismus und die Korrumpiertheit der sogenannten Eliten, ihre Liebe zu Schlössern und Superyachten sie vor der totalen Entgrenzung der Repressionen und erst recht von einem großen Krieg abhalten würde. Wir haben uns geirrt.

Als Memorial 2016 zum »ausländischen Agenten« erklärt wurde, fanden wir uns in einer extrem schwierigen Lage wieder. Einerseits durften wir uns nicht dem ständigen Druck und den Erpressungen durch das Regime ergeben, andererseits mussten wir uns gegen die vollständige Zerstörung zur Wehr setzen. Schon vor dem »Gesetz über ausländische Agenten« war Memorial mit endlosen Durchsuchungen und Strafen drangsaliert worden. Wir mussten ständig Einspruch erheben und gerichtlich gegen die ungerechtfertigten Strafbescheide des Justiz- und Finanzministeriums vorgehen.

Dieser Kampf gegen Windmühlen wurde immer beschwerlicher, wir wurden auf Schritt und Tritt verfolgt; offenbar war eine ganze Mannschaft darauf abgestellt, unsere Veröffentlichungen, Internetseiten und Datenbanken auf das Vorhandensein des Hinweises »ausländischer Agent« zu überprüfen. Es wurde bemängelt, dass die Schrift zu klein war; wir wurden wegen Büchern belangt, deren Erscheinen schon etliche Jahre zurücklag, noch bevor es so etwas wie »ausländische Agenten« überhaupt gegeben hatte. Auf Buchmessen prangte über unserem Stand nun die Aufschrift »Memorial. Durch das Justizministerium als ausländischer Agent registriert«. Und irgendwann stand ebenjener Satz: »Hier sitzt ein ausländischer Agent« an der Wand unseres Hauses in der Maly-Karetny-Gasse. Manche fanden das sogar amüsant und posierten vor dem Schriftzug für Fotos, aber in Wirklichkeit war es alles andere als lustig.

Es war von Anfang an klar gewesen, dass dieser Mechanismus geschaffen wurde, um unabhängige Organisationen zu vernichten. Doch zu Beginn, vor nunmehr zehn Jahren, waren das vergleichsweise Kleinigkeiten. Seither ist das Gesetz wie ein Krebsgeschwür gewuchert und um immer neue repressive Zusätze erweitert worden. Mittlerweile kann jeder zum »ausländischen Agenten« erklärt werden, der irgendeine »Unterstützung aus dem Ausland« erhält oder »in anderer Form dem Einfluss aus dem Ausland ausgesetzt« ist. Ein »ausländischer Agent« darf über sein Eigentum nicht frei verfügen, er darf auch nicht unterrichten oder etwas veröffentlichen, ohne mit dem gesetzlich vorgeschriebenen Absatz auf seine Eigenschaft als »ausländischer Agent« hinzuweisen, und so weiter und so fort. Selbst der Kontakt zu einem »ausländischen Agenten« ist nicht ungefährlich, denn dadurch könnte man selbst zu einem werden.

Auf der Liste des Justizministeriums mit »ausländischen Agenten« stehen inzwischen über tausend NGOs und Privatpersonen. Darunter bekannte Schriftsteller, Journalisten, Aktivisten, Kulturschaffende, Blogger … Gegen manche von ihnen wurden bereits Strafverfahren aufgrund der »Nichterfüllung des Gesetzes über ausländische Agenten« eingeleitet.

Unter den Betroffenen waren schon bald so viele Freunde und Bekannte von mir, dass es mir merkwürdig erschien, nicht selbst auf dieser Liste zu stehen. Aber ich dachte, weil Memorial bereits als »ausländischer Agent« galt, würden alle seine Mitarbeiter automatisch ebenfalls in diese Kategorie fallen; niemand aus dem Ministerium brauche sich mehr die Mühe machen, sie namentlich aufzuführen. Aber das war natürlich nur eine Illusion. Jeden Freitag veröffentlicht das Justizministerium eine neue Liste und demonstriert damit seine unablässige Jagd.

Als ich endlich – Jahre später, im März 2025 – an die Reihe kam, war ich überrascht und fast belustigt. Bei der Eröffnung der alljährlichen Memorial-Konferenz, die wir im Berliner Exil abhielten, hatte ich einen Vortrag zum weiblichen Gedenken an die stalinistischen Repressionen gehalten. Der Vorwurf, dass sie selbst oder ihre Ehemänner »ausländische Agenten« seien, gehörte damals zu den häufigsten Anklagen, die gegen Frauen bei ihrer Verhaftung erhoben wurden. Stalins Ermittler mussten nicht einmal angeben, für welches feindliche Land sie angeblich tätig waren. Auf dem Weg von der Bühne zu meinem Sitzplatz vibrierte mein

Handy. Auf dem Display las ich: »Schlechte Nachrichten. Können Sie das kommentieren?«

Wenn man so viele Menschen kennt – Freunde, Bekannte, Kollegen –, die in Russland ständigen Gefahren ausgesetzt sind, jagt einem so eine Frage einen furchtbaren Schrecken ein. Was war passiert? Wieder jemand durchsucht, verhaftet? Ich schickte ein Fragezeichen ab. Einen Augenblick später folgte die klärende Antwort: »Sie wurden zur ausländischen Agentin erklärt!« Mir fiel ein Stein vom Herzen, und ich tippte spontan: »Ach, Gott sei Dank!« Woraufhin wiederum ich ein Fragezeichen empfing. Wahrscheinlich dachte man am anderen Ende, die Neuigkeiten hätten mich in geistige Verwirrung gestürzt.

Ich öffnete die Seite des Justizministeriums und las die offizielle Begründung: »Scherbakowa hat sich gegen die russische Militäroperation ausgesprochen und unzuverlässige Informationen über das Vorgehen der russischen Regierung verbreitet.« Im Grunde genommen war das sogar die Wahrheit. Das Tragikomische daran ist: Die Geschichte der Stalin-Ära, mit der ich mich mein Leben lang beschäftigt hatte, holte mich nun in Form einer widerlichen Farce ein. Meinen Enkeltöchtern, die mich wenig später erschrocken aus New York anriefen, sagte ich, nicht alle Enkelkinder könnten sich damit brüsten, dass ihre Großmutter ein »ausländischer Agent« ist.

Was mir in diesem Augenblick beinahe komisch vorkam, war in der damaligen Gegenwart in Russland natürlich alles andere als lustig. Niemandem von uns war zum Lachen zumute, als das Gesetz verabschiedet wurde, das unsere Liquidierung einläuten sollte. Dazu trug bei, dass die Vergangenheit immer mehr in den Fokus der Behörden rückte. Putin entwickelte eine intensive Leidenschaft für Geschichte, oder vielmehr für das, was er unter Geschichte verstand: eine Mischung aus toxischen Mythen, Bruchstücken von zweifelhaften philosophischen Theorien und Überbleibseln sowjetischer Anschauungen, die er in der Schule und an der Uni aufgeschnappt hatte. Im Kern bestand diese Mischung aus der Idee von der Auferstehung eines »Großrusslands«, das es in der Realität so nie gegeben hat.

Dieser Vergangenheitsbezogenheit ist es zu verdanken, dass Memorial zu einem seiner größten ideologischen Feinde wurde. Bereits in den Nullerjahren wurden wir von den Kreml-Ideologen dafür angefeindet, dass wir angeblich »vom Westen aufgezwungene« Konzepte übernehmen, die sowjetische Vergangenheit als kommunistische Diktatur darstellen und der Jugend Schuldgefühle einflößen würden. Dafür wurde an jeder Ecke herausposaunt, wie großartig und strahlend Russlands Geschichte gewesen sei. Und dass unsere Zukunft in der Wiederherstellung der imperialen Supermacht in ihrer einstigen Größe liege.

2008 kam der Blockbuster »Wir aus der Zukunft« in die Kinos, in dem eine Gruppe Jugendlicher durch die Zeit reist. Erst beschmutzen sie das Gedenken an den Großen Vaterländischen Krieg, dann landen sie an der Front und besinnen sich unter diesem Eindruck. Dem Publikum wird suggeriert, dass die Helden nur dort, in der Vergangenheit, zu echten Patrioten werden können. In der Fortsetzung von 2010 werden – so absurd es klingt – auf die gleiche Weise junge Ukrainer »geläutert«, die unter den Einfluss von Nationalisten gekommen sind. Auch sie reisen in die Vergangenheit und überzeugen sich von den Verbrechen, die durch die Ukrainische Aufständische Armee (UPA) begangen wurden.

Auch Reenactment-Events gewannen zunehmend an Popularität. Der unter dem Pseudonym »Strelkow« bekannte Igor Girkin, Mitarbeiter der Staatssicherheit und einer der Drahtzieher hinter den blutigen Ereignissen in der Ostukraine im Frühjahr und Sommer 2014, hatte zuvor einen Club für Militär-Reenactment geleitet. Die russische Propaganda inszenierte die Invasion der Ostukraine als einen Kampf gegen Faschisten und wollte den Angriffskrieg unbedingt aussehen lassen wie eine Rekonstruktion der Befreiungsschlacht um den Donbass im Herbst 1943. Ein wichtiger Teil dieser Rekonstruktion war die Wiederkehr Stalins.

Es hatte ganz langsam begonnen. Zunächst war die Hinwendung zu Stalin während der Perestroika und in den frühen 1990er-Jahren ein marginaler Protest gegen liberale und demokratische Kräfte. Dabei schien Stalin damals ein unumstößliches Symbol für die extreme Grausamkeit des Staates und die absolute Auslieferung des Individuums an ihn zu sein. Doch schon gegen Mitte des Jahrzehnts rückten die russischen Machthaber von einer echten politischen, juristischen und moralischen Entstalinisierung ab. Sie entschieden sich gegen den Weg einer tiefgreifenden Reflexion über die Vergangenheit, machten die Erinnerung an die politischen Repressionen nicht zur moralischen Grundlage für den Aufbau einer neuen Gesellschaft. Und ganz allmählich trat das ein, was noch vor wenigen Jahren, zur Zeit der Perestroika, völlig unmöglich erschienen war: Stalin rückte im historischen Bewusstsein der russischen Bevölkerung wieder in ein positives Licht. Seine blutige Ära wurde mit der Zeit zu einer Projektionsfläche für kulturelle Nostalgie.

Vielen erschien diese Nostalgie harmlos, ebenso wie die Verklärung von Stalins »Großem Stil«, seinem »Empire«. Doch nicht nur Stalins Architektur war Objekt der Bewunderung. Als Leni Riefenstahl in den späten 1990er-Jahren zu einem Filmfestival in Russland eingeladen war, wurde ihr Auftritt mit Standing Ovations bedacht. Spätestens hier wurde deutlich, dass die Rückkehr Stalins leider nicht parodistisch – im Gegensatz zur Soz Art –, sondern völlig ernst gemeint war.

Ich weiß nach über zwanzig Jahren noch, welchen Eindruck die Ausstellung auf mich machte, die ich in den frühen 2000er-Jahren in Frankfurt am Main besuchte. Sie trug den Titel »Traumfabrik Kommunismus« und war kuratiert von Boris Groys, dem bekannten Kunsthistoriker und Spezialisten für die Stalin-Ära. In dieser Ausstellung wurden parodistische Werke der Soz Art neben echten Werken der klassischen sowjetischen Kunst gezeigt, die die sowjetischen Führer und das glückliche sowjetische Leben darstellten. Zu meinem Erstaunen überschattete das Original die

Parodie; der echte stalinistische Kanon wirkte ganz und gar nicht komisch. Es fühlte sich an, als ob sich dieser Frankenstein plötzlich wieder mit Leben füllen würde. Zu Breschnews Zeiten schien Stalin nur noch ein Gespenst zu sein, und während der Perestroika hielt man ihn endgültig für tot und dachte, man müsse nur noch die Leiche aus dem Weg räumen. In den 1990er-Jahren dachten wir, die russische Gesellschaft stünde kurz davor, den Stalinismus hinter sich zu lassen. Aber das war eine Illusion. Genau wie der Gedanke, dass man nur an die historische Wahrheit appellieren müsse, um einen derart mächtigen Mythos zu besiegen. Seit den frühen Nullerjahren ist die Rückkehr Stalins nicht mehr nur die Domäne derer, die sich nach dem Kommunismus zurücksehnen. Putins Regime, das das westliche Demokratiemodell ablehnte und nach einem »ureigenen« Weg suchte, nach einer nationalen Idee, griff immer mehr auf sowjetische Narrative über die erfolgreiche Modernisierung unter Stalin zurück, der die UdSSR zur Großmacht gemacht hatte.

Aber Stalins Wiederkehr reicht weiter zurück, nämlich bis zum Ersten Tschetschenienkrieg. Im Herbst 1995 hörte ich in meinem Seminar zur Oral History an der RGGU Dinge, die ich mir nur wenige Jahre zuvor nicht hätte träumen lassen. Einer der Studenten fragte geradeheraus: »Wie stehen Sie zum Thema Tschetschenien? Stalin hatte das Problem doch schon gelöst. Hätte man sie nach seinem Tod in der Verbannung gelassen, wäre das alles nicht passiert.«

So etwas von einem Geschichtsstudenten zu hören, nach all dem, was wir mittlerweile über die stalinistischen Verbrechen wussten, schockierte mich zutiefst. Dabei spielte die Erinnerung an die stalinistischen Deportationen eine zentrale Rolle im tschetschenischen Unabhängigkeitskampf, in welcher Form auch immer er sich manifestierte. Wie lebendig diese Erinnerung war, konnte ich sehen, als ich während des zweiten Tschetschenienkriegs einen Sammelband mit Arbeiten von tschetschenischen Jugendlichen vorbereitete. 2002 war es Menschenrechtlern bei Memorial gelungen, Lehrer in Tschetschenien für unseren Schülerwettbewerb zu gewinnen. Sie machten trotz allem mit dem Unterricht weiter, selbst unter Bombenbeschuss und in den Flüchtlingslagern in Inguschetien. Wir bekamen Dutzende von Arbeiten, es war unglaublich: Sie waren ohne jegliche Archive entstanden, häufig ohne Licht, in Zelten, nur nach den Erzählungen der Großmütter und Großväter. Ich war äußerst beeindruckt, wie sehr die Erfahrungen der tschetschenischen Jugendlichen, die Flucht und Bombardierungen erlebt hatten, mit der Geschichte ihrer Großeltern verwoben waren, die 1944 im Alter ihrer Enkelkinder in die Verbannung geschickt wurden. Die Zeit schien sich verdichtet zu haben und aus den Erinnerungen an die einstige Deportation in die Gegenwart geflossen zu sein, in die Flucht vor dem Krieg. Wie kam ein Geschichtsstudent plötzlich dazu, die Deportationen zu rechtfertigen und an Stalin zu appellieren? Aber das sollte erst der Anfang sein.

Bereits unter Jelzin begann das sowjetisch geprägte Gedenken an den Großen Vaterländischen Krieg aufzugehen wie ein Hefeteig. Ungeachtet aller Abhandlungen über die dunklen Seiten und die blinden Flecken, über den Preis, um den der Sieg errungen wurde, gewann die Darstellung des Krieges aus der Sicht von Stalin und Breschnew mehr und mehr die Oberhand. Nach außen hin äußerte sich das zum Beispiel in neuen monumentalen Denkmälern wie der Reiterstatue von Marschall Schukow, die 1995 zum fünfzigsten Jahrestag des Sieges direkt am Roten Platz errichtet wurde, oder dem zum selben Anlass eröffneten »Park des Sieges« auf dem Kutusow-Prospekt, der durch seine schiere Größe von 135 Hektar beeindruckt (das entspricht in etwa 190 Fußballfeldern). Breschnews uniforme »Ewige Flammen«, die quer über das ganze Land verstreut sind, wurden unter Putin zu geheiligten Orten, und wehe dem, der einen Schneeball in ihre Richtung wirft oder ein fröhliches Selfie schießt. Das ist ein Sakrileg und wird strafrechtlich geahndet.

Stalin wurde nach und nach zu einem Symbol, das die unterschiedlichsten Bevölkerungsgruppen auf sich vereinte. Seine Gestalt erwies sich als äußerst stabil, widerstandsfähig und facettenreich. Er stand für Dinge, die sich innerhalb des früheren sowjetischen ideologischen Koordinatensystems gegenseitig ausgeschlossen hätten: nicht nur für Kommunismus, sondern auch für das russische Imperium, paradoxerweise sogar noch mehr als der letzte russische Zar. Stalin verkörperte die Stärke der sowjetischen Supermacht und den Sieg im Großen Vaterländischen Krieg. Aber erst unter Putin wurde der Sieg zum Schlüsselelement, zum einzigen Ereignis des 20. Jahrhunderts, das als Quelle des Nationalstolzes taugte. Andere Episoden, wie die breite demokratische Bewegung während der Perestroika, die einen großen Anteil an der Befreiung der Länder Osteuropas aus dem sowjetischen Einfluss, am Fall der Berliner Mauer und dem Ende des Kalten Krieges hatte, wurden in Putins Koordinatensystem als Niederlage gedeutet und der friedliche Zerfall der UdSSR zur Katastrophe erklärt.

Je weiter diese Entwicklung voranschritt, desto wichtiger wurde Stalins Figur als Symbol des Isolationismus und Antiwestlertums, der sakralen Überhöhung der Staatsmacht, ihrer Unabsetzbarkeit und Alternativlosigkeit. In dieser Hinsicht war er eine äußerst bequeme Figur für die staatsnahen Eliten. Aber gleichzeitig verkörperte Stalin die Hoffnung des »kleinen Mannes«, dass jemand wie er gebraucht würde, um korrupte Beamte zu bestrafen, die gierige und selbstgefällige Führungsspitze aus dem Weg zu räumen, mit den Bürokraten abzurechnen … All das fand vor dem Hintergrund tiefster sozialer Ungerechtigkeit statt.

Bedeutet dies, dass die Menschen in Russland das Ausmaß der Repressionen völlig vergessen haben, für die Stalin verantwortlich war und die kaum eine Familie unberührt ließen? Nicht unbedingt, denn viele sind bereit anzuerkennen, dass es grundlose Opfer gegeben hat. Doch die Schuldigen, allen voran Josef Stalin, werden dabei aus dem Blickfeld ausgeklammert, und jeder Versuch, ihre Namen zu nennen, führt zum Vorwurf, man wolle die Gesellschaft spalten, wenn nicht gar einen Bürgerkrieg schüren.

Als Memorial begann, Datenbanken mit den Namen von NKWD-Mitarbeitern und anderen Verantwortlichen für die Massenrepressionen zu erstellen und zu veröffentlichen, wurde das in den Medien als eine »aus dem Ausland initiierte Informationskampagne« bezeichnet, die darauf abziele, »der russischen Gesellschaft einen Schuld- und Reuekomplex einzuflößen«. Die Namen der Ermittler wurden unter dem Vorwand des Datenschutzes aus den Archivdokumenten, also den Ermittlungsakten, getilgt.

Nach und nach hielt Stalin Einzug in den Alltag und wurde immer aufdringlicher: Er blickte einem von Werbeplakaten entgegen, von den Wänden der U-Bahn-Stationen, aus den Schaufenstern der Buchhandlungen, in deren Auslagen sich pseudohistorische »Literatur« türmte, die seine Figur reinwusch und verherrlichte. Er zierte Socken und T-Shirts, seine Büsten standen Seite an Seite mit Putins in den Souvenirläden. Sogar Ikonen mit seinem Bildnis wurden gefertigt. Überall in Russland entstanden Denkmäler zu seinen Ehren, die Hauptstadt bildete natürlich keine Ausnahme. Wenn ich daran zurückdenke, mit welchen Stalinisten ich zu Zeiten, als man mich noch zu Polit-Talkshows einlud, das Podium teilen musste, stellen sich mir heute noch die Nackenhaare auf.

Wo waren wir die letzten acht Jahre?

»Wo wart ihr die letzten acht Jahre?« Das war die Standardreaktion der russischen Propaganda auf den internationalen Aufschrei, den die russische vollumfängliche Invasion der Ukraine im Februar 2022 auslöste. Die Kreml-Propaganda setzte alles daran, die Bevölkerung davon zu überzeugen, dass die Aggression dem Schutz der Menschen im Donbass dienen sollte, die angeblich acht Jahre lang von »Nazis und Faschisten« gedemütigt und unterjocht wurden. Aber was, wenn wir die Frage einmal umdrehen und uns wirklich fragen, wo wir eigentlich waren?

Die Proteste, die zwischen 2011 und 2013 stattfanden, hatten nicht zu politischen Veränderungen geführt. Die Macht blieb fest im Sattel. Putin verstärkte die vorhandenen und errichtete neue Sicherheitsstrukturen, die eigens für die Unterdrückung der Proteste bestimmt waren. Kundgebungen und Demonstrationen wurden immer weiter eingeschränkt und schließlich ganz verboten. Demonstranten wurden mit Knüppeln gejagt, in Polizeiwannen verfrachtet, zu Geld- und mehrtägigen Haftstrafen verurteilt, unter falschen Anklagen vor Gericht gezerrt. Besonders einflussreichen Opponenten, die eine potenzielle Gefahr darstellten, wurden Wirtschaftsverbrechen vorgeworfen. So erging es beispielsweise dem bekannten russischen Theater- und Filmregisseur Kirill Serebrennikow, der wegen angeblicher Veruntreuung von staatlichen Fördergeldern lange Zeit unter Hausarrest musste. All das diente allein dem Zweck, das von ihm gegründete visionäre Theater »Gogol-Zentrum« zu zerstören. Solche Beispiele häuften sich. Aber auch der Widerstand ebbte nicht ab. Nicht nur in Moskau und Sankt Petersburg, sondern im ganzen Land gab es immer wieder Protestaktionen, die sich gegen die Willkür regionaler Behörden oder Umweltkriminalität richteten.

Memorial wurde immer mehr zu einer Insel, einer letzten Zuflucht des unabhängigen Gedenkens, die von ganz unterschiedlichen Leuten beschützt und unterstützt wurde. Unser kleiner Saal, der mit Müh und Not einhundert Menschen fasste, war immer zum Bersten voll. Die Stimmung glich zunehmend der in einer belagerten Festung, kaum eine öffentliche Veranstaltung fand ohne Sicherheitskräfte statt, die uns die Propaganda-Fernsehsender oder vom FSB angeheuerte Krawallmacher vom Hals halten mussten. Dennoch spürten wir unter diesen Umständen fast noch stärker als sonst die gesellschaftliche Unterstützung.

Es strömten immer mehr Menschen mit allen möglichen Anliegen zu uns. Sie sammelten schnell Geld für die Strafen, zu denen

Memorial ständig verurteilt wurde, und für neue Publikationen. Immer mehr Menschen kamen auch am 29. Oktober zum Solowezki-Stein auf der Lubjanka, um die Namen der Erschießungsopfer unter Stalin zu verlesen und ihrer zu gedenken. Stundenlang standen sie Schlange, bei Schnee und Regen, um einen oder zwei Namen vorzulesen. Es war ein symbolischer Akt, der gleichzeitig immer mehr Protestpotenzial in sich trug. Nicht umsonst wurde es immer schwieriger, eine Erlaubnis von den Moskauer Behörden zu bekommen. In den Jahren vor der Pandemie mussten wir Genehmigungen von mindestens zwanzig verschiedenen Instanzen einholen. Diese Gedenkveranstaltung, die in Moskau ihren Ursprung hatte, breitete sich auf viele andere Städte in Russland aus und findet jetzt, seit dem Krieg und der erneuten Emigrationswelle, auf der ganzen Welt statt. Der Anblick der riesigen Schlange aus Menschen jeden Alters – viele brachten ihre Kinder mit –, die bis hinab in die Metrostation führte, vermittelte einem stets das Gefühl, dass es immer noch sehr viele gab, die sich Putins Politik des Vergessens widersetzten.

Kurz vor der Pandemie regte sich eine neue Welle von Protesten, die eng an den Namen Alexej Nawalny geknüpft war. Als ich 2012 erstmals auf ihn aufmerksam wurde, schien er mir zunächst keine ernst zu nehmende politische Figur zu sein. Aber bereits bei den Bürgermeisterwahlen in Moskau 2013 wäre er zweifellos in die Stichwahl gekommen, hätte es nicht auch bei diesen Wahlen grobe Fälschungen gegeben. Ungefähr zur selben Zeit sah ich ihn und seine Frau Julija zum ersten Mal persönlich bei Memorial. Sie waren ein schönes Paar, wirkten sehr modern und harmonisch. In der älteren Generation von Politikern fällt mir nur ein vergleichbares Beispiel ein: Gorbatschow und seine Frau Raissa.

Nawalny stieg innerhalb kürzester Zeit zum beliebtesten Oppositionspolitiker auf. Er war praktisch der Einzige, der die junge Generation auf sich vereinen konnte. Es war ihm gelungen, die ansonsten eher politikferne Jugend auf die Straßen zu holen. Sie verstanden seine moderne Sprache, seine Antikorruptionsagenda kam bei ihnen gut an, genau wie seine Abrechnung mit der Regierungspartei »Einiges Russland« als Partei der »Gauner und Ganoven«, die man loswerden müsse, um das »wunderbare Russland der Zukunft« aufzubauen, wie Nawalny es immer formulierte. Sie konnten sehen, dass er sie nicht nur zum Protest aufrief, sondern selbst in ihren Reihen mitlief, dass auch er vor den OMON-Leuten nicht sicher war, dass auch er gefasst, weggezerrt und verhaftet wurde. Bereits vor dem Giftanschlag 2020 hatte er insgesamt mehrere Monate in Untersuchungshaft verbracht. Selbst kurz vor seinem Tod in der Strafkolonie im äußersten Norden Russlands wirkte er, wenn auch abgemagert und blass, nicht wie ein Gequälter und Leidender. Sein Geist war ungebrochen, er hat nie aufgehört, die Richter und Gefängniswärter mit seinem scharfen Verstand und seinem Witz vorzuführen.

»Solange dieser Tag noch nicht gekommen ist«

Von Nawalnys Tod erfuhr ich am nächsten Morgen auf der Münchner Sicherheitskonferenz. Nach dem ersten Schock fragte ich mich unwillkürlich, wo sich die Menschen in Russland jetzt wohl versammeln würden. Ich war sicher, dass sie trotz aller Gefahren, die sich seit Kriegsbeginn potenziert hatten, Blumen niederlegen würden. Auf den Videos, die mir wenige Stunden später Freunde aus Moskau schickten, sah man den verschneiten Lubjanka-Platz, auf dem sich Polizisten tummelten – und den Solowezki-Stein, der über und über mit Blumen bedeckt war. So ging es drei Tage lang, der Strom der Menschen, die Blumen brachten, wollte nicht versiegen. Auch Nawalny war am 29. Oktober immer gekommen, um mit seinen Mitbürgern die Namen der Opfer des stalinistischen Terrors zu verlesen. Und jetzt kamen die Menschen hierher, um seiner zu gedenken.

So sah es in vielen russischen Städten aus: Trotz Eiseskälte und Verhaftungen strömten die Leute zu den Mahnmalen für die Opfer politischer Repressionen. Es waren keine koordinierten Aktionen, aber die Orte waren nicht zufällig gewählt. Den Trauernden war sehr bewusst, dass Nawalny ein politischer Gefangener war und genau deshalb ermordet wurde. Der Zusammenhang lag für die meisten auf der Hand; das Putin-Regime hatte längst einen Gewaltapparat aufgebaut, bei dem man nicht umhinkam, ihn mit dem Stalins zu vergleichen. Auch die drakonischen Strafen – Nawalny war wegen »Gründung einer extremistischen Vereinigung« zu neunzehn Jahren Straflager mit strengen Haftbedingungen verurteilt worden – knüpften nahtlos an die stalinistischen Zeiten an. Von den 1120 Tagen seiner Haftstrafe verbrachte er insgesamt 308 Tage im Strafisolator, einem Karzer, in dem man ihn mit Kälte, Schlafentzug und Hunger folterte. Symbolträchtig war auch die Gegend, in der Alexej Nawalny seine letzten Tage verlebte: Man schickte ihn dorthin, wo Polarnächte und Permafrost herrschen, in den sicheren Tod, wo bereits Tausende von Gefangenen im Gulag starben und von denen nicht einmal mehr die Namen geblieben sind.

Die Propagandasender verbreiteten erwartungsgemäß die gleichen Lügen wie nach der Ermordung von Anna Politkowskaja und Boris Nemzow: dass Nawalnys Tod niemand anderem als dem Westen nütze, dass ihn seine »westlichen Kuratoren« abgeschrieben hätten, dass Julija Nawalnaya nicht zufällig just in dem Moment an der Münchner Sicherheitskonferenz teilnehme.

All diese Erklärungen, warum Nawalnys Tod Putin angeblich ungelegen käme, wären lächerlich gewesen, wären sie nicht so himmelschreiend zynisch. Sie waren nur ein weiterer Beweis dafür, mit wie viel geballtem Hass und Boshaftigkeit wir es zu tun hatten. Aber auch mit Angst: Putin fürchtete Nawalnys Einfluss so sehr, dass er nicht einmal dessen Namen über die Lippen bekam. Nawalny war in allen Belangen Putins Gegensatz, angefangen bei seinem Äußeren bis hin zum Verhältnis zu seiner Frau und den beiden gemeinsamen Kindern, die er nicht irgendwo unter falschen Namen versteckt hielt, sondern die ihn offen bei allem unterstützten. Seine ganze Art strahlte Optimismus, Humor und Hoffnung aus anstatt Angst, Hass und Zynismus.

Er wurde oft gefragt, warum er nach dem Nowitschok-Anschlag nach Russland zurückgekehrt sei, wenn er doch gewusst habe, was ihn erwartet. Für Nawalny war die Antwort klar: Seine politische Arbeit konnte er nur in Russland fortsetzen, wenn es sein muss, auch im Gefängnis. Aus der Haft schrieb er: »Heute habe ich Geburtstag. An seinem Geburtstag muss man ehrlich mit sich selbst sein … Und ich habe mir die Frage gestellt: Bin ich wirklich zuversichtlich oder zwinge ich mich dazu? Meine Antwort lautet: Ich bin es wirklich. Klar würde ich lieber nicht in diesem Loch aufwachen, sondern mit meiner Familie frühstücken, einen Kuss auf die Wange von meinen Kindern bekommen, meine Geschenke auspacken und sagen: Wow, das ist genau, was ich mir gewünscht habe. Aber so ist das Leben nicht. Es kann keinen sozialen Fortschritt und auch keine bessere Zukunft geben, wenn es nicht Menschen gibt, die bereit sind, den Preis für ihre Überzeugungen zu zahlen. Je mehr solche Menschen es gibt, desto geringer der Preis, den der Einzelne zahlt. Der Tag wird kommen, an dem es in Russland normal und ungefährlich sein wird, die Wahrheit zu sagen und für Gerechtigkeit zu kämpfen. Solange dieser Tag noch nicht gekommen ist, betrachte ich meine Situation nicht als Bürde, sondern einfach als meine Arbeit. Jede Arbeit hat auch ihre unangenehmen Seiten, oder? So eine durchlebe ich gerade.«[2]

In anderen Briefen beschrieb Nawalny seine Inhaftierung als einen Weltraumflug. Er rief dazu auf, nicht zu weinen und keine Angst zu haben, den politischen Gefangenen zu helfen, die wie er unter härtesten Bedingungen hohe Strafen verbüßten. Selbst sein Tod enthielt eine Botschaft an die Menschen in Russland: »Ich habe keine Angst, und ihr sollt auch keine haben.« Aber auch eine Botschaft an den Westen: »Hört auf, in der Hoffnung auf Frieden und Eintracht mit Mördern diesen Mördern die Hand zu reichen.«[3]

Solange er lebte, selbst im Gefängnis, selbst in Einzelhaft, war Nawalny unbestritten eine Bedrohung für Putin, wie der Wald von Burma für Shakespeares Macbeth.

Die Vorboten des Krieges

Doch das lag alles noch in weiter Ferne. Wir gingen weiter zu Protestkundgebungen, ohne freilich zu erwarten, dass sie etwas ändern würden. Dennoch hatten wir das Gefühl, dazu verpflichtet zu sein, wo doch so viele junge Menschen, halbe Kinder noch, daran teilnahmen. Dabei ging die Polizei immer brutaler vor, sie schlugen die Menschen mit Schlagstöcken, verhafteten wahllos und wandten ganz offen Folter an. Meine jüngste Tochter Lisa wurde gefasst, nur weil sie mit dem Text der russischen Verfassung, den ihr gerade jemand in die Hand gedrückt hatte, die Straße entlanglief. Sie hatte sich noch nicht einmal dem Demonstrationszug angeschlossen. Nach ein paar Stunden ließ man sie zwar wieder frei, aber offensichtlich stand ihr Name jetzt auf irgendeiner Liste, denn immer wenn sie von diesem Tag an ausreisen wollte, wurde ihr der Pass abgenommen, und sie musste lange warten, bis sie ihn zurückbekam und endlich passieren durfte.

Am 30. Dezember 2019 waren wir zu einem Geburtstag eingeladen. Davor wollte mein Mann wenigstens kurz auf den Manegen-Platz, wo sich nach einer weiteren Verhaftung Nawalnys Menschen zum Protest versammelten. Schon auf der Twerskaja-Straße stürmten plötzlich vermummte OMON-Leute mit Schlagstöcken auf uns zu. Sie stießen mich weg, schnappten meinen Mann und steckten ihn vor meinen Augen in eine Polizeiwanne, ohne Rücksicht auf sein Alter. Später erfuhren wir, dass es allein an diesem Abend mehrere Hundert Festnahmen gegeben hatte. Sie hielten ihn die ganze Nacht fest, brummten ihm ein Gerichtsverfahren auf und verhängten eine Geldstrafe. Von da an bekamen wir vor jeder, nunmehr meist verbotenen Kundgebung einen Besuch von der Polizei, die uns freundlich daran erinnerte, dass wir lieber zu Hause bleiben sollten. Ich ertappte mich dabei, dass ich morgens früher aufzustehen begann, um im Fall einer Durchsuchung nicht im Nachthemd überrascht zu werden. Ich lauschte an der Wohnungstür und hielt am Fenster Ausschau nach Polizeiautos. Aber selbst das waren noch relativ »vegetarische« Zeiten, um Anna Achmatowa zu zitieren.

In diesen letzten Jahren vor Kriegsbeginn arbeiteten wir bei Memorial wie verrückt. Unbewusst versuchten wir, die wenige Zeit, die uns noch blieb, so gut wie möglich zu nutzen. Wir erinnerten uns an ein Lied aus einem sowjetischen Zeichentrickfilm: »Wie gut, dass es uns noch schlecht geht!«

Dann schlug die Pandemie zu. Wir waren eingesperrt und dachten, schlimmer könnte es nicht mehr werden, es fühlte sich an wie ein endloser Murmeltiertag. Niemand wusste, wie viele Opfer das Coronavirus in Russland gerade forderte. Im städtischen Krankenhaus Nr. 52, das wir aus dem Fenster unserer Wohnung sehen konnten, wurde eine COVID-Station eröffnet, und von Frühjahr bis Sommer 2020 hörten wir das unablässige Heulen der Sirenen der Krankenwagen, die sich in der Straße stauten, so weit das Auge reichte. Aus den Regionen drangen lauter Schauergeschichten zu uns, die Behörden vertuschten die Todeszahlen. Den ganzen Tag saß ich nun in Zoom-Meetings, im Hintergrund meine Bücherregale, und ertappte mich dabei, wie ich die Buchrücken hinter den Menschen studierte, die ich nur noch virtuell traf. Wie für so viele war es auch für mich am schwersten, dass ich meine Töchter, meine Enkelkinder und meine Schwester, die im Ausland lebte, monatelang nicht sehen konnte.

Im Sommer 2020 schöpften wir plötzlich ein paar Wochen lang Hoffnung. Sie wurde ausgelöst durch die Massendemonstrationen in Belarus nach den massiven Wahlfälschungen bei den Präsidentschaftswahlen. Ununterbrochen verfolgte ich am Bildschirm die Nachrichten aus Minsk. Es gab einen kurzen Moment, in dem Lukaschenko, der traditionell zwischen dem Westen und Russland lavierte, ganz offensichtlich Angst bekam. Einen kurzen Moment lang schien ein siegreicher Ausgang der belarussischen Proteste möglich – bis Putin sich dazu durchrang, dem belarussischen Diktator den Rücken zu stärken. Dabei hätte es sogar eine legitim gewählte Präsidentin gegeben, Swetlana Tichanowskaja.

Einen Monat vor dem Ausbruch der Pandemie waren wir mit unserer Ausstellung über die sogenannten Ostarbeiter, die im Zweiten Weltkrieg in Deutschland Zwangsarbeit leisten mussten, nach Minsk gereist. Tausende Menschen aus Belarus hatte dieses Schicksal in den 1940er-Jahren ereilt. Memorial beschäftigte sich schon lange mit diesem Thema, wir verfügten mittlerweile über ein riesiges Archiv – 1990, kurz vor dem endgültigen Zerfall der UdSSR, hatten wir rund 400 000 Briefe dieser ehemaligen Zwangsarbeiter erhalten; unter den Verfassern waren auch viele Belarussen. Als wir uns auf die Suche nach einer geeigneten Ausstellungsfläche machten, wurde uns sofort die Galerie »OK 16« in Minsk empfohlen.

Als wir dort ankamen, trafen wir die Kuratorin, eine außergewöhnlich elegante, überaus freundliche und sehr aufgeräumt wirkende junge Frau – Maria Kolesnikowa. Wir wussten sofort, dass wir am richtigen Ort, bei Freunden und Gleichgesinnten gelandet waren. Die ganze Atmosphäre in Minsk war damals liberaler und lebendiger als in Moskau. Wir waren begeistert von Mascha, wie Maria Kolesnikowa sich uns gleich vorstellte, nicht nur wegen ihrer persönlichen Ausstrahlung, sondern auch durch die moderne Umgebung der Galerie, die uns umgab. Die Ausstellung wurde ein voller Erfolg, bei der Eröffnung hielt Mascha eine Rede über die Bedeutung des weiblichen Gedächtnisses bei der Erinnerung an Krieg und Gewalt.

Ganz Minsk ging im Sommer 2020 gegen Lukaschenko auf die

Straße. Der friedliche weiß-rote Protest war nicht zuletzt in ästhetischer Hinsicht ein bemerkenswertes Ereignis, und Maschas Gesicht passte unglaublich gut zur progressiven, weiblich getragenen Aufbruchsstimmung dieses neuen Belarus. Sie wurde zum Symbol des Widerstands.

Ich dachte an die Perestroika zurück und war voller Hoffnung, dass Lukaschenko sich nicht gegen sein ganzes Volk stellen würde. Aber leider zeigte sich, dass man ihn auf diese Weise nicht besiegen konnte. Nachdem er sich vom ersten Schock erholt hatte, ging er mit nie gesehener Brutalität gegen die friedlichen Demonstrationen vor. Mithilfe von Massenverhaftungen und systematischer Folter gelang es Lukaschenko nach und nach, den Protest zu zerschlagen.

Im September 2020 wurde Maria Kolesnikowa von Sicherheitskräften entführt, die sie aus dem Land ausweisen wollten. Um das zu verhindern, zerriss sie ihren Pass. Ähnlich wie Alexej Nawalny weigerte sie sich, ihrem Land den Rücken zu kehren. Sie wurde auf der Stelle verhaftet und nach einem Jahr Untersuchungshaft zu elf Jahren Gefängnis verurteilt. Daraufhin hörte man zwei Jahre lang nichts mehr von ihr, niemand wusste, unter welchen Umständen sie ihre Strafe verbüßte. Angesichts dessen, was man über Lukaschenkos Folteranstalten hörte, war das in höchstem Maße besorgniserregend.

Als ihr Vater sie im November 2024 nach 600 Tagen Einzelhaft endlich besuchen durfte, ging davon ein Foto durch die Medien: Es zeigt Mascha in einem dunkelrot geblümten Gefängniskleid, abgemagert, aber mit ungebrochenem Lächeln. Mir kamen die Fotos in den Sinn, die wir bei Memorial »Vorher-Nachher-Bilder« nannten und die Menschen vor ihrer Verhaftung und nach mehreren Jahren im Gulag zeigten.

Die unverhohlenen Fälschungen bei den Duma-Wahlen im Frühjahr 2020, die Manipulationen an der russischen Verfassung, die das Putin-Regime zu einer vollwertigen Diktatur machten, all das waren düstere Vorboten einer Eskalation, die wir in ihren Ausmaßen immer noch nicht wahrhaben wollten. Moskau gab sich umso glanzvoller, je näher der Krieg rückte; die Festbeleuchtung strahlte Tag und Nacht, während die Polizei Hausbesuche machte, um an die strafrechtliche Verantwortung für die Teilnahme an »illegalen Aktionen« zu gemahnen. Sie erinnerte daran, dass alle, die sich an solchen Aktionen beteiligten, per Gesichtserkennung identifiziert würden.

Kurz vor den Maifeiertagen wurde ich in den frühen Morgenstunden von der Türklingel geweckt: Diesmal kamen sie, um meinen Mann zu holen, der zum Glück am Vortag weggefahren war; zu einem Freund, der 600 Kilometer von Moskau entfernt in einem Dorf wohnte. Auch in den nächsten zwei Tagen kamen sie – mal Leute vom OMON, mal die Polizei, mal Ermittler in Zivil. Sie stellten alle dieselben Fragen: wo er sei und wann er zurückkommen würde. Ich gab meinerseits dieselben Antworten, sagte, ich wüsste es nicht. Dann gingen sie zu meiner Tochter, die glücklicherweise gerade in Berlin war. In jenen Tagen wurden in Moskau viele meiner Bekannten, Professoren und Lehrer, teils hochbetagt, festgenommen und tagelang unter fürchterlichen Bedingungen festgehalten.

Anfang Juli erkrankte ich schließlich trotz mehrerer Impfungen an COVID. Irgendwann erwachte ich aus meinem Fiebertraum und las Putins »Essay« über die historische Einheit von Russen und Ukrainern, veröffentlicht auf der Webseite der russischen Regierung. Ein geschichtsrevisionistischer, imperialistischer Text mit unverhohlenen Drohungen.

Im Grunde hätte jedem klar sein müssen, wo das hinführen könnte: »Auch hier ist das Anti-Russland-Projekt für viele Menschen in der Ukraine einfach inakzeptabel. Und es gibt Millionen solcher Menschen. Aber sie dürfen den Kopf nicht heben. Ihnen wurde die rechtliche Möglichkeit genommen, ihren Standpunkt zu verteidigen. Sie werden eingeschüchtert, in den Untergrund getrieben. Sie werden wegen ihrer Überzeugung, wegen des gesprochenen Wortes, wegen der offenen Äußerung ihrer Position nicht nur verfolgt, sondern auch getötet. Mörder bleiben in der Regel straffrei. Heute ist der ›richtige‹ Patriot der Ukraine nur derjenige, der Russland hasst. Darüber hinaus wird vorgeschlagen, die gesamte ukrainische Staatlichkeit, wie wir sie verstehen, ausschließlich auf dieser Idee weiter aufzubauen … Hass und Wut, das hat die Weltgeschichte immer wieder bewiesen, sind ein sehr wackeliges Fundament für Souveränität, das mit vielen ernsthaften Risiken und schlimmen Folgen behaftet ist. Alle mit dem Anti-Russland-Projekt verbundenen Ausflüchte sind uns klar. Und wir werden niemals zulassen, dass unsere historischen Gebiete und Menschen, die uns nahestehen, gegen Russland eingesetzt werden. Und denen, die einen solchen Versuch unternehmen, möchte ich sagen, dass sie auf diese Weise ihr eigenes Land zerstören werden. (…) Ich bin überzeugt, dass eine wahre Souveränität der Ukraine nur in Partnerschaft mit Russland möglich ist. (…) Gemeinsam waren und sind wir schon immer um ein Vielfaches stärker und erfolgreicher. Denn wir sind ein Volk.«[4]

Ich war fassungslos, diese Worte zu lesen. Sie ließen keinen Zweifel an Putins Plänen. Jetzt weiß ich, wie es sich anfühlt, wenn alles in aller Deutlichkeit gesagt ist, aber man aus irgendeinem Grund immer noch hofft, dass die Drohung nicht in die Tat umgesetzt wird. In all meinen Vorträgen und Artikeln in jenem Herbst warnte ich vor der Gefahr. Aber es fühlte sich an wie ein Spiel: Vielleicht bleibt die Katastrophe aus, wenn man sie nur oft genug vorhersagt?

Memorial wird liquidiert

Wenige Monate nach der Veröffentlichung der putinschen Sichtweise auf die Ukraine geriet auch Memorial wieder ins Visier. Wir spürten die Bedrohung, aber wir glaubten trotzdem nicht daran, dass man uns einfach schließen würde. Bis sich etwas ereignete, das sich von früheren Repressalien unterschied. Es war ein echter Anschlag, der im Herbst 2021 mithilfe des FSB inszeniert wurde, bevor die Generalstaatsanwaltschaft ihren Antrag auf Liquidierung von Memorial beim Obersten Gerichtshof einreichte.

An jenem Abend zeigten wir den Film »Red Secrets – Im Fadenkreuz Stalins« (2019). Die polnische Regisseurin Agnieszka Holland erzählt darin die Geschichte eines jungen britischen Investigativjournalisten, dem es Anfang der 1930er-Jahre mithilfe eines gefälschten Diplomatenpasses gelang, von Deutschland aus in die Ukraine einzureisen und Zeuge der schrecklichen Hungersnot zu werden, die später als Holodomor in die Geschichte einging.

Die Sowjetunion, die sich zu dieser Zeit um eine Aufnahme in den Völkerbund bemühte, versuchte nach Kräften, die Katastrophe vor den Augen der Welt zu verbergen. Gareth Jones hingegen wollte den Menschen im Westen nach seiner Rückkehr bei einer international besetzten Pressekonferenz die Augen öffnen über das, was in der stalinistischen Sowjetunion vor sich ging: »Ich sah eine Hungersnot gewaltigen Ausmaßes. Viele Menschen waren aufgequollen vor Hunger. Überall hörte ich Sätze wie ›Wir warten auf den Tod‹. Ich schlief neben verhungernden Kindern auf dem Lehmboden. In Charkow [heute Charkiw] sah ich Menschen, die sich um zwei Uhr früh vor Geschäften anstellten, die nicht vor sieben öffneten. An einem Durchschnittstag standen 40 000 Menschen nach Brot an. Die in der Schlange Wartenden versuchten so verzweifelt, ihre Plätze zu halten, dass sie sich an die Gürtel der vor ihnen Stehenden klammerten. Manche waren so schwach vor Hunger, dass sie nicht ohne Hilfe anderer stehen konnten.«[5]

Seine Worte skizzierten nicht nur die dramatische Lage, sie zeugten auch von erstaunlichem Weitblick: Er habe einige Dinge gesehen, die so schlimm seien, dass es ihn ankotze, wenn er an Leute wie George Bernard Shaw und andere denke, die Orte besucht hätten, an denen sie verarscht wurden, genug zu essen hatten und dann zurückkamen und von einem Paradies sprachen. Nein! Die dortige Regierung sei die »grausamste der Welt«, lautete sein Fazit.[6] Er wurde nicht erhört, seine Warnungen hinsichtlich der stalinistischen Politik wurden ignoriert. Nur wenige Jahre später wurde er während einer Reise nach China entführt und unter ungeklärten Umständen ermordet.

An jenem Abend jedenfalls konnten wir den Film nicht bis zum Ende zeigen. Kurz nach Vorstellungsbeginn platzten vierzig »Gopniks« in die Vorführung, offensichtlich gut instruiert und vom FSB kuratiert. Ich (und nicht nur ich) musste sofort unwillkürlich an 1933 in Deutschland denken, als die Sturmtruppen des SA in Clubs und Varieté-Theater eindrangen und Pogrome veranstalteten. Sie versperrten die Sicht auf die Leinwand und fingen an zu brüllen: »Hände an den Kopf! Gesicht auf den Boden!«

Wir alarmierten die Polizei, die fünf Fußminuten entfernt war, aber sehr lange brauchte, um zu kommen. Und als die Beamten endlich da waren, spürten wir gleich, dass sie nicht gekommen waren, um uns zu beschützen. Gerade noch Opfer eines Überfalls, waren wir im Handumdrehen zu Verdächtigen geworden. Bis um zwei Uhr nachts verhörten sie uns der Reihe nach, drohten mit Durchsuchungen und ließen uns nicht raus. Die Tür wurde mit Handschellen verschlossen, damit niemand weder rein noch raus konnte. Das Foto ging später durch die internationalen Medien und wurde zum Symbol dafür, wie der Staat zu uns stand. Das war der Anfang vom Ende.

Und dennoch rechneten wir nicht damit, dass die Generalstaatsanwaltschaft unmittelbar die Liquidierung von Memorial International anordnen würde, der ältesten und bekanntesten Menschenrechtsorganisation im Land. Es gab eine riesige Welle der Unterstützung, sowohl in Russland als auch im Ausland. Die Menschen waren unglaublich solidarisch. Buchstäblich aus der ganzen Welt schrieben uns Organisationen, Universitäten und Museen Unterstützungsbriefe, protestierten vor den Botschaften der Russischen Föderation gegen unsere Schließung. Der Besucherstrom zu unserer letzten Ausstellung, die sich dem weiblichen Gedenken an den Gulag widmete, wollte nicht abreißen. Lehrer, die mit ihren Schülern an unserem Wettbewerb teilgenommen hatten, schickten uns aufmunternde Briefe.

Ich werde oft gefragt, ob ich eine Verbindung zwischen der blitzartigen Liquidierung von Memorial und dem Beginn des vollumfänglichen Krieges gegen die Ukraine sehe. Im Rückblick liegt der Zusammenhang auf der Hand, aber das konnten wir damals natürlich nicht wissen. Besonders die jüngere Generation bei Memorial hegte bis zuletzt die Hoffnung, dass unsere Unterstützer und unsere Anwälte, die so großartig vor Gericht kämpften, uns da schon irgendwie herausboxen würden. Die Staatsanwälte hatten keinerlei Argumente – woher auch, die Anklage war ja komplett an den Haaren herbeigezogen. Und trotzdem wurde kurz vor Silvester 2021/2022 eine Sitzung des Obersten Gerichtshofs anberaumt, auf der die Entscheidung über die Liquidierung von Memorial verkündet wurde. Im Plädoyer des Staatsanwalts war als Grund für die Auflösung nun nicht, wie wir erwartet hätten, ein Verstoß gegen das »Gesetz über ausländische Agenten« aufgeführt. Stattdessen hieß es sinngemäß, Memorial würde Reue für die sowjetische Vergangenheit fordern, anstatt die Erinnerung an die Heldentaten der sowjetischen Armee hochzuhalten. Uns wurde vorgeworfen, das historische Gedenken zu verunglimpfen und zu verzerren, insbesondere das an den Großen Vaterländischen Krieg. Indem wir mit dem Thema der politischen Repressionen spekulierten, würden wir ein falsches Bild von der Sowjetunion als Terrorstaat zeichnen.

Überflüssig zu sagen, dass das Urteil politisch motiviert und längst vor der Verhandlung gefällt worden war. Das Einzige, was wir noch nicht wussten, war, dass unsere Liquidierung zu einer groß angelegten Säuberung gehörte, um jeden Antikriegsprotest im Keim zu ersticken.

Im Rückblick muss man sich natürlich fragen, ob wir die Katastrophe kommen sahen, die am 24. Februar schließlich eintraf. Wie konnten wir uns der Hoffnung hingeben, dass das nicht passieren würde, nach der Annexion der Krim und dem von Russland entfesselten Krieg im Donbass, der bereits seit acht Jahren andauerte? Und nun sammelten sich die russischen Truppen unter dem Vorwand von Übungen schon seit Monaten an der ukrainischen Grenze. Im Internet kursierten Videos von Kolonnen mit schwerer Kriegstechnik, die auf die Ukraine zurollten. Wir versuchten uns einzureden, das wäre alles ein großer Bluff, Säbelrasseln, um dem Westen Angst zu machen. Und wenn es doch zu einer Militäroperation kommen sollte, dann »nur« im Donbass.

All das passierte außerdem vor dem Hintergrund der Olympischen Spiele in Peking, und wir wollten daran glauben, dass Putin es nicht wagen würde, auf diese Weise die Beziehungen zu China zu gefährden. Aber allein das Foto, auf dem Putin einsam im Stadion in Peking sitzt, inmitten von roten Stühlen, im langen schwarzen Mantel, mit starrer Miene und hasserfülltem Blick, erregte Besorgnis.

Ich musste daran denken, wie Alexander Dugin einmal gesagt hatte, Wladimir Putin sei im Gegensatz zu den meisten anderen schon in den 1990er-Jahren ein wahrer Patriot gewesen. Um seine These zu unterfüttern, benutzte Dugin ein merkwürdig physiologisches Bild: Putins Kiefer soll angefangen haben zu »mahlen«, wenn er das Wort Russland aussprach. Nun, jetzt verhieß Putins böses Gesicht mit dem mahlenden Kiefer jedenfalls nichts Gutes.

Schyschaky

Nein, das ist unmöglich, redete ich mir ein, während ich im Dezember 2021 Weihnachtsglückwünsche an unsere Nachbarn in der Ukraine schickte und sie mir im Gegenzug Fotos von unserem verschneiten Häuschen in Schyschaky über WhatsApp sandten. Wenn ich heute Nachrichten von der Front höre – also täglich –, sehe ich nicht nur abstrakte Namen vor mir, sondern ganz konkrete ukrainische Städte und Dörfer, durch die wir in den letzten zwanzig Jahren gefahren sind und durch die jetzt die Front verläuft. Wenn ich höre, dass Sumy, Ochtyrka, Myrhorod oder Poltawa bombardiert werden, sehe ich keine abstrakten Kriegsbilder, sondern konkrete Straßen und Häuser. Wir passierten sie auf dem Weg nach Schyschaky, dem Ort unseres langjährigen Sommerferienglücks.

Zum ersten Mal war ich 2001 nach Schyschaky gekommen, um eine Woche bei Freunden zu verbringen, die von Mira Jakowenkos Schwärmerei längst infiziert waren. Aber als ich das verlassene Haus am Dorfrand sah, dessen Besitzer gestorben waren und an dem die Erben kein Interesse hatten, folgte ich einem spontanen Impuls und kaufte es für einen lächerlichen Betrag. Wir ließen es von ansässigen Handwerkern renovieren und fuhren seitdem jeden Sommer dorthin. Warum ausgerechnet Schyschaky? Wahrscheinlich, weil das Dörfchen mich an meine Kindheit erinnerte. Ich war eine begeisterte Leseratte, und am liebsten las ich Schauergeschichten, ganz besonders »Abende auf dem Weiler bei Dikanka« von Gogol. Ich kannte sie beinahe auswendig, und als ich plötzlich in dieser Landschaft stand, erinnerte ich mich sofort, wie sehr ich mich damals aus dem kalten, winterlichen Moskau dorthin gewünscht hatte. Dieses Gefühl habe ich immer noch jedes Mal, wenn ich in Schyschaky den klaren ukrainischen Himmel mit seinen strahlend leuchtenden Sternen betrachte, an dem man ganz ohne Teleskop Astronomie studieren kann. Immer wenn ich meiner Enkelin in Schyschaky Märchen von Gogol vorlas, der 1809 in dieser Gegend geboren wurde, schien alles, was darin märchenhaft übertrieben war, fast real.

Auch dem Fluss Psel in der Nähe unseres Hauses hatten die langen Jahre der Sowjetherrschaft nichts anhaben können. Er war immer noch so, wie Gogol ihn vor fast zweihundert Jahren beschrieben hatte: »Vor den Augen unserer Reisenden lag bereits der Psel; schon wehte aus der Ferne eine Kühle, die nach der ermattenden, versengenden Hitze umso fühlbarer war. Durch die dunkel- und hellgrünen Blätter der auf der Wiese verstreuten Weiden, Birken und Pappeln leuchteten feurige, doch kalte Funken, und der schöne Fluss entblößte strahlend seine silberne Brust, auf die die grünen Locken der Bäume üppig herabfielen.«[7]

Meine wirklichen Wurzeln lagen zwar nicht hier, in der Gegend um Poltawa, aber sie waren eng mit der Ukraine verwoben. Seit ich klein war, erzählte mir meine Großmutter von Kyjiw, der Stadt, in die sie 1918 nach der Februarrevolution zusammen mit meinem Großvater ging, um zu studieren. Bald darauf heirateten sie, trotz des blutigen Bürgerkriegs. Meine Großeltern väterlicherseits stammten aus Jekaterinoslaw, das später in Dnepropetrowsk umbenannt wurde und heute Dnipro heißt. Mein Vater wurde zwar in Charkiw geboren, aber in den Krieg zog er am 22. Juni 1941 aus Dnepropetrowsk, wohin er nie wieder zurückkehrte. Meine Großeltern konnten in letzter Minute evakuiert werden, nur meine Urgroßmutter weigerte sich, ihre Heimat zu verlassen, und wurde im Oktober 1941 zusammen mit anderen Juden in Dnepropetrowsk ermordet. Auch eine hoch geschätzte Lehrerin meines Vaters war unter den Opfern. Sie war keine Jüdin, aber sie blieb bis zuletzt an der Seite ihres jüdischen Mannes und seiner Eltern, als sie zur Erschießung getrieben wurden. Die damalige Freundin meines Vaters wurde zur Zwangsarbeit nach Deutschland verschleppt.

Als ich ein Kind war, fuhr mein Vater jedes Jahr zum Tag des Sieges am 9. Mai zu einem Freund nach Kyjiw. Dieser Freund war Wiktor Nekrassow, der Autor des berühmten Buches »In den

Schützengräben von Stalingrad«. Während meiner Studienzeit war ich selbst einige Male in Kyjiw und besuchte auch zum ersten Mal Babyn Jar, noch bevor der Ort zu einer Gedenkstätte wurde. Später, Anfang der Neunziger, reiste ich mehrfach dorthin, um Interviews mit ehemaligen Ostarbeiterinnen zu führen. Sie erzählten von einer ganz anderen Stadt, als ich sie kannte.

Vielleicht sind es all diese Fäden, die mich nach Schyschaky geführt haben. Der Ort hat eine lange Geschichte, die in das 14. Jahrhundert zurückreicht. Unter Katharina II. gab es hier einen Vorposten der Kosaken, in der Nähe befanden sich die Anwesen von Gogol und berühmten ukrainischen Adligen und Aufklärern. Ende des 19. Jahrhunderts zählte das Städtchen bereits 3500 Einwohner. Anfang 1918 kamen die Sowjets und mit ihnen der Bürgerkrieg. Während des Zweiten Weltkriegs war Schyschaky zwei Jahre lang unter deutscher Besatzung. Bei ihrem Rückzug brannten die Deutschen das ganze Dorf nieder, weil sich in den umliegenden Wäldern womöglich Partisanen versteckt hielten. Bis in die 1960er-Jahre hinein lebten hier noch Menschen in Erdbunkern.

Als wir zum ersten Mal nach Schyschaky kamen, fanden wir dort ein skurriles Sammelsurium an Denkmälern vor: eine Lenin-Statue aus Sowjetzeiten, die schon einmal abgerissen worden war, bevor die hiesigen Kommunisten Geld gesammelt und sie wieder aufgestellt hatten. Erst nach der Annexion der Krim und dem Krieg im Donbass kam sie endgültig weg, und nur der Sockel und das Blumenbeet drum herum zeugen noch davon. Auf einem Hügel ragte eine traditionelle Variante des sowjetischen Partisanendenkmals in die Höhe, dessen goldene Farbe stark abgeblättert war. Und das obligatorische Denkmal für die Gefallenen im Afghanistankrieg.

In den 1990er-Jahren, in der nun unabhängigen Ukraine, kamen andere hinzu, die früher undenkbar gewesen wären. An der Ortsausfahrt wurde eine Gedenktafel für die ermordeten Juden angebracht; an dieser Stelle waren sie aus der Stadt getrieben und erschossen worden. Seit 2007 gibt es außerdem eine Gedenktafel für den ukrainischen Politiker Kyrylo Osmak, der über zwanzig Jahre lang in sowjetischen Gefängnissen saß, weil er für die Unabhängigkeit der Ukraine gekämpft hatte. Er ist in Haft gestorben. 2009, anlässlich des 200. Geburtstags von Nikolai Gogol, wurde eine neue Büste zu seinen Ehren eingeweiht.

Bereits einige Jahre zuvor, nach dem ersten Maidan 2004, wurden überall in der Region Poltawa und der Ostukraine Gedenktafeln angebracht, die an den Holodomor erinnerten, der Millionen von Menschen während der Zwangskollektivierung in der Ukraine das Leben kostete. Wir kamen immer im Juli oder August nach Schyschaky und konnten uns unmöglich vorstellen, dass hier jemals Hunger geherrscht haben konnte. Die Obstbäume bogen sich unter der Last der Äpfel, Pflaumen und Aprikosen. Es schien nichts zu geben, was auf diesem fruchtbaren Boden nicht von ganz alleine gedeihen würde. Man musste den Bauern schon alles bis aufs letzte Hemd wegnehmen, so wie die Sowjets es getan haben, um diese Hungersnot künstlich herbeizuführen. Auch fast hundert Jahre später lebt die schmerzliche Erinnerung daran in der Ukraine weiter.

Unsere einzigen direkten Nachbarn waren eine Familie aus Kyjiw. Er war ein zu Sowjetzeiten bekannter ukrainischer Künstler, seine Frau eine pensionierte Lehrerin. Die Geschichte, die sie uns erzählte, war grausam, wie so viele Geschichten vom Holodomor. Ihre Familie stammte aus der Nähe von Schyschaky, der Vater war gestorben, und die Mutter musste mit ihren Kindern um Almosen bettelnd umherziehen, um nicht zu verhungern. Eines Tages klopften sie an die Tür von entfernten Verwandten, aber die schickten sie weg, weil sie selbst Hunger litten. Und da trank die Mutter, die vor Verzweiflung offenbar den Verstand verloren hatte, vor den Augen der Kinder Salzsäure. Unsere Nachbarin, die damals sechs Jahre alt war, kam mit ihren Brüdern und Schwestern ins Waisenheim und überlebte. Sie wurde Lehrerin, gründete selbst eine Familie, aber der Schrecken des Erlebten ließ sie nie wieder los. Trotz ihres Alters arbeiteten sie und ihr Mann von morgens bis abends im Garten, bauten Gemüse an, kochten Marmelade, legten Konserven ein. Das harte Leben in Kyjiw während der Neunziger und die Angst vor dem Hunger blieben für immer bei ihnen.

In den siebzehn Jahren, in denen wir hier unsere Ferien verbrachten, konnten wir beobachten, wie sich das Leben um uns herum veränderte. Wir sahen echte politische Debatten, sahen Nachbarn rege diskutieren, wen man wählen sollte, sich ärgern und streiten. So ging es bei jeder anstehenden Wahl. Mal lag die Hoffnung auf Wiktor Juschtschenko, mal auf Julija Tymoschenko. Wir sahen auch die hohen Mauern, die um die Sommerhäuser irgendwelcher hohen Beamten aus Kyjiw emporschossen – die Korruption war ein unausrottbares Erbe, das allen postsowjetischen Staaten gemeinsam war. Wir sahen, wie die Leute danach strebten, wenigstens ein kleines, aber eigenes Business aufzumachen, wie die Wirtschaftskrise und die steigenden Gaspreise ihnen alles wieder zunichtemachten. Trotz aller Schwierigkeiten sahen wir, wie sich das Leben allmählich zum Besseren wandte, wie die Müllberge an den Picknickstellen am Fluss immer weniger wurden. Wie die öffentlichen Plätze nach und nach aufgeräumt und die Gebäude renoviert wurden, welche Hoffnungen in den frisch gewählten Präsident Selenskyj gesetzt wurden. Wie wichtig es den Menschen war, ihren Kindern ein Studium zu ermöglichen, oft im benachbarten Polen.

Im Sommer 2014 fuhren wir nicht wie sonst in die Ukraine, sondern verfolgten mit Schrecken die Ereignisse im Donbass. Ich kam nicht umhin, an meinen Vater zu denken und daran, was er wohl gefühlt hätte, wenn er von den Kämpfen auf dem Hügel von Sawur-Mohyla gehört hätte? Denn genau dort wurde er Ende August 1943 verwundet.

Im Jahr darauf fuhren wir trotz allem wieder nach Schyschaky, auch wenn die Einreise immer schwieriger wurde, vor allem von russischer Seite. Heute ist von dem einstigen Grenzübergang nichts mehr übrig, er ist einfach ausgelöscht. Wir wussten nicht, wie man uns in Schyschaky empfangen würde, obwohl unsere Freunde und Nachbarn versicherten, sie würden sich freuen. Sie sagten sogar, sie wären enttäuscht, wenn wir nicht kämen, denn das hieße, dass wir sie nicht unterstützen. Viele Menschen in der Ukraine mussten damals feststellen, dass ihre Freunde und Verwandten in Russland der Propaganda glaubten und ernsthaft dachten, ihre Truppen kämpften gegen Nazis und Faschisten. Bei unserer Ankunft erfuhren wir, dass einige Einwohner von Schyschaky im Donbass gefallen waren; inzwischen, nach drei Jahren Krieg, sind es viele. Die Brücke über den Fluss war in den Farben der ukrainischen Flagge angemalt worden, hier und dort wehten ukrainische Flaggen über den Häusern.

Erstaunlicherweise freuten sich die Menschen wirklich, uns zu sehen, und bedankten sich, dass wir gekommen waren. Wir hörten kein einziges böses Wort. Natürlich wussten sie, wie wir zu Putin und dem Krieg standen. Die meisten gaben zwar Putin die Schuld, und auf dem Markt in Sorotschinzy konnte man Toilettenpapier mit Putins Konterfei kaufen. Aber in den Menschen sahen sie trotz allem keine Feinde.

Wir sahen und hörten, wie sich die ukrainische Armee wappnete. Das Grollen der Kampfjets, die praktisch über unser Haus hinwegflogen, löste keine negativen Gefühle aus. Es waren Übungsflüge vom nahe gelegenen Militärflughafen in Myrhorod. Ich dachte an die Militärparade in Kyjiw, bei der ich 2001 am Tag der Unabhängigkeit der Ukraine lange zugeschaut hatte, und daran, wie mir durch den Kopf ging, dass sie immer noch sehr viel Ähnlichkeit mit der sowjetischen Parade hatte. Mit dem großen Unterschied, dass die Soldaten der Ukraine nirgends in Kriege verwickelt waren, während die Armee Russlands seit 1995 in Tschetschenien kämpfte. Und es war völlig unvorstellbar, dass sich die ukrainische Armee zwanzig Jahre später im blutigsten Krieg in Europa seit dem Zweiten Weltkrieg gegen die Invasoren aus dem Nachbarland würde stemmen müssen.

Dann kam die Pandemie, und wir konnten wieder nicht nach Schyschaky. Wir freuten uns schon auf den Sommer 2022, in dem wir unser Häuschen endlich wiedersehen würden …

Seit Kriegsbeginn stehen wir im Kontakt mit unseren Nachbarn in Schyschaky. Unser Haus wird mittlerweile von der zweiten Flüchtlingsfamilie bewohnt. Hin und wieder lese ich im Telegram-Kanal, in dem oft Fotos von getöteten und postum geehrten Soldaten geteilt werden. Ich sehe, wie die Porträts der Gefallenen auf dem Stadtplatz immer mehr werden. Das vergoldete Denkmal für die sowjetischen Partisanen ist abgerissen worden. Ich weiß, dass ich diesen Ort wohl nie mehr wiedersehen werde, aber ich bin dankbar für die vielen Jahre, die wir damit eng verbunden sein durften.

Krieg

Um vier Uhr früh weckte mich mein Handy. Meine Tochter Lisa schrieb aus Berlin: »Mama, sie bombardieren Kyjiw.« Ich dachte, ich träume einen bösen Traum und bin im Jahr 1941 gelandet.

Es gibt diesen Satz: »Das Leben teilte sich in ein Davor und Danach.« Seine Bedeutung wurde mir in diesem Moment schlagartig bewusst. Die folgende Woche – meine letzte in Moskau – fühlte sich vollkommen unwirklich an. Ich gab westlichen Medien Interviews und stellte mich darauf ein, meinen Arbeitsplatz bei Memorial räumen zu müssen. Es war klar, dass wir hier nicht mehr lange bleiben würden. Nach der Liquidierung hatten wir die Räumlichkeiten nicht sofort verlassen müssen. Eine Liquidationskommission sollte diesen Prozess regeln, ein langwieriges Verfahren. Doch wir ahnten, dass der Beginn eines solchen Krieges bedeutete, dass die Regierung auf alle Gesetze und Verfahren einfach pfeifen würde. So ist es im Grunde auch gekommen.

In den ersten Tagen konnten viele Menschen nicht anders, als ihren Protest auf die Straßen zu tragen. Doch alle spontanen Antikriegsdemonstrationen wurden brutal niedergeschlagen, zahlreiche Menschen verhaftet. Es wurde faktisch Kriegszensur verhängt; das Wort »Krieg« wurde verboten, er durfte nur noch »militärische Spezialoperation« heißen. Die letzten verbliebenen unabhängigen Medien wurden liquidiert. Nur wenige Tage nach Kriegsbeginn kam ich morgens nicht zu meinem Arbeitsplatz durch: Das Gebäude war von OMON-Truppen umzingelt, unsere Büros wurden zwölf Stunden lang durchsucht. Die Leute, die die Durchsuchung durchführten, hinterließen an einer Wand eine Nachricht für uns: »Mit Memorial ist es aus.«

Als ich am nächsten Morgen mit dem Hund rausging, diskutierten Leute aus unserem und dem Nachbarhaus über die letzten Nachrichten. Hier lebten überwiegend Ärzte, IT-Leute, Kleinunternehmer – Angehörige der Mittelschicht, mit Hochschulabschluss. Was ich da hörte, schockierte mich: »In der Ukraine sind Nazis an der Macht, aber die werden wir schnell besiegen.« In Kyjiw wurde währenddessen um den Flugplatz in Hostomel gekämpft, wo russische Fallschirmjäger landen sollten.

Zu allem Überfluss musste ich zu einer Nachuntersuchung ins Krankenhaus; erst vor einigen Wochen hatte ich eine schwere OP überstanden. Auf dem Rückweg hörte ich die ersten tröstenden Worte seit Langem, ausgerechnet von meinem Taxifahrer. Er fragte mich, warum ich so traurig dreinschauen würde. »Wissen Sie denn nicht, was passiert ist?«, fragte ich zurück. Da sagte er: »Glauben Sie nicht, was die in unseren Propaganda-Nachrichten erzählen, das sage ich Ihnen als ehemaliger Soldat. Sie werden es nicht schaffen, die Ukraine zu fressen. Eher beißen sie sich die Zähne aus.«

Wieder zu Hause, sah ich in unserem Familienchat einen Link – er führte zu einem Flugticket nach Tel Aviv. Ich antwortete, dass ich nirgendwo hinfliegen würde. Ich wollte nie aus Russland weg, nicht einmal in den dunkelsten Breschnew-Zeiten. Aber dann ergriff auf einmal ein so starkes Gefühl von Hass und Hilflosigkeit von mir Besitz, wie ich es noch nie erlebt hatte, nicht einmal, als 1968 die sowjetischen Panzer durch Prag rollten. Das Gefühl von Verzweiflung war so stark, dass ich dachte, ich würde den Verstand verlieren, wenn ich nicht sofort fahre. Wie im Wahn stopfte ich ein paar Sachen in meinen Koffer, ohne richtig zu wissen, was ich in Israel brauchen würde. In erster Linie waren das Familiendokumente, angefangen bei der Geburtsurkunde meiner Urgroßmutter. Mein Mann wartete noch auf die Ausfuhrerlaubnis für unseren Hund.

Das Flugzeug war bis auf den letzten Platz ausgebucht, alle Tickets aus dem Land raus waren in jenen Tagen auf Wochen im Voraus vergriffen. Der Frachtraum war voller Katzen und Hunde, die mit ihren Besitzern ihre Heimat verließen. Es glich einem Exodus. Laut Schätzungen kehrten in den ersten Kriegswochen mehrere Hunderttausend Menschen Russland den Rücken. Am Flughafen Ben Gurion erwartete mich die Familie meiner Schwester. Alles fühlte sich sehr surreal an.

War unsere Geschichte in Russland einfach so zu Ende? Ich konnte es nicht glauben. Wahrscheinlich geht es allen so, die ihr Zuhause für immer verlassen müssen, die Wohnungstür für immer hinter sich zuschließen. Den Schlüssel trage ich bei mir, und er würde immer noch passen.

Epilog

GIBT ES HOFFNUNG?

Drei Jahre sind vergangen, seit ich Russland verlassen habe. Während ich diese Zeilen schreibe, dauert der Krieg in der Ukraine bereits seit über 1200 Tagen an, beinahe schon so lange wie der Große Vaterländische Krieg, in dem mein Vater kämpfte. Am 24. Februar 2022 bekamen die Sätze, mit denen ich aufgewachsen bin, eine neue Bedeutung. »Vor dem Krieg«, »in Kriegszeiten« hatte früher immer die Zeit vor oder während des Zweiten Weltkriegs markiert. Aber vor allem war »nach dem Krieg« eine fest umrissene Größe, die Frieden hieß. Und jetzt ist völlig ungewiss, wann dieses »nach dem Krieg« sein wird. Was wird danach sein? Niemand kann heute sagen, wie dieser Krieg ausgehen wird.

Wir fragten uns, wie wir weiterleben sollten. Dank der großen Familie meiner Schwester konnten mein Mann und ich die ersten Hürden einer Übersiedlung recht schnell meistern. Wie einst unsere Großmutter heimatlosen Freunden und Verwandten Zuflucht geboten hatte, nahm meine Schwester uns bei sich auf, wir beantragten Papiere. Uns lagen alle Dokumente vor, wir mussten nicht lange nach Beweisen suchen wie so viele andere, die der Antisemitismus in der UdSSR gezwungen hatte, ihre jüdischen Wurzeln geheim zu halten.

Es war Frühling, und die in Blüte stehenden Orangen- und Mandarinenbäume vermittelten wirklich das Gefühl, wir wären in einer anderen Welt gelandet. Aber die Ruhe war trügerisch, die Leute sprachen von einem Rechtsruck, von den Versuchen Netanjahus, die Gesetzgebung zu ändern, und nahmen an Demonstrationen gegen die Regierung teil.

Nur eineinhalb Jahre später ereignete sich das Grauen des 7. Oktober, und fast jeder in unserem Umfeld hatte Freunde, Verwandte oder Bekannte, die Opfer des blutigsten Terroranschlags in der Geschichte Israels geworden waren. Selbst in Berlin wurde ich nachts von dem Signal des Luftalarms in Beit Hanan geweckt, das ich auf meinem Telefon installiert habe.

Wenige Wochen nach unserer Ankunft in Israel besuchte ich ein Art-Festival in Tel Aviv, das von russischen Emigranten organisiert wurde. Die Veranstaltung fand in den oberen Stockwerken eines Hochhauses statt, und als ich den Fahrstuhl betrat, war ich plötzlich umringt von berühmten Moskauer Persönlichkeiten: dem größten russischen Pop-Sternchen und ihrem Mann, einem bekannten Comedian, einem Dichter und einer Verlegerin, bekannten Journalisten. Es war, als hätte uns jemand absichtlich in diesen Fahrstuhl gepfercht und würde uns jetzt ins Jenseits befördern. Es waren Leute, die in den über zwanzig Jahren unter Putin verschiedenste Rollen gespielt hatten und sich längst nicht alle einig waren, doch der Krieg hatte sie auf die gleiche Seite katapultiert. Ob man es wollte oder nicht, mit dem Beginn des Krieges kam der Moment, in dem man sich entscheiden musste.

Mir war von Anfang klar, dass es für mich ein Abschied für immer war, denn solange Putin an der Macht war, würde es unmöglich sein, zurückzukehren. Aber für viele andere war es schwierig, das zu akzeptieren, sodass sich die Leute anfangs weigerten, sich als Emigranten zu bezeichnen und lieber »Expat« sagten, als wären sie nur vorübergehend weg. Doch jetzt, im vierten Kriegsjahr, ist das Wort so gut wie verschwunden. Manche hielten es im Exil nicht aus und gingen zurück, aber die meisten machen sich keine Illusionen mehr über eine mögliche Rückkehr.

Bei uns sagt man gern: »Wovor du Angst hast, das wird dir auch passieren.« Ich kann diesen Spruch nicht ausstehen. Aber die Auswanderung war wirklich eine meiner größten Ängste. Ich wollte Russland nie verlassen. In den Siebzigern und Achtzigern, als unsere jüdischen Mitbürger einen Antrag auf Ausreise aus der

UdSSR stellen konnten und hin und wieder einer wirklich bewilligt wurde, verabschiedeten wir unsere Freunde, als würden sie auf den Mars fliegen, wir sie nie wiedersehen. Aber so trist und widerwärtig die Breschnew-Ära auch war, mein Mann und ich konnten uns nie vorstellen wegzugehen.

Während der Perestroika geschah dann ein echtes Wunder, und wir konnten die wiedersehen, von denen wir glaubten, wir hätten uns für immer von ihnen verabschiedet. Unser Leben veränderte sich radikal, mit der Aufhebung der Visapflicht zur Ausreise aus der UdSSR konnten wir endlich in anderen Ländern arbeiten, studieren und wieder ganz normal nach Hause zurückkommen. Es gab keinen Grund mehr, sich für eine Auswanderung zu entscheiden. Doch je repressiver das Putin-Regime wurde, desto schwieriger wurde die Lage. Immer mehr Oppositionelle, Journalisten und Aktivisten verließen das Land aus Furcht vor einer Festnahme. Nichtsdestotrotz konnte ich mir bis zum Ausbruch des Krieges nicht vorstellen, dass auch mir keine andere Wahl mehr bleiben würde.

Die deutsche Literaturwissenschaftlerin Aleida Assmann erinnerte mich kürzlich an ein Gespräch zwischen uns: »Ich fragte damals Irina Scherbakowa: ›Was werden Sie tun, wenn die Regierung Ihre Organisation schließt?‹ Sie gab eine mutige Antwort: ›Dann ziehen wir eben ein Feld weiter.‹« Natürlich war das keine »mutige Antwort« – ich konnte mir einfach nicht vorstellen, dass Putin diesen Krieg beginnen würde und kein Feld mehr übrig wäre.

Vom Sommer 2022 an verbrachte ich auf Einladung der Universität Jena fast ein Jahr in Weimar. Meine Freunde fanden für mich eine kleine Wohnung in der Seifengasse, in einem alten Haus, nur einen Steinwurf vom Goethe-Museum entfernt, sodass ich unter den Blicken der über die historischen Pflastersteine vorbeiziehenden Touristenmassen meinen Müll entsorgte. Weimar hat mir geholfen; es war so anders als mein Leben in Moskau, dass es eine beruhigende Wirkung hatte.

Nach der Liquidierung von Memorial durch den Obersten Gerichtshof der Russischen Föderation Ende 2021, nach dem Beginn des Krieges, nach all den Durchsuchungen verließen viele Memorial-Mitarbeiter Russland und zerstreuten sich in alle Himmelsrichtungen wie Quecksilber aus einem zerbrochenen Thermometer. Niemand von uns dachte im Leben daran, dass Memorial im Herbst 2022 den Friedensnobelpreis bekommen würde.

Ich war gerade in Weimar und telefonierte, als auf meinem Laptop plötzlich die Nachricht aufploppte: »Der diesjährige Friedensnobelpreis geht zu gleichen Teilen an den Rechtsanwalt Ales Bialiatski (Belarus), das Center for Civil Liberties (Ukraine) und die Menschenrechtsorganisation Memorial (Russland).« Das war so surreal, dass ich unwillkürlich in den Hörer sagte: »Was ist das für ein Quatsch, das kann doch nicht sein!« Die Nachricht war umso surrealer, weil meine Freunde und Kollegen von Memorial, die noch in Russland waren, just im selben Moment in einem Moskauer Gerichtssaal saßen, in dem endgültig über das Schicksal unserer Räumlichkeiten entschieden wurde. Natürlich wurden sie beschlagnahmt.

Es ist schwer zu beschreiben, was ich gefühlt habe, als ich diese unglaubliche Neuigkeit hörte. In erster Linie Erstaunen. Aber wenn ich ganz ehrlich bin, auch Verbitterung. So ging es, glaube ich, nicht nur mir. Memorial war bereits mehrfach für den Nobelpreis nominiert gewesen, vor dem Krieg und vor der Liquidierung. Damals kannten wir unseren Platz und unsere Aufgabe. Jetzt war alles anders. Wir waren zerschlagen und die Splitter in alle Richtungen zerstreut.

Die Tatsache, dass Memorial knapp fünfzig Jahre nach Andrej Sacharow den Friedensnobelpreis erhielt, war eine große Ehre. Und gleichzeitig war es unmöglich, nicht daran zu denken, dass die Rede Sacharows (vorgetragen von seiner Frau Jelena Bonner, weil man ihm die Reise nach Oslo verweigert hatte) den damaligen sowjetischen politischen Gefangenen gewidmet war; jetzt, so viele Jahre später, gibt es in Putins Russland noch mehr politische

Gefangene als zu Breschnews Zeit. Es war, als hätten wir uns nur im Kreis bewegt, und das Gefühl wog schwer.

In den ersten Wochen und Monaten in der Emigration half es mir, dass sehr viele Menschen im Westen, vor allem in Deutschland, von mir wissen wollten, was in Russland passierte, warum Putin diesen Krieg angefangen hat und vor allem, wie es sein konnte, dass wir die wachsende Gefahr nicht haben kommen sehen. Ich war gezwungen, die Ereignisse zu reflektieren, versuchte, die Fragen so gut wie möglich zu beantworten, wobei ich nicht umhinkam, alte Dinge wieder aufzugreifen. Denn seit vielen Jahren, im Grunde seit Putin an der Macht ist, haben meine Kollegen und ich unser Bestes getan, um deutschen Politikern aller Parteien – und sie kamen regelmäßig zu uns – zu erklären, welche Gefahr von ihm ausgeht. Und warum die Vergangenheit für das Putin-Regime eine so große Rolle spielt. Ich habe wiederholt, was Erich Kästner stets sagte, nämlich dass Diktaturen nur erfolgreich bekämpft werden können, bevor sie entstehen. In »Über das Verbrennen von Büchern« hatte er geschrieben: »Die Ereignisse von 1933 bis 1945 hätten spätestens 1928 bekämpft werden müssen. Später war es zu spät. Das ist die Lehre, das ist das Fazit dessen, was uns 1933 widerfuhr. Das ist der Schluss, den wir aus unseren Erfahrungen ziehen müssen, und es ist der Schluss meiner Rede. Drohende Diktaturen lassen sich nur bekämpfen, ehe sie die Macht übernommen haben.«[1]

Es war schwer, nicht zu verzweifeln. Die Idee der Aufklärung, in deren Dienst sich schon meine Eltern gestellt hatten und in deren Geist Memorial 1989 gegründet worden war, diese Idee war offenbar gescheitert. Wir hatten geglaubt, dass sie eines Tages obsiegen würde, wenn die Menschen endlich die »ganze Wahrheit« erfahren hätten.

Doch wie viele Dokumente über die sowjetische Vergangenheit waren seitdem ans Tageslicht geholt, wie viele Artikel und Bücher verfasst worden. Wie viel ist über die Folgen des politischen Terrors geschrieben worden, über Verrat, Denunziation, Feigheit und

Opportunismus. Und jetzt ist so vieles davon wieder da, wenngleich Putin heute keinen stalinistischen Massenterror braucht, ihm reicht eine Atmosphäre der Angst. Es ist schwer auszuhalten, dass es so viele Menschen gibt, die der Propaganda glauben und Putin unterstützen; und vor allem so viele, die den Kopf in den Sand stecken und so tun, als wäre nichts passiert.

»Bitter wie Karbidstaub ist die Berliner Tristesse«

Im Jahr 2023 zog ich von Weimar nach Berlin, wo sich die russische politische Emigration allmählich zu konzentrieren begann, so wie schon hundert Jahre zuvor. Die Fenster meiner kleinen Wohnung, die ich mithilfe von Freunden im Prenzlauer Berg fand, blicken direkt auf den alten jüdischen Friedhof. Einige meiner Gäste finden das makaber. Aber für mich war das einer der Gründe, warum ich diesen Ort gewählt habe. Ich bilde mir ein, dass mich diese altehrwürdigen Steine, die ich von meinem Fenster aus sehen kann, an das jüdische Leben hier in Berlin erinnern, das es gab, bevor Hitler kam. Vielleicht auch an die Gräber meiner Eltern und Großeltern, die auf dem Moskauer Wwedenskoje-Friedhof liegen beziehungsweise dem »alten deutschen Friedhof«, wie er im Volksmund genannt wird und auf dem nicht nur Deutsche, sondern auch Juden begraben sind. Ob ich wohl jemals wieder Blumen auf ihre Gräber legen werde?

Ich nehme an, für mich war es einfacher, hier anzukommen, als für die meisten anderen Emigranten, denn Berlin ist für mich fast wie eine zweite Heimat. Zum ersten Mal war ich 1961 in Ostberlin, nur wenige Wochen nach dem Bau der Berliner Mauer, und während der Perestroika, kurz nachdem die Mauer gefallen war, sah ich endlich zum ersten Mal auch Westberlin. Seitdem war ich Dutzende Male hier; 1994 habe ich ein Jahr lang in Berlin gelebt.

Natürlich habe ich auch all die Bücher über die russische Emigration im Berlin der 1920er-Jahre gelesen. Der Roman »Die Gabe«, der mir in den Siebzigern aus dem Ausland mitgebracht wurde, ist eines meiner Lieblingswerke von Nabokov. Bei meinem ersten Besuch in Westberlin 1990 waren mir die Namen der Plätze und Straßen vor allem daraus bekannt. Den Berliner Zoo verband ich mit dem gleichnamigen Buch »ZOO«[2] von Viktor Schklowski. Er war der Großvater meines Schwagers und 1921 vor dem Arrest aus Sowjetrussland nach Berlin geflohen. Der Roman besteht aus halbfiktionalen Briefen an eine Frau, die vordergründig von unerwiderter Liebe handeln, in Wirklichkeit aber von der Sehnsucht nach der Heimat, in die Schklowski bald zurückkehrte – nachdem er in einem Brief an die sowjetische Regierung die Erlaubnis dazu erbeten hatte. Anders als andere Emigranten, die in die UdSSR zurückgingen, oder deutsche politische Emigranten, die bei Stalin Rettung vor Hitler suchten, hatte er großes Glück: Er konnte den Repressionen entgehen, obwohl er sich in der UdSSR nach eigener Aussage manchmal »wie ein lebender Fuchs im Pelzladen« fühlte und sein Bruder im Gulag starb.

Jetzt lief ich selbst als Emigrantin durch die Straßen von Berlin. Und auch wenn ein Jahrhundert vergangen war und die Stadt, zumal nach den Zerstörungen im Zweiten Weltkrieg, eine andere, hatte ich immer noch Nabokows »Die Gabe« im Ohr: »Der Potsdamer Platz, immer durch städtische Bauvorhaben entstellt …« Oder bei Schklowski: »Berlin dagegen ist schwer zu beschreiben. Man bekommt es nicht zu fassen. (…) Die Russen in Berlin kreisen um die Gedächtniskirche wie Fliegen um eine Deckenlampe. (…) Wir fahren nirgendwohin, wir leben auf einem Haufen inmitten der Deutschen wie ein See inmitten seiner Ufer.«

Schklowski bedauerte die russische Intelligenzija im Exil und beschrieb, wie »paarweise russische Professoren, die Hände mit dem Schirm auf dem Rücken gekreuzt«, über das für sie für immer verlorene Russland räsonierend ihre Runden um den Zoo drehten.[3]

Auch jetzt trifft man auf einem kurzen Spaziergang durch Berlin Russischsprachige buchstäblich quer durch alle Schichten: Da sind die weitgereisten Obdachlosen auf dem Alexanderplatz, die lautstark darüber diskutieren, wo die Bürgersteige bequemer sind – in Amsterdam oder Wien. Eine Schuhverkäuferin, die Kasachstan noch in den 1990er-Jahren »dank einer deutschen Großmutter« verlassen hatte und die mich sofort als »sowjetische« Landsfrau erkannte. Oder die Säufer rund um den Bahnhof Friedrichstraße, die in ihrer Derbheit beim Fluchen noch die Moskauer in die Tasche stecken. Dazu der junge ITler aus der jüngsten Emigrationswelle unter Putin, der auf dem Gendarmenmarkt ins Handy schreit. Einmal kam ein bekannter russischer Blogger auf mich zu, aber ich hatte keine Zeit für ein Gespräch, also wechselte ich schnell die Straßenseite. Ein anderes Mal saß mir in der U-Bahn ein junges Paar gegenüber, das ich nicht recht einordnen konnte, bis der Mann auf Russisch zu seiner Freundin sagte: »Wann sie wohl merkt, dass die Taschenlampe auf ihrem Handy an ist?« – und sehr verlegen war, als ich mich laut bedankte. Beim Umsteigen in die S-Bahn setzte ich mich neben eine Frau im schwarzen Parka. Im nächsten Moment holte sie ein Buch aus ihrem Rucksack, dessen Umschlag ich sofort wiedererkannte: Es war die russische Ausgabe von George Orwells »1984«. Und als ich an meiner Haltestelle ausstieg, sah ich im Fußgängertunnel zwei russische Schriftzüge – einen Anti-Putin-Slogan und ein eher erhabeneres Zitat: »Mein Gott, hilf mir, diese tödliche Liebe zu überleben!« Es ziert auch das berühmte Graffiti des russischen Künstlers Dmitri Wrubel zum Bruderkuss zwischen Breschnew und Honecker an der East Side Gallery.

Wenn ich in Berlin überall Russisch höre, wenn ich in die Gesichter der Menschen schaue, die ich als Landsleute erkenne, komme ich nicht umhin, darüber nachzudenken, wer sie sind und was sie nach Berlin geführt hat. Und wer von ihnen so wie ich wegen des Krieges gegangen ist. Denn das Russisch der ukrainischen Flüchtlinge aus der Ostukraine ist nicht schwer zu identifizieren.

Vor hundert Jahren schrieb Schklowski über diejenigen, die vor den Bolschewiken ins Exil geflohen waren: »Arme russische Emigration! In ihr schlägt kein Herz. (…) Wir wurden in Russland aufgeladen, hier fahren wir nur wieder und wieder im Kreis und bleiben bald stehen. (…) Wie ein totes Batterieauto, geräusch- und hoffnungslos, sollst du durch die Stadt stromern.«[4]

Anfangs dachte ich noch, so geht es mir auch, dass auch ich »in Russland aufgeladen« bin und mich jetzt nur noch im Kreis drehe. Aber der Unterschied ist, dass Schklowski in seine Heimat zurückkehrte, weil er meinte, dass hier im »rostigen« Berlin alles abgestorben sei und drüben in der UdSSR, so hart es auch sein mochte, wenigstens das frische Blut einer neuen Welt fließe.

Will ich zurück nach Moskau? Manchmal verspreche ich mich zu meinem eigenen Ärger und sage: »wenn ich nach Moskau zurückkehre« statt »wenn ich nach Berlin zurückkehre«, denn das ist immer noch als »Zuhause« gespeichert. Nur, dass es mein Zuhause in Moskau, auch wenn es theoretisch noch existiert, in Wirklichkeit nicht mehr gibt. Natürlich ist es unmöglich, das frühere Leben, die Arbeit bei Memorial mitzunehmen. Aber wir müssen versuchen weiterzumachen, und sei es nur, um die zu ärgern, die uns vernichten wollen. Wie viele Memorial-Kollegen an verschiedenen Orten haben wir auch in Berlin den Verein Zukunft Memorial gegründet, um wieder »zu sammeln und zu bewahren« und zu erklären, warum das Putin-Regime so sehr auf die Mythen der Vergangenheit setzt.

Natürlich vermisse ich meine Freunde, die dortgeblieben sind, obwohl wir in engem Kontakt stehen und sie trotz aller Widrigkeiten manchmal sogar vorbeikommen. Manchmal, wenn ich bei Facebook Fotos von Ausstellungen, Theaterstücken und Konzerten sehe, versuche ich, bekannte Gesichter auszumachen, zu erspähen, wer da sitzt. Manchmal träume ich auch, ich wäre in Moskau, aber plötzlich weiß ich nicht mehr, wie ich nach Hause kommen soll, und laufe ziellos durch die vertrauten Straßen …

Wenn ich meine Freunde und Bekannten in Russland heute frage, wie sich ihr Leben verändert hat, sprechen sie vor allem von Angst. Und Beklemmung. Es ist eine ganz andere Art von Angst als die, mit der wir in den 1960er und 1980er-Jahren gelebt haben. Ich spüre, wie unsere Gespräche immer vorsichtiger werden. Und hoffnungsloser, weil wir kein Licht am Ende dieses endlosen Tunnels erkennen können.

Schklowski hat sich getäuscht: in Russland ist keine schöne neue Welt entstanden. Hundert Jahre später haben seine Urenkel Russland für immer verlassen. Worauf soll man hoffen, wenn es nichts zu hoffen gibt? Vielleicht ist Hoffnung schlimmer als Verzweiflung, denn, wie Anna Achmatowa einmal sagte: Nach der Verzweiflung kehrt Ruhe ein, doch Hoffnung macht manchmal verrückt.

Heute denke ich immer öfter daran, wie ich vor vierzig Jahren Frauen, die den Gulag überlebt hatten, gefragt habe, worauf sie während ihrer Zeit im Lager eigentlich gehofft hatten. In dieser völlig aussichtslosen Situation, wenn die Strafe fünfundzwanzig Jahre im Gulag lautete, gefolgt von ewiger Verbannung in Kolyma. Wenn sie Moskau jemals wiedersehen würden, dann höchstens im Traum. Die Antwort, die ich bekam, war: »Auf nichts, wir haben einfach nur gehofft …«

DANK

Ich danke meiner Schwester Ekaterina Schklowski-Kordi und ihrer ganzen Familie in Israel: Ihr haben wir zu verdanken, dass wir ein Zuhause in Israel haben.

Ein herzlicher Dank gilt meinen Freunden und Kollegen von Memorial – denen, die in Russland geblieben sind, und denen, die das Land verlassen haben – für unsere langjährige gemeinsame Arbeit.

Danke an Marie-Luise Beck, Volkhard Knigge, Gabriele Woidelko, Joachim von Puttkamer, Heiko Weigel und Thomas Roth für ihre Unterstützung; sie haben mir die Möglichkeit gegeben, in Deutschland zu leben und zu arbeiten.

Ohne Margit Ketterle wäre dieses Buch nie zustande gekommen! Dazu, dass es zu dem wurde, was es ist, haben vor allem die beiden Übersetzerinnen Jennie Seitz und Ruth Altenhofer beigetragen, die den Text mit viel Sprachgefühl ins Deutsche übertragen haben; meine Lektorinnen Heike Gronemeier, die sich mit kritischem Blick um den Aufbau und textliche Logik gekümmert und sorgfältig nachrecherchiert hat, sowie Denise Schweida vom Droemer Knaur Verlag, die das Buch von der ersten russischen Seite an eng begleitet hat und bei der alle Fäden zusammenliefen. Euch allen ein großes Dankeschön!

QUELLENVERZEICHNIS

Dinge, die niemand mehr braucht

1 Erich Kästner: »Tucholsky, Ossietzky, ›Weltbühne‹«, in: *Die Weltbühne. Zeitschrift für Politik – Kunst – Wissenschaft*, 4. Juni 1946, S. 22.

Krim – Die Büchse der Pandora

1 Wladimir Majakowski: »Jewpatorija«, in: *Полное собрание сочинений*, т. 9: Стихотворения 1928 года, Художественная литература, Moskau 1958, S. 228 / Sämtliche Werke, Band 9: Gedichte von 1928, Verlag Khudozhestvennaya Literatura, Moskau, 1958. Zeile übers. von Ruth Altenhofer.
2 Nadeschda Mandelstam: »Zweites Buch der Erinnerungen«, Kapitel 1 (Anfang und Ende), http://mandelshtam.lit-info.ru/mandelshtam/vospominaniya/mandelshtam-vtoraya-kniga/nachalo-i-konec.htm
3 »Ein kaltes Frühjahr. Krimstadt – nur ein Hungergeist«; in: Ossip Mandelstam: »Mitternacht in Moskau. Die Moskauer Hefte. Gedichte 1930–1934«, hrsg. und übers. v. Ralph Dutli, Ammann Verlag, Zürich 1986, S.143.
4 Nadeschda Mandelstam: »Zweites Buch der Erinnerungen«. Aus dem Russischen übersetzt, mit Anmerkungen und einem Nachwort versehen von Ursula Keller (in Bearbeitung, erscheint voraussichtlich 2026).
5 Wassili Aksjonow: »Die Insel Krim. Satirischer Roman«, übers. v. Marlene Milack-Verheyden, Ullstein Verlag, Berlin 1988.

Tanja

1 https://litrossia.ru/item/3592-oldarchive/
2 Alexander Bek: »Die Wolokolamsker Chaussee«, übers. v. Rahel Strassberg. Verlag Volk & Welt, Berlin 1980, S. 11.
3 ebd., S. 10.
4 ebd., S. 9.
5 https://litrossia.ru/item/3592-oldarchive/

6 »Es lebe die kluge Dummheit«, so lautet die Überschrift eines Artikels von Tatjana Bek über den Dichter Sergej Neldichen: https://www.ng.ru/ng_exlibris/2003-07-24/4_nonsense.html

7 (https://magazines.gorky.media/novyi_mi/1998/7/devochka-s-bantom.html); Татьяна Бек: Девочка с бантом. Стихи, Новый Мир 7/1998; Tatjana Bek: Dewotschka s bantom. Stichi (Mädchen mit Schleife. Gedichte), in: Nowy Mir Nr. 7/1998 1 Strophe übers. von Ruth Altenhofer.

8 https://voplit.ru/article/tatyana-bek-ya-zhivu-v-zhivyh-besedu-vela-elena-konstantinova

9 ebd.

10 Werner Paul: »Annäherungswege. Tatjana Bek und Irina Schtscherbakowa *(sic!)* in München«, *Süddeutsche Zeitung*, 24.10.1989, S. 13.

11 https://imwerden.de/pdf/bek_uzor_iz_treshchin_2002__ocr.pdf, S. 19.

12 https://libverse.ru/bek/a-budu-staroy-budu-beloy.html; übers. v. Ruth Altenhofer

13 *Nesawissimaja Gaseta*, Zitat von Tanja, 13.01.2005, übers. von Ruth Altenhofer.

14 Tatjana Bek: »Ona i o nej«, B.S.G.-Press, Moskau 2005, S. 376.

15 https://voplit.ru/article/tatyana-bek-ya-zhivu-v-zhivyh-besedu-vela-elena-konstantinova

Zeit des Umbruchs

1 https://www.swr.de/swrkultur/wissen/archivradio/putin-wird-1999-ministerpraesident-russland-ist-eine-grossmacht-100.html

2 https://histrf.ru/read/articles/piervyi-siezd-narodnykh-dieputatov-sssr-event

3 https://lenta.ru/articles/2015/06/03/afanasiev/

4 https://ed-glezin.livejournal.com/1854693.html

5 https://www.kommersant.ru/doc/547833

6 https://rusidea.org/250971988

Gegen den Strom

1 https://stockmagia.ru/wp-content/uploads/2020/11/Kniga-O-Vkusnoj-I-Zdorovoj-Pishche-1952-Pishchepromizdat.pdf

2 https://navalny.com/p/5068/ und https://www.bpb.de/themen/europa/russland-analysen/nr-322/235385/aus-russischen-blogs-wahlmanipulation-ohne-folgen/

Sammeln und bewahren

1 Jewgenija Ginsburg, zitiert in: »MATERIAL. Women's Memory oft the GULAG«, Katalog zur Ausstellung, Moskau 2023, S. 373.

»Welch eine Höllenschaukel«

1 Der Text von Mira Jakowenko wurde 1997 unter dem Titel »Агнесса. Исповедь жены сталинского чекиста« (dt. »Bekenntnisse der Frau eines Tschekisten«) veröffentlicht. 2019 brachte Memorial den Text erneut heraus (AST-Verlag, Moskau), ich habe ein Vorwort dazu verfasst; im Folgenden zitiere ich in Teilen aus diesem Vorwort (https://litmir.club/br/?b=645263) sowie aus anderen Beiträgen, die ich darüber verfasst habe: https://enquete-online.de/recherche/detail/?show=wp13b6_0580

2 Marc Jansen, Nikita Petrov: »Stalin's Loyal Executioner: People's Commissar Nikolai Ezhov«; Hoover Institution Press, Stanford/Washington DC 2002, S. 85 f., Zeile übers. von Ruth Altenhofer.

Schiff der Narren

1 https://www.youtube.com/watch?v=4wxc8KY9waA

2 https://imwerden.de/pdf/ot_pervogo_litsa_razgovory_s_putinym_2000__ocr.pdf

3 https://www.svoboda.org/a/24500639.html

4 Объект наблюдения. КГБ против Сахарова (Überwachungsobjekt. KGB gegen Sacharow); hrsg. v. NIPC Memorial, Moskau 2023, S. 182 f.

5 https://www.currenttime.tv/a/28372143.html

6 http://www.kremlin.ru/events/president/transcripts/22931

7 https://pravoslavie.ru/7463.html?utm; https://ru.wikipedia.org/wiki/Wayback_Machine

8 https://www.litres.ru/book/vladimir-putin/izbrannye-rechi-i-vystupleniya-17069320/chitat-onlayn/?page=5

Liquidierung

1 https://www.kommersant.ru/doc/667610

2 https://amp.meduza.io/feature/2024/02/17/instagram-alekseya-navalnogo-obrazets-togo-kak-dazhe-samye-tyazhelye-ispytaniya-prohodit-s-ulybko

3 »Ich habe keine Angst, und ihr sollt auch keine Angst haben« ist eine der bekanntesten Aussagen von Alexej Nawalny. Sie fiel in seinem letzten Wort vor Gericht am 2. Februar 2021, als seine Bewährungsstrafe im Fall »Yves Rocher« in eine echte Freiheitsstrafe umgewandelt wurde. Der vollständige Kontext dieses Satzes lautet: »Ich sitze im Gefängnis, und ihr habt Angst. So darf es nicht weitergehen. Ich habe keine Angst, und ihr sollt auch keine Angst haben.« Diese Worte richteten sich sowohl an die Bürger Russlands als auch an alle, die gegen das Regime kämpfen.
Was seinen Appell an den Westen betrifft – »Hört auf, auf Frieden und Einvernehmen mit Mördern zu hoffen, hört auf, Mördern die Hand zu schütteln« –, so spiegelt dieser Inhalt eine Haltung wider, die Nawalny in seinen Texten und Reden immer

wieder zum Ausdruck gebracht hat, insbesondere nach seiner Vergiftung im Jahr 2020. Ähnliche Formulierungen finden sich beispielsweise in seinem Appell an das Europäische Parlament (etwa in einem Brief oder in Stellungnahmen seines Teams) sowie in Interviews, Artikeln und in seinen Briefen aus dem Gefängnis, die über soziale Netzwerke oder seine Pressestelle veröffentlicht wurden.

4 http://kremlin.ru/events/president/news/66181

5 Timothy Snyder: »Bloodlands: Europa zwischen Hitler und Stalin«, übers. v. Martin Richter. C. H. Beck, München 2011, S. 52.

6 https://www.friedenspreis-des-deutschen-buchhandels.de/alle-preistraeger-seit-1950/2020-2029/anne-applebaum

7 Nikolai Gogol: »Der Jahrmarkt zu Ssorotschinzy«; aus Kapitel 1, zitiert nach https://www.projekt-gutenberg.org/gogol/vorwerk/chap002.html

Gibt es Hoffnung?

1 Aus der Rede Erich Kästners vom 10. Mai 1958 in Hamburg bei der Tagung des PEN Deutschland anlässlich des 25. Jahrestages der Bücherverbrennung. In: Erich Kästner: Gesammelte Schriften (Band 5); Büchergilde Gutenberg, 1958, Frankfurt am Main, S. 578.

2 »Bitter wie Karbidstaub ist die Berliner Tristesse« stammt ebenfalls aus »Zoo: Briefe nicht über die Liebe oder Die dritte Heloise« von Viktor Schklowski, übers. v. Olga Radetzkaja, Guggolz Verlag, Berlin 2022, S. 106.

3 Die zitierten Passagen finden sich hier:
Vladimir Nabokov: »Die Gabe«, übers. v. Annelore Engel-Braunschmidt. Rowohlt Verlag, Reinbek 1994, S. 585.
Viktor Schklowski: »Zoo: Briefe nicht über die Liebe oder Die dritte Heloise«, a.a.O., S. 68, 69 sowie erneut S. 68.

4 ebd., S. 98.

Alle Webseiten zuletzt abgerufen am 30.06.2025.